品读武汉的博物馆

PINDU WUHAN DE BOWUGUAN

武汉市政协文化文史和学习委员会 编
武汉出版集团公司

阮祥红　王瑞华　主编

武汉出版社
WUHAN PUBLISHING HOUSE

（鄂）新登字08号

图书在版编目（CIP）数据

品读武汉的博物馆 / 武汉市政协文化文史和学习委员会, 武汉出版集团公司编; 阮祥红, 王瑞华主编. —武汉: 武汉出版社, 2023.11

ISBN 978-7-5582-6398-9

Ⅰ.①品…　Ⅱ.①武…②武…③阮…④王…　Ⅲ.①博物馆—介绍—武汉　Ⅳ.①G269.276.31

中国国家版本馆CIP数据核字（2023）第217330号

品读武汉的博物馆

编　　　者：武汉市政协文化文史和学习委员会
　　　　　　武汉出版集团公司
主　　编：阮祥红　王瑞华
责任编辑：朱金波
封面设计：沈力夫
出　　版：武汉出版社
社　　址：武汉市江岸区兴业路136号　　邮　　编：430014
电　　话：(027) 85606403　　85600625
http://www.whcbs.com　　E-mail: whcbszbs@163.com
印　　刷：武汉精一佳印刷有限公司　　经　　销：新华书店
开　　本：787 mm×1092 mm　　1/16
印　　张：21.75　　字　　数：330千字
版　　次：2023年11月第1版　　2023年11月第1次印刷
定　　价：128.00元

关注阅读武汉
共享武汉阅读

本书编委会

名誉主任：杨　智

主　　任：周晓琦

副 主 任：陈跃庆　吴志振　张明权
　　　　　肖　敏　朱向梅　阮祥红

主　　编：阮祥红　王瑞华

副 主 编：朱伟峰　丁星火

编　　辑：彭　建　李笙清　王文宾

一座有文化的城市才能走得更远

博物馆诞生于城市文明发展进步之中，是城市的人文地标和形象窗口。通过博物馆可以了解城市的历史和文化，也能发现城市的今日状况。一座城市博物馆的发展，足以昭显这座城市的文化力量。

在当代社会的发展中，世界上的许多城市，都在尽其所能建造属于自己的博物馆，而且是数量越来越多，规模越来越大。由此，人们可以看到博物馆的力量今非昔比，也更加了解到一座有文化的城市才能走得更远。

方兴未艾的"博物馆之城"建设

近年来，随着我国博物馆热的兴起，越来越多的城市提出了"博物馆之城"的建设目标。截至 2023 年上半年，全国包括西安、南京等近 30 座城市将"博物馆之城"的建设提上日程，其中北京在 2020 年首次正式提出打造"博物馆之城"。

武汉是拥有 3500 年悠久历史的文化名城，文物丰赡璀璨，文化积淀厚重，博物馆建设资源丰富。自 1949 年 5 月武汉解放以来，武汉博物馆事业经历了从无到有，再到改革开放后的不断发展壮大的过程。尤其是党的十八大以来，武汉市加快"文化五城"之"博物馆之城"建设，武汉文博建设事业欣欣向荣，蓬勃发展。

武汉是名副其实的"百馆之城"，截至 2023 年 6 月，武汉全市博物馆数量从 2012 年的 58 家增加到 120 余家，在全国副省级城市中名列第三。

其中国家一级博物馆6家，在全国副省级城市中名列第二；武汉市每十万人拥有博物馆数为1.06，位居全国前列。

武汉博物馆的门类、体系亦愈趋完备，由初期国有博物馆一枝独秀，拓展到新时代以来国有博物馆、民营博物馆、行业博物馆均衡发展，三者的数量已接近国内先进城市的3：4：3黄金比例。在空间布局上，120余家博物馆中有70余家分布在中心城区，呈现类型多样化的特点；远城区的50余家博物馆，则更加突出江城地域人文特色。国有博物馆担负传承中华民族文明的使命，由各类投资主体兴办的非国有博物馆，也在一系列扶持政策的加持下持续稳步增长，优化了武汉地区博物馆的体系，填补了国有博物馆的门类空白。

一枝独秀不为美，万紫千红春满园。当前，武汉地区的博物馆，既有以湖北省博物馆、武汉博物馆为主体的以地方通史为主题的综合性国有博物馆，也有武钢博物馆、桥梁博物馆、武汉二七纪念馆等这类与武汉城市发展史息息相关的行业博物馆；武汉大学万林艺术博物馆、中国地质大学逸夫博物馆、湖北大学博物馆等高校博物馆等，展现着武汉丰富的高校文化、学养情操和科技实力；武汉叶开泰中医药文化博物馆、武汉汉绣博物馆、武汉荆楚金石博物馆、武汉汉剧博物馆等50余家主题鲜明的民营博物馆，则是武汉悠久、多元城市文化的最好证明。

助力城市文化发展的精品陈列

博物馆的力量不仅体现在数量增加上，还表现在藏品和展览上。不同博物馆的收藏有不同的来源，藏品文物与艺术品蕴含的价值内核和人文故事丰富多彩，彰显着各自的馆藏特色。十年来，武汉国有博物馆和非国有博物馆蓬勃发展，在收藏和展陈上推陈出新，对武汉市的文化文博事业起到了互相补充、互相促进的作用。

例如，作为湖北省唯一一家经过省、市文化部门批准展有古代文物及古代艺术品的民营博物馆，武汉市贞元博物馆收藏的文物曾多次参与国家一级博物馆举办的联合展览。在这家非国有博物馆里，收藏了从商代、西周到清代所有朝代的古玉器，形成了中国古玉器完整的朝代"时间轴"，这是省级博物馆都很难完成的体系化收藏。其馆藏的中国古代石佛造像，也是国有博物馆藏品的补充。

从"私有珍藏"到"社会共享"，这种文化自觉和担当提升，是文化领域改革发展的重要成果，也显示了博物馆事业发展对社会的助益。在博物馆藏品中，特别是在近现代民俗文物方面，经常是国有博物馆不会触及的收藏视角，而非国有博物馆和广大的收藏者则能"拾遗补阙"，留住乡愁记忆。近年来，随着国家对非国有博物馆的积极扶持，博物馆的影响力日益增强，越来越多的民间收藏人士愿意将自己的藏品捐赠给博物馆，以便更好地保护、展示和宣传他们珍爱的文物和文化。以武汉博物馆为例，2021 年，湖北省收藏家协会的会员们，向武汉博物馆捐赠了 400 余件收集而来的抗疫实物；1988 年，抗日老将军童邱龙捐赠的 100 幅明清字画成为武汉博物馆的馆藏，填补了武汉市书画藏品的空白；2021 年，收藏家徐立将一张清代金丝楠木金漆木雕架子床捐赠给了武汉博物馆；近期，收藏家刘敦义也将收藏的 500 余件马口窑文物捐赠给武汉博物馆。

在博物馆等级、藏品数量和级别之外，武汉文博事业也获得了"质"的突破，充分显示了博物馆展览的力量。众所周知，博物馆的展陈水平，是评判一座城市博物馆质量的最直接标准。从 2003 年开始，在 "全国博物馆十大陈列展览精品推介活动"中，武汉市几乎年年都有斩获。武汉博物馆的"武汉古代历史陈列"、湖北省博物馆的"湖北省博物馆新馆基本陈列""华章重现——曾世家文物特展"、长江文明馆的"长江之歌　文明之旅"、盘龙城遗址博物院的"江汉泱泱　商邑煌煌——盘龙城遗址陈列"、武汉革命博物馆的"纪律建设永远在路上——中国共产党纪律建设历史陈列"等展览，都曾列入国家级博物馆陈列精品获奖名单。这样的成绩，在全国副省级城市中名列前茅。

武汉地区博物馆还有了越来越多的城市文化职能担当，成为对外交流的窗口和一张张亮丽名片。各家博物馆通过展览积极加强对外交流活动，如武汉博物馆曾多次举办对外交流展览，引进过"多彩的波尔多——城市文化遗产展""卢浮宫馆藏版画——法国版画 400 年""十九世纪下半叶俄罗斯现实主义绘画展"等多个国外展览，并向俄罗斯、蒙古国、冰岛等多个国家输出"中国武汉历史文化遗产展"等具有武汉历史文化特色的相关展览，为推进武汉对外文化交流发挥了重要作用。

近年来，武汉市越来越重视博物馆的溢出效应。从 2023 年开始，武汉市拟建设一个集结全市百余家博物馆珍藏的数字化博物馆，让观众在网络中能"一眼百馆"、一眼千年。

博物馆社会教育功能的全力拓展

博物馆是以人为本的服务型文化机构，展现了教育和服务的力量。博物馆的藏品、展陈以及多方面的专业内容，都是博物馆在教育方面的独特资源。这种资源优势所显现出来的博物馆的力量，不仅仅只是古老庄重的静态文物展陈空间，更应该是引领一座城市文化时尚、创造城市文化社会效益的重要文化园地。

博物馆的教育对象不分男女老幼，不受学历限制，没有门槛，是终身教育之所。实践证明，博物馆的教育和服务过程，也是贴近、引导观众审美与联动的过程。新时代只有更具互动性的博物馆才能充满活力、深受市民观众喜爱。以武汉博物馆贴近现代生活的探索为例，2022 年世界博物馆日，武汉博物馆策划了一场"瓶瓶双和 梅绽江城——让文物活起来"沉浸式展演活动，引起广泛关注和轰动。四位著名播音主持人在活动现场分别扮演中国古代四位著名文人周敦颐、林逋、陶渊明、王羲之，从武汉博物馆镇馆之宝元青花四爱图梅瓶上"走到"观众面前，并吟诵他们的名篇《爱莲说》《山园小梅》《归园田居》《兰亭序》。这场博物馆之夜，将历史文化和现代文化相融相通，让个人情感、集体情感和国家情感同频共振，让博物馆的文物活起来、让博物馆的文创产品潮起来、让博物馆的教育阵地火起来。

为将博物馆的服务视域拓展，增加博物馆的多元互动性，2023 年 3 月武汉博物馆特意策划民国月份牌展。著名歌手张信哲将他收藏的民国月份牌及作者原稿，旗袍收藏，和武汉博物馆征集的藏品进行了联展，让民国照相馆、旗袍秀、月份牌等文化元素，成为博物馆对外展示的一部分。这样可全方位立体体验、在商业模式上又有收益可能的展览，成为未来博物馆发展理想的形态。而这个理念，与 2023 年"国际博物馆日"的主题"博物馆，可持续性与美好生活"恰好相符。

任重道远的武汉博物馆事业

博物馆是连接社会公众的力量。在当代文明、现代化的社会，博物馆已经成为社会的刚需，成为市民人文之旅的首选之地，显现出了不同寻常的文化力量。国家文物局公布的数据显示，尽管受新冠疫情影响，全国博物馆 2021 年仍接待观众 7.79 亿人次。2022 年接待观众 5.78 亿人次，推出线上展览近万个、教育活动 4 万余场，网络浏览量近 10 亿人次，新媒体浏览量超过 100 亿人次。疫情之前，武汉全市博物馆年观众量已超过 1000 万人次，随着疫情散去，公众参观博物馆的井喷现象也势必再现。2023 年"5·18 国际博物馆日"，武汉各博物馆"镇馆之宝"走出"深居殿堂"，亮相"市民广场"，拉近文物与市民、游客的距离，同时权威专家现场沉浸式讲述，吸引了大量市民游客走进博物馆，爱上博物馆。

博物馆与社会公众的关系，说明博物馆因为有公众的支持才有存在的基础，有市民游客参与的博物馆就不仅仅只有建筑和藏品，而是通过公众将建筑和藏品连接到社会。可以想象的是，没有公众参观的博物馆，博物馆可能只是文物的库房；没有公众的博物馆，博物馆只是城市中的一处建筑。我们可以说，门可罗雀就失去了博物馆的力量。

城市博物馆如何进一步发挥资源优势连接社会公众，为城市发展贡献力量，武汉的博物馆体系的架构，在未来还有哪些可以探索和发展的空间？武汉的博物馆发展实践证实，博物馆只有在守正的前提下勇于尝试，才能不断创新：既要整合已有的文博资源，又要找到新办法将城市的故事讲好。例如，武汉可以将有关联的博物馆资源如红色文化、楚文化等，串联成一系列有主题、可游览的公众旅游线路，实现博物馆与市民之间可听、可看、可讲、可打卡的互动功能。在武汉东西湖的码头潭文化遗址公园，由十几家非国有博物馆组成的博物馆群也将在不久的将来对外开放。类似这样的发挥集群化优势的"博物馆小镇"，其运营和管理模式的探索都将在未来给武汉的博物馆事业发展提供宝贵的经验。

近十年，武汉市尤其是中心城区的博物馆快速发展，这是和城市经济发展同步的。博物馆的发展显示，只有国家和城市的经济达到一定水平，文化的发展才能跟上；同时，文化发展也积极助推国家和城市的进步发展。当前，世界的博物馆大国、文化比较繁荣的国家，都是经济发展比较好的国家。一座城市拥有高质量的博物馆群，同样会为城市带来很多隐性的经济效益——文化和经济相融合的最佳状态，是互相反哺、互相成就，因为一座有文化的城市，才能有更广阔的发展前景。

未来武汉地区的博物馆力量，将对城市发展产生更加积极的影响。党的二十大报告提出"全面推进乡村振兴"，强调"建设宜居宜业和美乡村"。武汉中心城区的博物馆在向做精做优、增强互动性趣味性、完善博物馆体系方向拓展的同时，将助推博物馆建设和远城区乡村振兴结合。而乡村振兴如同城市发展一样，一定要注入文化因素，如在政府引导，镇村共建前提下，乡村博物馆可以和村史馆、荣誉馆相结合，也可以根据自身资源挖掘当地历史，将有乡村特色的传统榨油、酿酒等农事搬进博物馆，将"一产"和"三产"的互动体验放进博物馆，让文化和产业、经济结合，吸引及连接公众，成为休闲旅游的农家乐园。在乡村博物馆的建设过程中，国有博物馆必须肩负使命和担当，提供资源和人员，帮助乡村博物馆进行展陈规划，提供布展、陈列、讲解等一系列的指导以及各种信息的共享，让武汉的博物馆的建设从多方面发力，展现博物馆力量，将武汉城市建设得更加美好！

滋兰之九畹，树蕙之百亩。文化是城市生生不息的力量源泉，窥源览流，品读武汉的博物馆，宛若走进了美圃佳苑，彰显着生机勃勃的人文魅力愈久弥香，为城市文化注入了不竭的动力之源。

目　录

第二篇 行业文化 各领风骚

第三篇 杏坛藏珍 纷华照眼

第四篇　民间拾遗　精彩纷呈

第一篇

楚天江城 文脉千秋

自 1949 年 5 月武汉解放以来，武汉博物馆事业经历了从无到有再到改革开放后不断发展壮大的过程，尤其是新时代武汉全面推进"博物馆之城"建设后，武汉博物馆事业更是呈现出百花齐放、欣欣向荣的良好局面。

在武汉博物馆事业建设七十多年的漫长历程中，国有博物馆独领风骚，辐射三镇：拥有整整七十年建馆历史的湖北省博物馆，是中央和地方共建的八家国家级重点博物馆之一；耸立于后襄河畔的武汉博物馆，是展示江城三千五百年悠久历史、璀璨文明的窗口；一座座依托革命旧址建设的红色场馆，传承着武汉这座英雄城市的红色文化；一座座以近代历史建筑建设的博物馆，见证着大武汉的岁月沧桑……

展示荆楚文化的胜地：湖北省博物馆

　　湖北省博物馆坐落于美丽的东湖之滨，不仅是中央与地方共建的八家国家级重点博物馆之一，而且是"出土木漆器保护国家文物局重点科研基地"依托单位、中国博物馆协会乐器专委会主任委员单位。湖北省博物馆作为全省最为重要的文物收藏、保护、研究、展示、教育机构，一直都是展示荆楚文明和弘扬中华文化的重要窗口。

湖北省博物馆新馆全貌

2018 年 4 月 27 日，国家主席习近平与印度总理莫迪在湖北省博物馆进行了非正式会晤，并共同参观了精品文物展。这是武汉地区博物馆首次承担中外元首外交活动，湖北省博物馆因此也被誉为"国家文化客厅"。

湖北省博物馆是武汉地区成立最早的博物馆。1953 年，在新中国成立之初组建的湖北省人民科学馆的基础上，成立了湖北省博物馆（筹备处）。1956 年迁往东湖之滨，2021 年新馆全面建成开放。现为国家一级博物馆、全国爱国主义教育示范基地、国家 5A 级旅游景区。

【漫步展厅】

湖北省博物馆展览面积 3.6 万平方米，按照南馆（三期新馆）、北馆（综合馆）、东馆（原楚文化馆）、西馆（原编钟馆）总体布局。南主馆即新建的文展大楼，形成集展陈、教育与文创于一体的公共服务空间，并借景东湖打造生态休闲的文化公园。建筑以"鼎盛江城，楚韵基石"为核心构思，通过对"鼎"形体的提炼与概括，以高台的处理，抽象表达出"楚韵基石"的超拔之美。北主馆与东、西两馆一主两翼呈"品"字形分布，并与北广场、入口门楼共同形成"楚宫双阙对阳台"格局。建筑体现了"中轴对称、一台一殿、多台成组、多组成群"的整体特征和"高台建筑、多层宽屋檐、大坡式屋顶"的楚式风格，古朴而有新意，简洁又含韵味，具有鲜明的时代风格和荆楚文化内涵。

步入湖北省博物馆，如同进入一座大观园。12 个常设展览，1 个数字馆，3 个临展厅，2.8 万平方米的展览空间，以丰富的陈列内容和瑰丽多姿的展品，让人强烈感受到荆楚文明的博大精深。

南馆以专题展览为主，北馆以通史展览为主，东馆改造为数字博物馆和社会教育中心，西馆为临展馆。展览以专题陈列、通史陈列相结合，包括历史展、文化展、艺术展、考古展等不同类型，既有对原有的"曾侯乙""梁庄王"等展览的提升改造，也有"楚国八百年""曾世家"等新设的原创展览。

"曾侯乙"展　这是湖北省博物馆规模最大的常设展览。通过"敬天崇祖""金声玉振""所尚若陈""观象授时""车马仪仗""永保用享"六个部分，多角度阐释曾侯乙编钟等精品文物，为观众呈现高度发达的古代礼乐文明。曾侯乙生活在公元前5世纪，是周代诸侯国曾国的国君，他的墓葬于1978年在随县（今随州城区）发现，出土了15000余件工艺精湛、无与伦比的文物，体现了古人敬畏天地、神明和祖先的精神世界，揭示了中国古代青铜铸造、天文历法、音乐艺术等方面的极高成就。

"楚国八百年"展　湖北是楚文化的发祥地，考古出土的大量楚文物极大地丰富了人们对楚文化的认识。观看"楚国八百年"展览，了解楚人"筚路蓝缕""一鸣惊人"的精神内涵，犹如穿越楚国800年历史，为楚人所创造的物质文明和精神文明而倍感自豪。

"越王勾践剑"特展　展厅中只有"越王勾践剑"一件展品，却并没有给人内容单薄的感觉。展览以越国历史为切入点，让人更专注于"天下第一剑"背后的历史故事与科技成就。

"梁庄王珍藏——郑和时代的瑰宝"展　梁庄王朱瞻垍是明仁宗朱高炽第九子，封地位于今钟祥。展览以"明初盛世藩王宫廷"为核心，打破文物材质分类，将文物置于藩王及王妃生活的叙事线索中，彰显其自身文化意蕴。

【对话文物】

湖北省博物馆现有藏品24万余件(套)，其中国家一级文物近千件(套)，以商周青铜器、楚秦汉漆木器与简牍、先秦及明代藩王墓出土的金玉器最有特色，体系完整，数量丰富，质量精良，地域特色鲜明，在国内外享有盛誉。

2020 年 11 月，湖北省博物馆举行"十大镇馆之宝"评选活动，经公众和专家投票，郧县人头骨化石、石家河玉人像、崇阳商代铜鼓、越王勾践剑、曾侯乙编钟、曾侯乙尊盘、虎座鸟架鼓、彩绘人物车马出行图、云梦睡虎地秦简、元青花四爱图梅瓶成为湖北省博物馆"十大镇馆之宝"。近年来，湖北省博物馆明星文物频频亮相央视《国家宝藏》等热门节目。

曾侯乙编钟

编钟是中国汉族古代大型打击乐器，兴于西周，盛于春秋战国至秦汉。中国也是制造和使用乐钟最早的国家。

曾侯乙编钟 1978 年出土于随县（今随州城区）曾侯乙墓，年代为战国早期。钟架长 7.48 米，高 2.65 米。全套编钟共 65 件，分三层八组悬挂在呈曲尺形的铜木结构钟架上，上层为三组共 19 件钮钟，中下层为五组共 45 件

曾侯乙编钟

甬钟，以及一件楚惠王赠送曾侯乙的镈钟。钟及架、钩上共有铭文 3755 字，内容为编号、记事、标音及乐律理论。每件钟均能奏出呈三度音程的双音，整套编钟音域可跨五个半八度，中心音区十二个半音齐备，能演奏五声、六声或七声音阶的乐曲。

与编钟一同出土的演奏工具共有 8 件，6 个"丁"字形的小木槌，由 3 人各执 1 对，分别演奏中层的 3 组甬钟，并兼顾上层的钮钟；两根彩绘大木棒，由两人各执一根，撞击下层的大钟，可配以和声，或烘托气氛。

曾侯乙墓的发现经过，可谓曲折传奇。1977 年 9 月，武汉军区雷达修理所在驻地随县城郊公社团结大队东团坡扩建厂房。在对山冈实施爆破时，从褐土层中炸出一层人工铺砌的石板。所幸监管施工的所长和副所长都是业余文物爱好者，他们猜测下面是古墓，本着尽量保护文物的原则进行施工，并将工地最新情况汇报给上级文物主管部门。1978 年 3 月，湖北省博物馆副馆长兼文物考古队队长谭维四率领考古技术小组赶赴工地，进行全面勘探发掘。发掘初期，当发现是一座巨型岩坑竖穴木椁墓，还有一个小的盗洞时，技术小组不免有些沮丧。当吊车起吊椁盖板后，东、中、西、北四个椁室满是积水深不见底，随着积水全部抽干，精美的陪葬品露出，其中最激动人心的当属这 65 件套的编钟。

迄今为止，在我国发现的先秦编钟已有 100 多套，而曾侯乙编钟是数量最多、铸造最精、保存最好、音律最全、气势最宏伟的一套，亦是世界上绝无仅有的重大发现，在人类文化史、音乐史、科技史等领域占有重要地位，被国家文物局公布为中国首批禁止出国（境）展览文物之一。

曾侯乙编钟音乐性能卓越，音律纯正，音色丰富，具有极强的表现力，其长篇铭文系统记载了中国当时的音乐学理论。它以声音和文字互相印证的方式，保存了 2400 年前人类的音乐记忆，是世界文明史上最早的有声音乐理论文献。

越王勾践剑

越王勾践剑

1965 年冬天，越王勾践剑出土于江陵望山 1 号墓，墓主为战国中期的楚国贵族悼固，而剑身的八字铭文显示剑的主人是越王勾践。越王勾践剑"物以人名"，历史文化价值很高，堪称国宝级文物，1973 年 6 月曾参加在日本举办的"中华人民共和国出土文物展览"，引起极大反响。

春秋时期，越王勾践在吴越战争中失败，成了吴王夫差的马夫。他忍辱负重 20 年后回到越国，任用贤臣，发展生产，东山再起，用 9 年时间灭掉了吴国，并成为春秋时期最后一名霸王。越王勾践因"卧薪尝胆"名闻天下，他的故事常被当作励志的典范教育后人。

越王勾践剑铸造于春秋晚期，长 55.6 厘米，宽 5 厘米，剑首向外翻卷呈圆盘形，内铸 11 道精细的同心圆，剑身满饰神秘的黑色菱形花纹。剑格的正反两面，分别用蓝色琉璃和绿松石镶嵌成美丽的纹饰。经无损科学检测，其主要合金成分为铜、锡、铅、铁、硫等。花纹处含硫高，因硫化铜可防锈，体现了春秋战国时期发达的科技与艺术水平。虽历经 2500 余年，越王勾践剑仍然毫无锈蚀，纹饰清晰精美，寒光闪闪，被誉为"天下第一剑"。据说考古人员将剑从漆木剑鞘抽出的一瞬间，一道亮眼的寒光惊呆了在场的所有人。在剑身正面靠近剑格处，写有两行鸟篆铭文，分别是"越王鸠浅""自作用剑"。经专家考证，"鸠浅"就是"勾践"，这八字铭文向我们表明了这把剑的身份和地位。迄今为止，越王剑先后出土 20 余件，但越王勾践剑的工艺之精美，仍然首屈一指，无与伦比。

通过望山1号墓出土的竹简上的文字，以及后来对墓主出土骨骼的检测，可以推测出墓主人悼固死时不到30岁，并且与楚王关系密切。但显赫一时的越王勾践贴身用剑，为何葬于楚国贵族墓呢？目前有三种说法：一是楚国灭了越国之后，这把剑作为战利品流入楚国；一是楚昭王的爱妃为越王勾践之女，其子为楚惠王，此剑系越王勾践嫁女之时流入楚国；一是越王勾践为了对抗吴国，采取了与楚、齐、晋三国和好的外交策略，此剑也有可能是"亲楚"时流入楚国。至今，上述不同观点尚未达成共识，笼罩在这柄名剑上的历史谜团尚未解开，留给人们无限的遐想空间。

彩绘《人物车马出行图》

1987年，一件沉睡两千多年的楚国"漆奁"，在荆门市十里铺包山岗的一座楚国高级贵族墓葬中"面世"。墓主人是楚昭王后裔邵陀，官居左尹，主要职能是掌管楚国的司法工作。

奁是古代女子盛放梳篦、脂粉的梳妆盒，与现代的饰物盒类似，多为木质漆盒。这件漆奁直径27.9厘米，通高10.8厘米，它的特别之处，在于漆奁盖侧壁描绘有《人物车马出行图》漆画。剥下展开后，全长87.4厘米，宽5.2厘米，画面为战国时期人物、车马出行和迎宾的场景。该画以黑漆为底，深红、

橘红、土黄、棕褐、青色等色漆加以着色，用5棵柳树将画面隔成5个画段，描绘勾勒出由26个人物、2架骖车、2架骈车、10匹马、1头猪、2条狗、9只大雁组成的战国楚贵族人物车马出行和迎宾的场景。同时画面也通过平涂、线描与勾点结合的技法，生动描绘了贵族的气质与神态。画中人物姿态各异，猪犬腾跃，车马有序，情节首尾连贯、过渡自然，勾勒出一幅色彩艳丽、生动活泼、富有立体感的图画。

这幅漆画的画中人物神态逼真，显然来源于对现实生活的直接观察。这种以现实生活为题材的漆画的出现，标志楚国漆画从此开创了一个工艺装饰应用于人物场景描绘的新局面，具有划时代的重要意义，直接影响到汉画艺术的发展。

彩绘《人物车马出行图》是迄今为止发现的中国最早的情节性绘画，也是最早的通景彩画，被誉为目前我国现存最早的长卷"连环画"，体现了楚国漆器高超的制作工艺水平。该图也是迄今已知最早将横向平移视点的手卷式构图完整使用的作品，后来演变为一种古代绘画艺术的经典模式，如东晋顾恺之的《洛神赋图》、五代南唐顾闳中的《韩熙载夜宴图》、北宋王希孟的《千里江山图》、张择端的《清明上河图》，无疑是对这一绝妙艺术样式的传承。

彩绘《人物车马出行图》（局部）

云梦睡虎地秦简

1975 年 11 月初，云梦县城西睡虎地村民在修建排水渠道时，发现新开的渠道里有一段青黑色的泥土，还露出椁盖板一角来，初步断定下方为古墓。湖北省博物馆考古专家率领考古队，赶到云梦展开考古发掘，在 30 米长的地段，首次发掘出秦代木椁墓 12 座，共出土精美文物 370 余件。特别是 11 号秦墓内，发现秦简 1155 枚，近 4 万字，为秦始皇时期的人手书。秦简绝大多数保存完好，简文为墨书，字体均为隶书，并带有从小篆脱胎而来的痕迹，反映了篆书向隶书转变阶段的情况。

这是我国首次发现的秦代竹简，反映了早到商鞅变法、晚到秦始皇三十年的长达 100 多年的历史，内容包括《秦律十八种》《效律》《秦律杂抄》《法律答问》《封诊式》《编年记》《语书》《为吏之道》等，其中一半以上与秦代的法律有关，是我国迄今为止发现的最早最完整的法典，弥补了秦史料的不足。

《法律答问》共有 210 枚竹简，多采用答问形式，对秦律某些条文进行解释。《为吏之道》由 51 枚竹简组成，简文内容主要叙述的是秦代为官从政必须遵守的道德行为规范，涉及范围包括良吏、恶吏、政事、农业、畜牧业、手工业、仓储、宫殿、郡邑、交通、刑法、军事、舆服、宗教等许多方面。云梦秦简的发现，为研究中国书法，秦帝国的政治、法律、经济、军事、文化、医学等方面历史提供了翔实的资料，具有十分重要的学术价值。

【共享空间】

湖北省博物馆注重社教功能的体现，创办文化服务项目"礼乐学堂"，以馆藏特色文物为依托，结合礼乐文化精髓，通过"互联网 +"方式，打造融馆藏文物、民俗、传统节日、时事热点等知识为一体的系列微课堂，引导观众感受"有序""和谐"的中国传统文化精神。"礼乐学堂"分幼儿园、小学、初中、高中以及成人课程、"温馨关爱"课程等，荣获"第五届中国青年志愿服务项目"大赛金奖等多个奖项。

同时，湖北省博物馆又打造了以考古发掘和研究工作为特色的专项少儿体验馆，包括"永远的三峡——三峡文物保护利用数字展"和"小小考古学家"少儿体验展。采用叙述式游线，设有"发现地层""分门别类""花花万物一起绘画吧""考古学家的朋友们"等多个功能单元，为3~14岁的孩子提供兼具科学性、知识性、趣味性的体验空间，通过情景再现，实现交互功能。

（撰稿：黄敏）

参观指南：

开放时间：9:00—17:00（周一闭馆，法定节假日不休息）

咨询电话：027-86794127　027-86790329（预约门票）

网　　站：www.hbww.org.cn

地　　址：武昌区东湖路 160 号

交　　通：公交 14、402、411、552、578 等路到东湖路省博物馆站下；地铁 4 号线到东亭站下；地铁 8 号线到省博湖北日报站下

扫一扫　关注微信公众号

荆楚地下文物的"管家"：湖北考古博物馆

　　湖北考古博物馆是全国第二家建成开放的大型考古博物馆，于 2022 年 6 月正式对公众开放。这里收藏有自 20 世纪 50 年代以来，湖北考古历年发掘的 200 余处遗存出土的文物标本 2 万余件，包括三峡工程建设开始前的宜昌杨家湾、白庙、三斗坪，秭归官庄坪等遗址，以及丹江库区调查文物，还有建始人、郧县人、鸡公山、屈家岭、石家河、盘龙城、铜绿山、雨台山等多个湖北重要考古发现的文物标本，是湖北考古出土文物保管、收藏、保护、研究与展示利用的场所。

湖北考古博物馆外景

【漫步展厅】

作为公众走近考古、了解考古的窗口，湖北考古博物馆依托木兰湖考古整理基地改建。一楼为展览展示空间，包含"千年文脉——长江文明考古展·湖北""世纪工程——三峡考古成果展"及"长江文明展（数字）"，展陈文物1000余件。二楼为文物标本库房，收藏保管文物及标本2万余件。三楼为考古整理室，为考古工地提供文物整理修复空间，形成边修复边保护的工作模式。各楼层之间的功能划分和配合，形成文物保护与展示利用的综合空间。此外，还建设有室外阳光展厅。

千年文脉——长江文明考古展·湖北　该展览以时间为脉络，自距今200万年左右的湖北建始人开始，至公元前221年秦统一六国，通过"人类起源""文明之路""夏商南土""周之南国""江汉入秦"五个部分，选取典型遗存出土的具有明确时代特征的成组陶器、铜器、石器、玉器等展品1000余件，介绍了湖北境内从古人类开始直到秦汉时期的重要历史变迁及相关文物。在每一部分的介绍中，都以湖北境内出土的有代表性的文物，从多个角度对同一时期的文化进行阐述，突出了考古专题展的特色，丰富了展览的内容及内涵。

世纪工程——三峡考古成果展　三峡作为长江上中游的廊道，在中国历史文化进程中占据着重要的地位。三峡文物保护工程，是我国迄今为止规模最大、耗时最长的文物保护项目，共发掘遗址723处，出土文物24万件（套）。该展以三峡地区发掘出土的文物作为主要介绍对象，以时间为叙述脉络，介绍了三峡地区从新石器时代到明清时期的文化面貌。展览分为"大江之中""巴楚之地""千年走廊"三个部分，选取陶器、瓷器、铜器及石刻拓片近百件，概要介绍三峡地区新石器时代考古学文化、巴楚文化和统一的多民族国家形成后的文化面貌，通过扎实而丰富的考古成果，历史性展示这一区域在长江文明乃至中华文明形成和发展中的重要地位。

长江文明展（数字） 展览分为"文明之光""金道锡行""礼乐中国""异彩纷呈""交融和合"五个单元。选取长江沿线各大博物馆各时段的化石、石器、陶器、玉器、青铜器、漆木器、竹简木牍等 100 余件藏品进行数字化展示。这是先秦时期长江文明的第一个数字展览，可以让公众对长江文明有更多更深的了解，对全面认识中华文明起到了一定的推进作用。

室外阳光展厅为半开放形式，展示面积 200 平方米，外加 100 平方米的室外研学交流空间。展示柜中，以高低错落的展台和分类装筐的史前陶器及石器标本为展品呈现，表现时代地层的区别与延续；对部分展品进行形制、颜色、纹饰分类展示，尝试表达考古整理现场的意象。

【对话文物】

湖北考古博物馆收藏有历年发掘的 200 余处遗存出土的文物标本 2 万余件，包括化石、石器、陶器、青铜器、木器、玉器等多个门类。

石家河遗址陶塑人像

2022 年在石家河遗址进行勘探时，考古工作者在石家河三房湾遗址地层发现了这件距今约 4000 年的陶塑人像。陶塑人像宽约 2.8 厘米，高约 3.7 厘米，出土时有残缺，表面有附着物。为展览需要，陶塑人像被送往湖北省文物交流信息中心进行修复。修复师王双超秉持着每一处痕迹背后都可能有一段历史故事的理念，修复时对这件陶塑人像进行细致的观察，寻找是否有遗留痕迹，并惊喜地发现了疑似指纹痕迹。

石家河遗址陶塑人像

疑似指纹痕迹的出现，引起了各方的高度关注，湖北省文物考古研究院邀请不同领域的专家学者，多领域、多视角地对陶塑人像进行研讨。

湖北省文物考古研究院文保部负责人江旭东博士使用三维视频显微镜对陶塑人像进行了微痕分析。经测量，疑似指纹的纹线间距为 0.31~0.37 毫米，与现代人接近。刘持平、郑道利两位刑事技术专家对指纹进行了研判，在听取出土情况、微痕分析等介绍后，依据痕迹轮廓及纹线走向、间距、细节点等信息，最终确认这两处痕迹为人类指纹，且是在制作陶塑人像过程中留下的立体指纹。两位专家根据指纹所表现出的形态推测，左耳下的指纹为右手食指或左手拇指，多次叠加后形成的。右耳下的指纹，是一次形成，可能是左手拇指指纹，且为拇指外侧纹线。

除了对指纹进行研判外，湖北省文物考古研究院同时邀请雕塑家李三汉，对这件陶塑人像进行艺术层面的分析。李三汉认为，4000 多年前的先民，手是最便利的造型工具，陶塑人像应是在指尖反复捏制下形成的。人像在喉结部位塑造明显，具有一定的写实性，右侧脸颊凹陷处的塑造有一定力度，整体风格向写实过渡。

由此可以确定，这件陶塑人像上的痕迹为石家河先民在进行陶塑人像捏塑时留下的。根据现有的文物材料来看，这枚指纹是长江流域目前发现最早的人类指纹痕迹。

谷城擂鼓台青铜礼器

2016年，湖北省文物考古研究所对谷城擂鼓台墓群进行了抢救性发掘，2号墓出土了一组青铜礼器共6件，其中有铜鼎2件、铜簋2件、铜提梁卣1件、铜罍1件。值得一提的是，铜鼎内壁铸铭文4行17字：隹邓九月初吉庚午，邓子鄡伯自作之陵鼎。铜簋盖内及器内底部铸有相同铭文，共4行23字，重文1字：隹王正月，庸邵格文祖皇考，作尊簋，庸其万年子 = 孙永宝用。根据出土的鼎、簋4件青铜器上的铭文推测，擂鼓台M2的墓主人为邓国的贵族，其名为鄡伯。

谷城擂鼓台2号墓出土青铜礼器

鼎和簋是殷周青铜器中数量多、地位重要的器类，多以组合方式出现。罍、提梁卣最早见于二里冈上层文化，流行于殷墟时期至西周早期，春秋时期比较少见。2号墓同时随葬了罍、提梁卣两种酒器，与同时期他国青铜器群有明显不同，显示出邓国青铜器具有一定的自身区域特色。

江陵张大冢青铜礼器

2018 年 1 月，在发掘荆州雨台山墓群张大冢墓地 2 号墓时，出土了一组青铜礼器共 12 件，其中有铜鼎 4 件、铜敦 4 件、铜壶 4 件。鼎、敦、壶是典型的楚国墓葬随葬品组合，对比周边相关材料，可以判定器物年代为战国中晚期。同时，器物制作不甚精良，部分范铸泥芯尚未剔除，基本可以判断其是作为专用随葬明器使用。

荆州雨台山墓群张大冢墓地 2 号墓出土青铜礼器

根据墓葬规模、形制及出土随葬品，可以判断 2 号墓是战国中晚期一座下等贵族的墓葬（"元士"级别）。与这座墓葬同处一地的雨台山墓群，是我国长江流域以中小型楚墓为主的一处大型古墓葬群，应是下等贵族及平民的公墓区。该墓群墓葬年代集中在战国早期晚段至战国晚期早段这一区间，反证了纪南城这座规模宏大楚都遗址的繁荣时期。

睡虎地汉简——《算术》

2006 年，云梦睡虎地 77 号西汉墓中出土大量简牍，包括《质日》《算术》

《日书》，以及律典、公私文书等。

根据墓葬内相关的纪年材料可知，77号墓的年代当在汉文帝后元七年（公元前157年）。这些简牍沉睡了近2200年，终于重见天日。其中一卷简册书题"筭（算）术"，写在1号简背面第一道编绳下。《算术》卷共有216枚竹简，出土时位于竹笥所盛简牍的下层，原始的编连状况得到较好保存，字迹清晰。

《算术》中有题名的算题共40道。早期算术文本往往失传，史书记载也语焉不详，但从秦至汉初，多种算术文本并存到《九章算术》这一整理规范的文本，一定经历了经典化的过程。张苍等汉代学者究竟是如何删补旧文而最后形成算术经典的，学者们一直在探讨中。《算术》的发现丰富了我们的认知，例如"少广"类算题是目前有一定共识的典型，《九章算术》中"少广"为卷第四，张家山汉简《算数书》原始收卷状态不清晰，但有研究者怀疑"少广"原当在开头，而在《算术》中，"少广"明确位于全书之首。虽然目前还未能完全厘清早期算术文本每一细节的发展演变过程，但是依据《算术》这样的新材料，我们可以逐步由点及面，展开对算术经典体系形成过程的探索。

《算术》是目前所见保存状况最为完好的科学考古发掘的算术文献，对于认识汉初以至秦汉时期的算术文本有着重要作用。《算术》也体现出早期算术文献的实用性，与社会历史结合紧密，为汉代历史的研究提供了新的资料。

【共享空间】

湖北考古博物馆是继陕西考古博物馆后，全国第二家建成开放的考古博物馆，因位于木兰湖风景区，被纳入武汉市黄陂区文化旅游景区。从2022

年6月开馆以来，共接待省内外参观团体300余批次。在2022年8月，为配合纪录片《寻古中国·云梦记》的拍摄，该馆成为中央电视总台纪录片的取材地之一。同时，针对不同群体，结合考古专题性博物馆的特色，策划并组织落实"考古课堂"系列课程，以更多元的手段，讲好文物背后的故事，促进优秀传统文化的传播，让文物承载的中华文明精神特质和文化底蕴更加可知可感、可亲可近。

　　湖北考古博物馆作为武汉文化旅游的一个重要窗口，进一步满足和丰富了人民群众日益增长的文化需求及精神生活，使公众走进考古、了解考古、共享文化遗产保护成果，增强历史自觉，坚定文化自信。

（撰稿：白雪、田书其）

参观指南：

开放时间： 9:00—17:00（周一、周日和除夕闭馆。周五、周六对社会公众开放，周二至周四对高校文博类专业师生团队开放）

参观预约： 社会公众通过"武汉文旅码"微信小程序预约;高校文博类专业团队实行电话预约：027-61551116

地　　址： 黄陂区木兰湖风景区演武路5号

交　　通： 建议驾车导航"湖北考古博物馆"前往

扫一扫　关注微信公众号

荆楚古建筑文化的宝库：
湖北明清古建筑博物馆

在山水相映、风光旖旎的黄陂木兰湖畔，有一片古色古香的建筑群特别引人注目，这就是湖北明清古建筑博物馆。2018年该馆经国家文物局公布为国家二级博物馆，同时亦是湖北省古建筑保护中心。

2005年秋，湖北明清古建筑博物馆开工奠基，2008年6月建成并正式开放。博物馆总占地面积167亩，展馆面积8300平方米，辖管的雨霖古建筑群为第五批湖北省重点文物保护单位。

湖北明清古建筑博物馆全景

湖北明清古建筑博物馆致力于优秀传统文化遗产的传承，经过十多年的建设发展，已成为湖北省科普教育基地、武汉市科普教育基地、武汉市爱国主义教育基地、黄陂区科普示范场馆，华中科技大学、湖北工业大学、上海视觉艺术学院、鄂州职业大学等高校实践教学基地。

【建馆回眸】

湖北明清古建筑博物馆的前身，是 2003 年成立的湖北省文化厅古民居抢救保护中心，以及当时启动筹建的东湖古民居风俗园建设项目。成立 20 年来，由成立之初不足 10 人逐渐扩大为现在近 50 人的队伍，拥有古建筑保护、考古学、博物馆学等学科优秀骨干人才，成长为湖北省不可移动文物保护行业的先锋队伍。

湖北省内明清时期的 12 栋名人故宅、百姓民居、宗祠会馆等传统建筑，通过抢救性保护措施搬迁复建至此后，均得到妥善保护，构成了博物馆的主体展示部分——湖北明清古建筑展，公众可以近距离感受古建筑艺术魅力，触摸历史。

湖北明清古建筑博物馆在整体规划时，对所有建筑物采取散点式布局，或平地起屋，或背山临水，形成不同区域建筑景观。馆区环境古朴典雅，绿树成荫，山景迂回，整个古建筑掩映在茂林修竹之中，可谓"参差楼阁起高岗，半为烟遮半树藏"。整个馆区所植植被占尽乔、灌、草三大科数十个品种，造就了"声就风云起，色随四季换"的意境。博物馆的展示主题鲜明，很好地体现了馆藏内容和文化特色，符合古建筑博物馆的定位。同时，湖北明清古建筑博物馆注重建筑群整体规划布局，设计园林式参观路线，将参观展示与旅游休闲结合起来，是博物馆的主要特色。

【漫步展厅】

依托搬迁复建的 12 栋明清古建筑，博物馆以古建筑实体展示为主。在古建筑内，又设有基本陈列"湖北明代藩王历史文化专题展""神工意匠——古代建筑知识展"等。

湖北明代藩王历史文化专题展　该展设于卢家老宅，曾荣获湖北省博物馆、纪念馆优秀陈列展最佳创意奖。明代先后有楚、湘、辽、郢、襄等 12 王分封于湖北，对明代湖北地区政治、经济、文化等方面产生了深远影响。该展以湖北省历年对明代湖北地区藩王遗迹的考古发现和科研成果为基础，对明代藩王的历史人文轨迹进行梳理和展示。

神工意匠——古代建筑知识展　我国古代建筑讲究人文与自然的协调，建筑技艺方面的种种成就可谓匠心独运，是历史发展与人类智慧的统一。此展设于国民革命军第二十四师师部（方言学堂）旧宅，撷取以本省为主的古代建筑精华，从建筑结构、艺术和技艺等方面，向公众展现我国灿烂悠长的古代建筑文化知识。

除了基本陈列，博物馆还推出了"碧瓦朱甍——荆楚古建筑图片展""记忆荆楚——明信片上的老武汉展""守护文明　砥砺前行——湖北省古建筑保护中心不可移动革命文物保护项目设计成果展"等多个原创展览，在全国交流展出。

【对话文物】

湖北明清古建筑博物馆现有各类藏品 25463 件（套）。藏品按文物类别划分，主要包括瓷器、雕塑、度量衡器、石器、砖瓦、铁器、竹木雕、标本化石等，形成了一个反映古建筑文化、湖北明代藩王历史文化、传统民俗为一体的特色体系。其中最珍贵的是湖北省文物局调拨的一批蕲春出土的明代荆敬王及王妃墓文物，具有极高的历史、文化、科学和艺术价值，为研究明代藩王的分封、发展演变到衰亡的过程提供了实物依据，反应了当时该地区政治、经济社会发展的状况。

明金镶宝石龙凤簪

明朝为了巩固专制统治，实行皇子分封建藩的制度，明仁宗朱高炽的第六子朱瞻堈成为第一代荆王，即荆宪王。明正统十年（1445），荆宪王在蕲州建荆王府，在湖北开始了明代荆王家族近二百年由盛及衰的历程。

簪，旧时用来别住头发的一种饰物，起到支持和固定发髻的作用。这件明金镶宝石龙凤簪，出土于蕲春县横车镇荆恭王墓，长 14 厘米，宽 6 厘米，重 123.3 克。簪首中心一只金凤，口中衔环，双翅张开，翅膀上镶嵌蓝色宝

明金镶宝石龙凤簪

石，凤首上方，各色嵌宝花朵组成上扬的凤尾。金凤两侧各有一条飞龙，龙身累丝而成。飞龙身后又各有一只穿花而过的金凤，花蕊处镶嵌珍珠及红色、蓝色宝石，造型左右对称，稳重大方。花丛中伸出金丝绕成的弹簧枝，枝头饰珍珠，随风轻颤，增加了飞龙与金凤的动感。簪首背后以一根窄金条横贯为撑，中央垂直焊接一柄簪脚。金簪上的金丝比头发丝还要细，戴上它稍一晃动，金簪上由宝石制成、金丝连接的蜜蜂、彩蝶便能轻轻摇动，发出声响。可以想象一下，当时的王妃头戴上多支金簪，款款移步，是何等的娉婷高贵。其做工繁复，工艺精湛，展现了明代高超的金器制作工艺。

半部世家

湖北明清古建筑博物馆最有特色的文物是馆内的不可移动文物，以 12 栋搬迁复建的文物建筑为主，其中最宝贵的当属"镇馆之宝"——半部世家（赵氏老屋）。

半部世家

　　半部世家原址位于黄石市阳新县白沙镇潘桥管理区巢门村，建于清晚期。据赵氏族谱记载，原屋主人赵启辉系北宋太祖皇帝赵匡胤的第31代孙。宋朝末年，蒙古大军大举南下，大宋皇室南迁经过湖北境内时，一部分滞留于巢门村，繁衍至今。一百多年前，赵氏为建其宅，先派出数名工匠赴武昌等地收集资料，之后才精心建造了庞大的庄园建筑群，而现存仅为原建筑群的一部分。

　　赵氏老屋面阔三间，平面近方形，整体呈对称布局。门厅前有镂空雕花门楼，门厅内有格扇屏风。天井两侧的厢房内可用于读书、会客，建筑构思精巧。环绕天井的看枋设有垂花柱，柱头雕有狮、象、麒麟，柱底有花篮和灯笼，柱间雕有神话、戏剧故事和别致的花罩装饰，图案精美。二层环廊处设"美人靠"。后堂内的鹅颈轩、方形藻井、如意轩、额枋及斜撑，都有寿山福海等历史传说故事的单面透雕。堂内不设立柱，整个空间宽敞明亮，造就了传统民居科学合理的生活艺术空间，是江南民居的典型代表。

　　赵氏老屋高墙封闭，自成一体，马头翘角错落有致，白墙黛瓦典雅大方，雕刻工艺精美绝伦。建筑外观青砖门罩，砖雕镂窗，木雕楹柱；彩绘以暗八仙、吉祥草、山水画、百鸟图相组合，美轮美奂。老屋大门匾额上刻着"半部世家"，出自"半部《论语》治天下"之说。这块匾额把儒家学说忠、孝、仁、爱的为政之道，济世利人的道德修养及处世心态体现得淋漓尽致。

【共享空间】

　　湖北明清古建筑博物馆积极策划各种特色的社教活动，开发了原创系列课程"古建课堂"，用以传播历史文化遗产和传统文化知识，普及各类遗址与保护策略、古建筑和藏品鉴赏收藏知识，增强公众热爱传统文化、保护文化遗产的意识。每年还会推出一系列与传统节日和法定节日有关的宣教活动，以社教小课堂、民俗互动体验和传统戏剧表演的形式，为公众带来丰富多彩的文化艺术内容。还与"湖北之声"携手，通过央视频、湖北广播电视台长江云、湖北之声视频号等直播平台，进行网络直播，让观众打开手机就能"身临"古建筑之中，跟随主播一探古建筑与非遗文化的精妙，体验荆楚地域悠久的历史文化和博大精深的古建筑技艺。

（撰稿：孙甜）

参观指南：

开放时间：9:00—17:00（周一闭馆）

咨询电话：027-61550655

地　　址：黄陂区演武路 1 号

交　　通：武汉客运港长途汽车站坐市郊旅游专线 1 路车到木兰湖风景区下；自驾经岱黄高速、沪蓉高速前往

扫一扫　关注微信公众号

江城历史文化的守望者：武汉博物馆

　　2001 年金秋十月，在风景秀丽的后襄河公园旁，一座宏伟庄重的建筑敞开大门——武汉从此有了一座历史综合类博物馆，江城竖立起又一座文化地标，这就是国家一级博物馆、国家 4A 级旅游景区武汉博物馆。

　　武汉博物馆本身就是一件融古典美和现代美于一体的建筑艺术品，既具

武汉博物馆外景

有浓郁的民族特色，又呈现鲜明的现代感。建筑为对称型组合式结构，外立面层层叠起，花岗岩贴壁自然粗犷，金字塔形三角玻璃顶与馆内大厅网架玻璃穹顶交相辉映，突出了博物馆庄重与现代的建筑特色。馆名由著名历史学家周谷城先生题写，增添了古朴色彩。

【漫步展厅】

武汉博物馆馆舍面积 17834 平方米，展陈面积 6000 平方米，藏品 6 万余件（套）。常年举办"武汉古代历史陈列""武汉近现代历史陈列"两个基本陈列及"历代文物珍藏""古代陶瓷艺术""明清书画艺术"三个专题展览。步入展厅，仿佛穿越时空隧道，领略悠远丰厚的中国古代文明，感受八方交融的江汉区域文化，追寻江城的起源，触摸武汉历史进程的沧桑脉搏。

武汉古代历史陈列 选取最具代表性的馆藏珍贵文物 500 余件，以史料为依据，通过科学化的展示，辅以真实的场景复原、先进的数码技术、精致的艺术品创作等，将武汉从新石器时代至清代的历史发展脉络展示在观众面前。该展览于 2002 年 10 月正式对外开放，2003 年荣获全国博物馆陈列展览的最高奖项——第五届"全国十大陈列展览精品奖"。

武汉近现代历史陈列 通过"江汉潮起""华中都会""浴火重生"三个部分，全景展示 1838 年林则徐武汉禁烟到 1950 年人民政权建立的城市演进轨迹，为观众营造了一个充满地域文化特色的武汉近现代历史空间氛围。展览于 2009 年 5 月 16 日武汉解放 60 周年之际隆重推出，荣获"武汉城市圈陈列展览精品奖"。

历代文物珍藏展 汇集馆藏青铜器、玉器、竹木牙雕、砚台、印章、鼻烟壶及珐琅等艺术精品 200 余件，全方位展示了馆藏的不同时期、多个门类的文物精品。

明清书画艺术　集中展示馆藏书画精品 80 余幅，吴门画派、清初"四王"、扬州画派、海上画派等在这里"华山论剑"，为观众了解中国明清书画艺术发展概貌、普及中国书画知识、提高艺术鉴赏力提供平台。

古代陶瓷艺术展　通过馆藏陶瓷精品 100 余件，系统展示我国不同历史时期、不同类别的陶瓷器的制作工艺，反映其别致的器物造型和独具一格的釉色胎技术。2020 年，武汉博物馆启动陶瓷展厅改造提升工程，打造全新的"暗香浮动——元青花四爱图梅瓶特展"。该展览在第五届（2020 年度）湖北省博物馆、纪念馆六大陈列展览精品推介活动中荣获精品奖。

此外，武汉博物馆每年还举办多个特色临时展览，传播源远流长、博大精深的中华文明，向观众讲述武汉"敢为人先，追求卓越"的城市精神与人文风采。近年来，先后推出了"武汉地区近十年出土文物特展""宋窑遗珍 湖泗风华——武汉湖泗窑址出土文物及标本展""花开并蒂 梅韵江城——湖北省博物馆、武汉博物馆藏元青花四爱图梅瓶首次联展""荆声玉振 楚韵生辉——古代玉器精品展"等原创展。同时，引进"世界第八大奇迹——秦始皇兵马俑（武汉）大型国宝文物特展""19 世纪俄罗斯现实主义绘画展"等多个国内外精品展览，向公众展示中华优秀传统文化和世界多元文明的魅力及风采。

【对话文物】

武汉博物馆馆藏文物丰富，总数达 6 万余件（套），不仅类别多样，包含中国古代青铜器、陶瓷器、玉器、书画、印章、雕塑、明清家具、钱币、纸质文献等多个门类，而且精品颇多，三级以上珍贵文物就达 16460 件。藏品中既有见证江汉大地文明进程和荆楚民风民俗的考古发掘文物，也有代表先民高超技艺和智慧的传世艺术珍品。

商凤纹方罍

商凤纹方罍

罍是中国古代的一种大型盛酒器和礼器，流行于商晚期至春秋中期，有圆形和方形两种。武汉博物馆收藏的这件方罍，形体巨大，制作精湛，造型雄浑，代表了中国青铜时代鼎盛时期的铸造工艺水平，是不可多得的瑰宝。罍身布满各式花纹，尤其"凤鸟"造型更是突出了古楚文化特征。据史料记载和文物考证，"凤鸟"可以理解为古楚人的图腾，但在迄今发现的早、中期青铜器中少有出现。这件青铜器高、浅浮雕与线刻结合的图案花纹、华丽外轮廓的附加装饰，铸就了庄重华美的纹饰、典雅大气的器型，突出了商代王权的神圣。因此专家将其命名为"凤纹方罍"。

说起这件"吉金"礼器，其发现颇为偶然。1966 年，蔡甸永安镇长征村农民王体坤在旱地改水田犁地时，发现了 6 件铜器，凤纹方罍就是其中一件。村民认为这些东西不吉利，将它们放进生产队队屋前一个泡谷子的池子里，后来又放进了队屋。过了一段时间，村里成立文艺宣传队，演出需要锣鼓家业，按照"以铜换铜"的方式，就把铜器挑到县城一家废品收购站打算卖掉。正巧时任县委副书记赵开祥路过看到，他命人将铜器送到县文化馆，让文化馆付钱给村里买锣鼓家业。这些铜器此后就搁置在文化馆的阁楼上，由于没人知道它们的来历，长期无人问津。直至1978年文化馆拆迁，才发现这件方罍，而其他5件已不见踪影。1979年经武汉市文物部门专家鉴定，确定了它的历史年代和文物价值。1981年武汉市文物管理处举办文物展览，将它从原汉阳县文化馆调拨参展。1985年入藏武汉博物馆，现为国家一级文物。国家权威机构曾对方罍进行无损成分检测，结果表明它与湖北大冶产的铜矿成分非常吻合，年代约为3200多年前。

元青花"四爱图"梅瓶

元青花"四爱图"梅瓶

元代青花瓷因制作精美且存世量少而备受世人珍视。据统计，目前元青花瓷器全球存世量仅400余件，我国各地博物馆收藏120余件，均可谓价值连城。2005年7月12日，在伦敦佳士得举办的"中国陶瓷工艺精品及外销工艺品"拍卖会上，一件元青花"鬼谷子下山图"罐以1400万英镑拍出，加佣金总计1568.8万英镑，折合人民币约2.3亿元，创下了当时中国艺术品在世界的最高拍卖纪录。

武汉博物馆馆藏元青花"四爱图"梅瓶，是一件以人物为题材的精品，现为国家一级文物。

说起收购经历，现任武汉博物馆馆长王瑞华记忆犹新。那是 1987 年 10 月的一天，一对年轻夫妇抱着一只包裹严实的梅瓶走进位于武胜路的武汉市文物商店。负责收购的老师傅王协臣仔细端详后，认定是真品并决定出价收购，但一番讨价还价后未能成交。看着这对夫妇抱着梅瓶离去的背影，王协臣惋惜不已。一旁目睹全过程的王瑞华赶紧追出店门，恰巧这对夫妇正在路边商量：到底是卖给国家的收藏机构，还是高价卖给文物贩子？王瑞华走过去与他们坦诚交流，最终说服他们将梅瓶卖给文物商店，避免了这件国宝级文物的流失。2010 年，市文物商店并入武汉博物馆，这件梅瓶成为"镇馆之宝"。

这件梅瓶小口外撇，短颈丰肩。在器腹四个菱形开光处，分别绘"四爱图"，即王羲之爱兰、周敦颐爱莲、林和靖爱梅鹤、陶渊明爱菊。相传"书圣"王羲之喜爱兰花，兰花是中国传统寓言纹饰，有"兰为王者香"之说，故以幽谷兰花喻隐逸之君子。宋代著名理学家周敦颐酷爱莲花，所作《爱莲说》中名句"出淤泥而不染，濯清涟而不妖"脍炙人口。人称"梅妻鹤子"的北宋著名诗人林和靖，终身不仕不婚，痴爱梅花的高雅和白鹤的飘逸，其"疏影横斜水清浅，暗香浮动月黄昏"诗句，被誉为咏梅之千古绝唱。东晋著名诗人陶渊明深爱菊花的傲霜品性，淡泊名利，向往美好的田园生活，写有"采菊东篱下，悠然见南山"的著名诗句。

"四爱图"梅瓶整体纹饰条理清晰，繁密不乱，青白相映，凝重端庄。人物形神兼备，衣纹用笔潇洒自然。2008 年 7 月为迎接北京奥运会，国家文物局主办"中国记忆——五千年文明瑰宝展"，这件梅瓶被选为具有中国代表性的精品文物参加了展出。

巧合的是，湖北省博物馆也有一件元青花"四爱图"梅瓶，2005 年出土于钟祥的郢靖王墓。一个在江南，一个在江北；一个是出土文物，一个是传世珍品。两件稀世珍宝同城隔江相望。2022 年 5 月 10 日，在两馆共同推动下，"花开并蒂　梅韵江城——湖北省博物馆、武汉博物馆藏元青花四爱图梅瓶首次联展"在武汉博物馆隆重展出，700 岁左右的它们首度相聚，述说各自的前世今生。

明《江汉揽胜图》横幅

走进武汉博物馆一楼大厅，一幅巨型青绿山水丝质挂毯映入眼帘，这是以馆藏十大镇馆之宝之一的明代《江汉揽胜图》为蓝本创作的一件巨幅工艺作品。

《江汉揽胜图》横幅为绢本设色，画面布局严谨，用笔精细，右下角有"仇英实父制"款。此画原藏武汉国画院，1987 年调拨武汉博物馆珍藏。1988 年经著名书画鉴定家徐邦达先生鉴定，认为它非仇英所作，题款应是作者或

明《江汉揽胜图》横幅

后人的伪托款，但确系明代画作无疑，且应是出自明代名家之手，现为国家一级文物。

此画描绘了明代长江与汉水交汇处的水陆景象、物事风貌。左上方绘长江南岸武昌城全景，高大厚实的城墙蜿蜒环绕四周，城门城楼依次林立，房屋布局错落有致。黄鹤楼耸立于胜像宝塔之后，亭台楼阁环绕周围，与掩映于山峦中的洪山宝塔遥遥相望。中部长江、汉水交汇于龟山脚下，奔流而下。江面上大小舟船游弋，远处江中可见一葱绿沙洲，房舍隐现其中，根据文献记载及地貌、方位推测，应该是古鹦鹉洲。中右部绘汉阳龟山及今南岸嘴一带景象，碧瓦飞檐、巍峨壮观的晴川阁耸立于禹功矶上，与黄鹤楼隔江相望。禹王庙粉墙碧瓦，铁门关巍然屹立，有一条山道直达龟山之顶，顶部亦有亭台楼榭矗立。另有一山道依山而下直达汉阳城，透迤如龙的汉阳城墙关隘，其内屋舍依稀可见。右下近景为汉口长江沿岸繁荣景象，帆樯林立，商铺云集，房屋鳞次栉比，一派繁盛景象尽显无遗。整幅画面大气磅礴，布局疏朗，所绘景物比例恰当、繁而不杂，是一幅代表武汉地域特点，集艺术与写实为一体的中国山水画佳作。

【共享空间】

武汉博物馆积极开展富有特色的社教活动，践行"让文物活起来、让文物说话"的理念，广泛招募社会志愿者。充分发挥"第二课堂"的优势，通过沉浸式公众体验活动、"互联网+"等形式，集文物多维解读、课堂教育与知识性、趣味性于一体，宣传历史人文、讲好武汉故事。

"行走的课堂"爱国主义精品教育项目，是该馆 2013 年打造的一项文化教育联盟品牌项目。该馆以武汉人文历史为依托，以馆藏文物为推手，以馆内基本历史陈列、原创特色展览为切入点，先后研发馆藏文物系列和二十四节气与传统节日系列微课，向青年学子展示中华优秀传统文化。

同时，该馆推出"探寻武汉城市之根""百年汉剧溯流光"等城市人文系列精品教育文案和"行走三镇 悦读江城""探秘武汉三国吴墓"等系列创新案例，探寻武汉城市文脉，重温江城历史荣光，以文化自信传承城市文明。又以流动展览、微课为载体，锐意创新社教活动内容和形式，精心策划"进学校""进社区""进乡村"等系列文化惠民活动。每年国际博物馆日、中国文化遗产日，根据活动主题，精心策划组织切题展览、文史知识讲座、专家义务鉴宝等活动，为市民的文化生活奉献一道道丰盛大餐。

（撰稿：王文宾）

参观指南：

开放时间：9:00—17:00(周一闭馆，法定节假日不休息)

咨询电话：027-85601720

网　　　站：www.whmuseum.com.cn

地　　　址：江汉区青年路 373 号

交　　　通：公交 10、79、342、411、509 等路到青年路市博物馆站下；地铁 2、3 号线到范湖站下

扫一扫　关注微信公众号

传承红色文化的地标：武汉革命博物馆

在荆楚大地，长江和汉水的交汇孕育出武汉这座英雄的城市。百年老街红巷与都府堤的相遇，构成了独具特色的江城红色地标。在 400 多米长的都府堤，武昌农讲所、毛泽东旧居、中共五大会址、中国共产党纪律建设历史陈列馆等红色旧址和场馆依次排开，形成了国内大城市中十分罕见的红色文化景观一条街。它们犹如璀璨星光，共同组成了武汉地区规模最大、热度最高的红色旅游资源富集区——武汉革命博物馆。该馆现为国家一级博物馆。

60 年来，武汉革命博物馆依托这些革命旧址，挖掘红色资源，以"致敬源点"的虔诚之心，让武汉的红色文化"亮"起来、"活"起来、"热"起来。走进深藏着百年革命印记的都府堤，仿佛展开了一幅历史的画卷，时刻能感受到红色基因正在血脉中汩汩流淌。

【建馆回眸】

武汉目前共有全国重点文物保护单位 33 处，武汉革命博物馆就拥有其中 4 处，分别是武昌农讲所、毛泽东旧居、中共五大会址和起义门，堪称全国"文保大户"。

武昌农讲所旧址建筑原为1904年张之洞在武昌北城角创办的北路小学堂，是武汉地区现存唯一一座晚清学宫式建筑。1926年，革命的洪流涌向长江流域，毛泽东敏锐地预感到革命急需一大批领导农民运动的干部，于是在董必武的支持下，选择在此开办中央农民运动讲习所。1927年3月至6月，武昌农讲所为全国培养了大批优秀的农民运动领导者，他们将革命火种播撒到神州大地。

1958年初，武汉市开始筹建武昌农讲所旧址纪念馆，同年12月上旬，周恩来亲笔题写"毛泽东同志主办的中央农民运动讲习所旧址"，此后一直成为纪念馆的馆标。1963年4月4日，武昌农讲所旧址纪念馆正式对外开放，成为武汉地区最早的革命纪念馆，董必武曾为纪念馆亲笔作诗："革命声威动地惊，工农须得结同盟。广州讲习垂洪范，又到华中树赤旌。"

1967年10月，武汉市对武昌毛泽东旧居进行了复原，隶属于武昌农讲所纪念馆管理。1977年在旧居南侧，按原貌复建了当年的门面，内辟陈列馆。

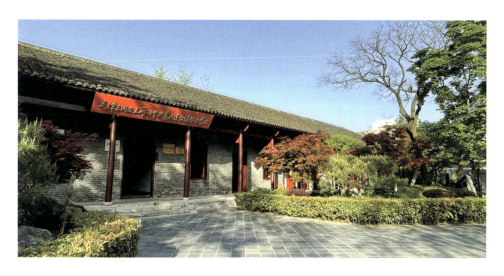

毛泽东同志主办的中央农民运动讲习所外景

中共五大会址纪念馆暨陈潭秋烈士纪念馆

武昌毛泽东同志旧居

武昌起义门旧址

中国共产党纪律建设历史陈列馆

1981 年，武汉市对武昌起义门进行修复。1983 年，武汉市对始建于 1918 年的武昌高等师范附属小学旧址进行修缮，成立陈潭秋烈士纪念馆。1997 年 7 月 14 日，经武汉市政府批准，武昌农讲所旧址纪念馆、武昌毛泽东旧居纪念馆、陈潭秋烈士纪念馆和武昌起义门旧址管理所合并，组建武汉革命博物馆。2007 年 11 月 30 日，中共五大会址纪念馆建成并对外开放，隶属于武汉革命博物馆管理。2019 年 5 月 9 日，中国共产党纪律建设历史陈列馆建成开放。至此，武汉革命博物馆形成"一块牌子、五处场馆"的格局。

【漫步展厅】

　　武汉革命博物馆始终坚持政治性、思想性、艺术性相统一，不断打造精品展览，讲好党的奋斗故事。博物馆现有 26 处复原陈列、10 个基本陈列，每年举办临时展览 10 余个、巡展 40 余场，形成了复原陈列、基本陈列、临时展览、巡展、数字展览等丰富的展览形式。

探索与奠基——武昌中央农民运动讲习所历史陈列　1926 年，随着北伐的胜利进军，国民政府于 1927 年 1 月从广州迁到武汉。作为中共中央农委书记的毛泽东，积极倡导并在此创立中央农民运动讲习所。陈列反映了当时农讲所的相关历程，以及在长期艰苦卓绝的中国革命斗争中，农讲所师生为新中国的诞生作出的不朽贡献。陈列全面展示武昌农讲所的历史、作用，重点展示时代背景下毛泽东为探索中国革命道路作出的贡献等内容，讴歌了革命先辈的积极探索精神。

紧急时期的艰难探索——中国共产党第五次全国代表大会历史陈列　1927 年蒋介石发动四·一二反革命政变，大肆屠杀共产党人和革命群众，大革命遭到局部严重失败。面对错综复杂的矛盾和尖锐激烈的斗争，中共五大在武汉召开。该陈列全景式呈现中共五大这一重大历史事件，展示在大革命的紧要关头，中国共产党艰难探索革命道路的艰辛历程。展览于 2021 年 6 月 16 日正式开放，被中宣部和国家文物局列入庆祝中国共产党成立 100 周年精品展览推介名单。

毛泽东在武汉——毛泽东旧居基本陈列　步入展厅，可以了解毛泽东在武汉从事革命实践、进行理论探索、指导经济建设的历史活动。展览反映了毛泽东历次在汉期间对湖北武汉地区和全国的革命斗争，以及解放后的社会主义建设事业的巨大影响。

纪律建设永远在路上——中国共产党纪律建设历史陈列　该陈列系统地梳理了党在领导全国人民进行革命、建设、改革的伟大实践中，始终坚持纪律建设，并将纪律建设作为自身建设伟大工程的重要组成部分的历程，于 2019 年 5 月 9 日正式开放，被评为"新时代博物馆百大陈列展览精品"。

陈潭秋在武汉陈列　　陈潭秋是中国共产党创始人之一、共产党湖北组织的早期领导人，为马克思主义在武汉的传播作出了突出贡献。此陈列展示了陈潭秋 1919 年至 1927 年在武汉领导革命斗争的光辉历程。

【对话文物】

自 1963 年对外开放至今，经过半个多世纪的收集积累，武汉革命博物馆藏有近现代史不同时期的文稿书信、书籍报刊、宣传品、证章、票据、艺术品、武器装备等多种文物，以及题字留言、采访等资料。截至目前，文物藏品数量达 27000 余件，其中珍贵文物 1006 件，文物藏品种类丰富、门类齐全、数量众多，承载了武汉厚重的红色历史文化。

武昌中央农民运动讲习所毕业证章

该证章材质为红铜，五角星形。正面中间绘有圆形蓝地白色的国民党党徽，党徽中心绘有木犁图案。"中央农民运动讲习所"字样环绕在党徽上方，党徽下方有"中国国民党"字样。证章背面镌有竖排阳刻"农村革命"及横排阴刻"928"证章编号，保存完好。

武昌中央农民运动讲习所是第一次国共合作时期由国共两党共同创办的一所培养农民运动干部的学校。1926 年底开始筹备，1927 年 3 月 7 日正式上课，4 月 4 日举行开学典礼。主持农讲所全面工作的毛泽东与邓演达、瞿秋白、彭湃、李立三、恽代英等共产党人及国民党左派人士共同努力，指导学生学习革命理论和农运常识，进行军事训练，参加社会斗争实践。农讲所学员来自全国 17 个省，共 800 多人。农讲所分 4 个班教学，3 个班设在

武昌红巷 13 号本部，计划学习 4 个月；另
一个班设在武昌花园山，为特别训练班，
学员多是河南、山东等省的北方农民，计
划学习 1 个月。但由于特别训练班延迟了
开课时间，本部 3 个班因形势变化需提前
结业。农讲所在 1927 年 6 月 18 日为 4 个
班举行了毕业典礼。大多数学员被委任为
农民协会特派员，深入农村开展农民运动。
大革命失败后，他们积极投身于各地的工
农武装起义和创建革命根据地的斗争。农
讲所学员毕业时，学校发给每位学员一枚证
章作为纪念品，这枚证章为武昌农讲所学生
贺叔阶的遗物。

武昌中央农民运动讲习所毕业证章

　　贺叔阶（1902—1928），又名长有，
湖北荆门人。1924 年在其弟贺鼎允的影响下参加革命。1925 年经贺鼎允介
绍加入中国共产党。1927 年 3 月到武昌中央农民运动讲习所学习，同年 6
月毕业回到家乡，将这枚农讲所颁发的铜质毕业证章交其妻子周家秀保管，
并嘱咐其一定要保存好。

　　贺叔阶回到家乡不久，即出任中共荆门烟墩区委书记，领导农民进行革
命斗争。1928 年 8 月的一天晚上，贺叔阶不幸被捕，9 月 16 日在荆门县城
关南门桥头英勇就义。贺叔阶牺牲后，周家秀一直悉心保存这枚毕业证章。
为了躲避敌人的搜查，她东躲西藏，始终把证章带在身边。1958 年，周家
秀将这枚证章捐献给当时的荆门县政府。1974 年 7 月，这枚证章被纪念馆
征集并收藏，经鉴定为一级文物。

毛泽东 1927 年撰写的《中国佃农生活举例》

毛泽东 1927 年撰写的
《中国佃农生活举例》

该书为纸质铅印本，纸张呈黄褐色，书皮为黄色牛皮纸。现为馆藏一级文物。

1926 年 12 月，毛泽东从武汉到长沙出席湖南省农民代表大会，随即在湖南考察农民运动。1927 年 1 月 4 日至 2 月 5 日，毛泽东在湘潭做了大量实地考察工作，并与湘潭西乡佃农张连初进行了一次详细的交谈。为了探讨问题的方便，他们共同勾画出一个典型的中国佃农的生活情形，通过准确计算得出令人信服的数据，展示了中国广大佃农痛苦的生活图景，揭示了"中国之佃农比牛还苦"的生活事实。从湖南湘潭调查回来后，毛泽东在武昌都府堤 41 号写成了一本小册子，即《中国佃农生活举例》。这本调查报告不仅是毛泽东早期著作，还是当年农讲所学员学习的书籍。

1968 年游重九先生将这本调查报告捐赠给武汉革命博物馆。据其介绍，他曾于 1927 年到武昌农讲所几次探望同学。他本来打算就读农讲所第二期，但由于当时革命形势所迫，农讲所只办了一期。他所收集的农讲所物品，大部分都毁于战火，保存下来的只有几件，这本调查报告就是其中之一，是迄今保存下来的毛泽东最早的一篇农村调查报告。著名的《湖南农民运动考察报告》，就是在这篇农村调查报告的基础上撰写出来的，它为研究毛泽东早期革命思想提供了重要的史料依据。

【共享空间】

　　武汉革命博物馆将红色资源作为坚定理想信念、加强党性修养的生动教材，以开放包容的姿态，引导全社会共同利用好红色资源，发扬好红色传统，传承好红色基因，让全民共享文化发展成果。

　　"我在红巷讲党史"是武汉革命博物馆倾力打造的红色品牌，秉承内容、形式、宣讲者、受众、传播"五个全覆盖"理念，打破传统单一理论宣讲模式，融入音乐、舞蹈、影视、舞台剧等文艺形式，以博物馆社教人员、文艺院团专业演员和志愿者为宣讲主力，同时不断吸纳公众参与进来，把党的故事讲给百姓听，又让百姓来讲党的故事。

　　博物馆注重观众的个人感受和现场体验的实际效果，与长江人民艺术剧院共同创作湖北省首部博物馆环境剧——"武汉 1927"以实景表演的形式，引领观众追忆如火如荼的革命岁月。

　　作为特色社教活动之一的"红巷苗苗研学营"，自 2016 年开班授课以来，已培养 2000 余名"红巷苗苗"加入到志愿者团队。

（撰稿：刘宇洁、邓艳梅、余青）

参观指南：

开放时间：9:00—17:00（周一闭馆）

咨询电话：027-88850322

网　　址：www.whgmbwg.com

地　　址：武昌区红巷 13 号

交　　通：公交 576、916 路到中华路都府堤路站下；

14、15、514、530、539 等路到解放路司门口站下

扫一扫　关注微信公众号

国防教育的打卡基地：武汉市中山舰博物馆

曾经，有一艘沉寂于大江数十年之久的军舰牵动着很多人的心弦，包括湖北、江苏、广东三省都提出了打捞的要求，这就是在武汉抗战中遭日军狂轰滥炸后沉没于江夏金口水域的一代英雄战舰——中山舰。

中山舰，原名永丰舰，是 1910 年清政府向日本订造的两艘浅水炮舰之一。1925 年孙中山先生逝世后，永丰舰更名为"中山舰"，以作纪念。从 1912 年 6 月建成下水，到 1938 年 10 月 24 日在武汉会战中遭日机炸沉，中山舰在 26 年的航程中，经历了护国运动、护法运动、孙中山先生广州蒙难、中山舰事件以及武汉会战五大历史事件，在中国近现代史上留下了浓墨重彩的篇章。

2011 年 9 月 26 日，在长江之畔的江夏金口，围绕这艘名舰建设的武汉市中山舰博物馆正式对外开放，很快成为开展国防教育、爱国主义教育的打卡基地。现为国家一级博物馆。

【建馆回眸】

1987 年，湖北省政府向国家文物局提出打捞中山舰，以纪念辛亥革命。

建筑形似战舰的武汉市中山舰博物馆

消息一出，立即引来了竞争者，首先是江苏省，其理由是孙中山是在南京宣誓就任中华民国临时大总统的，中山舰如果在中山陵陈列，意义重大。不久，广东方面也响起了"让中山舰回娘家"的呼声，理由也很充分：中山舰相当长时间在广东活动，参与的许多历史活动都发生在广东，中山舰的命名也发生在广东，如果将中山舰打捞回广东，将与大元帅府、大总统府、黄埔军校等构成一幅完整的广东国民革命的历史画卷。

　　经过再三权衡后，还是湖北得到了国家文物局的认可，原因有五：一是武汉是辛亥首义之区，金口系武汉郊区；二是大革命后期国民政府曾设在武汉；三是中山舰事件中的海军局局长李之龙是湖北人；四是中山舰是在武汉保卫战中遇难的；五是根据《中华人民共和国文物保护法》的规定，湖北省有责任"保护本行政区的文物"。国家文物局一锤定音，中山舰的打捞、归属地终于花落武汉。

　　对中山舰的打捞，特意选择在 1996 年 11 月 12 日孙中山诞辰 130 周年纪念日正式开始。承担打捞任务的重庆长江救助公司为保证万无一失，曾派出70多名潜水员，潜水近百次察看、测量，数百名打捞人员参加了这一工作。

1997年，沉睡江底59年之久的中山舰终于打捞出水。修复期间，武汉市中山舰博物馆筹建处于1999年12月成立，开始了博物馆的建设工作。2011年9月26日，武汉市中山舰博物馆正式对外开放。

中山舰博物馆建筑面积11000平方米，坐落于中山舰当年蒙难地——武汉市江夏区金口镇，矗立于长江金口水域以南牛头山、金鸡山、槐山环抱之中的金鸡湖畔，是一座专题纪念性博物馆，同时亦是国家一级博物馆、国家国防教育示范基地、湖北省爱国主义教育基地。

【漫步展厅】

中山舰博物馆运用"大陈列"展览理念，将室内陈列与户外展示、传统展示手法与现代科技手段有机结合，以国内最大的可移动文物——中山舰为展览陈列的中心，展示了一代名舰的风雨历程。

中山舰舰体复原陈列　按照1925年的中山舰原貌复原舰体外观、舰载装备以及部分舱室，将舰体作为一个大文物陈列于舰体大厅内，四周展区分别布置中山舰整体打捞、修复、迁移过程，以及中山舰大事记、历任舰长之最等相关辅助展项。

一代名舰——中山舰史迹陈列　以历史发展的时间顺序为主线，全面介绍中山舰诞生的历史背景、中山舰历经的风雨航程和中山舰新生的伟大意义。

中山舰出水文物精品陈列　按照铭牌标志、舰载设施、武器装备、生活用品四个部分进行展示，讲述中山舰文物背后的故事。

除基本陈列、主题展览外，该馆还策划推出"舰证"系列原创主题展览，

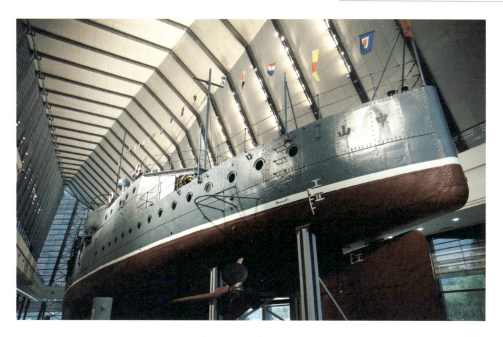

中山舰舰体复原陈列

形成了军事舰艇主题、爱国主义教育等极具特色的展览体系，打造了自身独特的文化品牌。先后推出"舰证中德交往——中山舰出水文物特展""舰证强军·中国百年名舰展""战舰重生——中山舰出水文物特展""舰证中山魂——孙中山与中山舰事迹特展等"多个原创精品展览，被国内多家博物馆引进展出。

【对话文物】

中山舰博物馆拥有馆藏文物7000余件（套），主要是随中山舰出水的文物，从不同角度反映了中山舰各个历史时期的政治、军事、经济、文化等社会活动及当时中山舰官兵的精神面貌。

"中山舰"款识瓷碗

"中山舰"款识瓷碗是 2010 年上海一位藏家捐赠给中山舰博物馆的，其中一只瓷碗和馆藏出水文物中的一只瓷勺刚好配对。说起来，收藏这件来自中山舰的瓷碗还有一个故事呢！

"中山舰"款识瓷碗

那还是 20 世纪 50 年代大炼钢铁的时代，不少打捞队在中山舰沉没的水域进行打捞作业，发现了从舰中流出来的锅炉、车钟、银圆及望远镜等物品。一支打捞队发现两只沾满泥土的瓷碗，一名水手觉得这两只瓷碗没有破损，扔了可惜，就带回了家。他的妻子一番清洗，发现两只碗分别有"中山舰 8"与"中山舰 25"的款识，就送给娘家一个喜欢收藏瓷器的哥哥。

转眼间 50 年过去，直到 2007 年一位民间藏家在上海古玩市场发现这两只瓷碗，便买下来收藏。后来听说中山舰博物馆在寻找与原来编号"25"的汤匙配套的碗，通过上海文物部门联系到了中山舰博物馆，将瓷碗无偿捐赠给博物馆，使失散多年的文物套件得以团聚。

"祥哉作"孙中山逝世纪念半身铜像

随中山舰出水的"祥哉作"孙中山逝世纪念半身铜像，面部表情自若，形神兼备，是一件富有传奇色彩的文物。铜像背后竖刻"祥哉作"三字，底座正面有"孙中山先生遗像"铭文，背面横排模印日文"复制不许意匠登录愿"。

"祥哉作"孙中山逝世纪念半身铜像

铜像系孙中山的日本友人梅屋庄吉斥资建造。梅屋庄吉 1895 年 2 月在香港与孙中山相识，当时孙中山正在香港筹建兴中会总会，同时募集经费准备发动第一次武装起义。为了帮助孙中山实现革命计划，在一个慈善团体举办的宴会上，老师康德黎将在香港经营照相馆的日本青年梅屋庄吉介绍给孙中山。两天后，孙中山到香港中环大马路 28 号照相馆拜访。梅屋庄吉年轻时受资产阶级自由民权运动的影响，痛恨欧美列强对亚洲的殖民统治，向往自由、平等、博爱。那天两人谈了很长时间，谈国家繁荣，谈人类和平，最后孙中山介绍了自己的救国抱负和革命计划，梅屋庄吉非常赞同，主张日本应停止侵略扩张，并与中国及亚洲所有被压迫的国家联合起来互相援助，实现各国的独立，继而实现亚洲的复兴。

梅屋庄吉认为孙中山领导的中国革命是为了整个亚洲，当孙中山介绍准备发动广州起义的计划时，他当即承诺"君若举兵，我以财政相助"，后来用一生的行动来实践诺言。梅屋庄吉一面经营照相和电影事业，一面尽全力在经济上支持孙中山的革命活动。据不完全统计，他先后援助孙中山领导革命活动的经费，折合现币值达 10 亿多日元。孙中山题写"贤母""同仁"给梅屋庄吉，梅屋庄吉则称孙中山为"生死与共的友人"，两人的友谊长达 30 多年。

1925 年 3 月 21 日，孙中山逝世于北京。1929 年 6 月 1 日，国民政府举行奉安大典，将孙中山遗体从北京迁葬于南京中山陵。梅屋庄吉为纪念奉安大典，斥巨资请东京筱原雕金店的雕塑家牧田祥哉，铸制了四尊孙中山全身铜像和一百件半身铜像，这件半身铜像便是其中之一。1997年中山舰打捞出水时，这件半身铜像在大官厅中被发现，"舰"证了孙中山与梅屋庄吉的革命友谊。

【共享空间】

作为国家级国防教育基地、湖北省爱国主义教育基地，中山舰博物馆一直将青少年爱国教育作为重要工作内容。开馆十余年来，坚持"请进来、走出去"，实现了和周边学校、社区的良好连接。同时努力搭建教育平台，组织面向青少年的展览、社会教育活动600余次，并深入学校、社区、商业体开展活动。

另外，与武汉大学、湖北经济学院、汉口学院、武汉交通职业学院等院校联合培养了一批又一批的大学生志愿者。在寒暑假、法定节假日、纪念日，开展"名舰我来讲"青少年志愿服务活动，服务范围从讲解接待、活动策划到档案管理、文物保管，涵盖博物馆工作的各个方面，打造了一支独具中山舰特色的志愿者队伍。

（撰稿：吕昌霖）

参观指南：

开放时间：9:00—17:00(周一闭馆，法定节假日不休息)

咨询电话：027-81561913

网　　址：http://www.zhongshanwarship.org.cn/

地　　址：江夏区金口街中山舰路特 1 号

交　　通：公交 910 路到中山舰博物馆站下

扫一扫　关注微信公众号

浓缩首义文化的城市名片：辛亥革命博物院

　　1911 年 10 月 10 日，武昌城头的一声枪响，揭开了中国完全意义上的近代民族民主革命的序幕。作为首义之城的武汉，辛亥革命历史文化资源丰富，留存着众多的辛亥首义遗址遗迹，它们既是英雄城市武汉的重要见证，也是宝贵的历史文化遗产。

　　为整合利用辛亥首义文化资源、打造辛亥首义文化品牌，2022 年 7 月，在原辛亥革命武昌起义纪念馆、辛亥革命博物馆基础上，组建而成的辛亥革命博物院正式挂牌成立。博物院分北区（原辛亥革命武昌起义纪念馆）、南区（原辛亥革命博物馆）两个区域，中间由首义文化广场相连，占地面积 4.2

辛亥革命博物院北区

辛亥革命博物院南区

万平方米，展陈面积 1.2 万平方米，藏品 3.5 万件（套）。现为国家一级博物馆。

走进辛亥革命博物院，回顾辛亥首义历史，眼前仿佛浮现出革命志士前仆后继的身影，诉说着武汉荣光。

【建馆回眸】

提到辛亥首义，武汉人首先便会联想到"红楼"——清朝末年的湖北谘议局，因旧址主体建筑红墙红瓦，所以被武汉人称为"红楼"。武昌起义的第二天，在这里组建中华民国军政府湖北军政府。

原辛亥革命武昌起义纪念馆，是 1981 年依托第一批全国重点文物保护单位——武昌起义军政府旧址"红楼"建立的专题纪念馆，孙中山先生的战友和夫人宋庆龄亲笔题写了馆名。旧址由主楼、东西配楼、议员公所、前后花园、院门、门房及围墙等建筑组成，自成院落，是一处砖木结构的中西合璧庭院式建筑群。

原辛亥革命博物馆是 2011 年为纪念辛亥革命 100 周年建立的现代化专题博物馆。外观为"楚国红"色调，俯瞰呈 V 字造型，寓意着胜利和腾飞。博物馆外墙采用的红色石材，与"红楼"的建筑色彩遥相呼应，寓意相隔 100 多年前后历史的对话。

【漫步展厅】

辛亥革命博物院立足馆藏资源，坚持举办原创展览，积极引进和推出相关临时展览。在继承中创新，在创新中发展，努力讲好首义故事、荆楚故事、中国故事。

鄂军都督府旧址复原陈列 以鄂军都督府旧址主楼为载体，展出面积 3000 平方米，复原了鄂军政府初创之际的机构和格局，再现中国历史上第一个共和政权运作的历史风貌。空间的整体复原，使旧址不再是一座空壳建筑，而是凝聚了一段辉煌历史的、形象直观的载体。同时，陈列布置重在营造"历史气息"，还原了都督府创立之初富于活力的繁忙景象。

为天下先——辛亥革命武昌起义史迹陈列 布置于议员公所旧址北楼一、二楼，展览面积 2000 平方米，展品 600 余件（套），其中珍贵文物 200 余件（套）。作为旧址陈列的重要史实补充，以历史文物、图片、场景、模型等，再现了武昌首义恢宏壮阔的历史过程，帮助公众理解鄂军都督府成立的历史背景。在主题策划上，为了与全国其他辛亥革命题材的博物馆、纪念馆有所不同，内容更加聚焦武昌起义，突出革命士兵在武昌起义中的主体作用，体现人民创造历史的正确史观，揭示"敢为天下先"的辛亥首义精神。

共和之基——辛亥革命历史陈列 位于辛亥革命博物院南区，展览面积 5700 平方米，多角度、深层次地展现了辛亥革命的历史变革和开创"共和"之基的历史进程。

"红楼鸟瞰·名人留踪"专题展览 位于北区西配楼一楼。"红楼鸟瞰"以大屏幕投影，概述辛亥革命博物院所依托旧址的历史沿革以及博物院的职能、收藏、研究、展览特色。"名人留踪"则展出了视察、参访博物院的党和国家领导人、国际友人、各界名流留下的照片、手迹、纪念物等。

湖北谘议局史迹陈列 布置于北区议员公所旧址南楼一楼，面积 300 平方米，以照片、实物、图表等形式，介绍和展示了湖北谘议局的成立、组织结构、活动以及建筑格局。复原陈列部分通过对议员居室、谘议局办事厅、议长会客室、议员公所西餐室的复原，再现了湖北谘议局议员当年工作、生活的场景。

"觉醒·逐梦"展览　位于辛亥革命博物院南区。展览精选图片180余张，珍贵文物50余件，以文物藏品为依托，以历史脉络为线索，以重大历史事件和重要历史人物为支撑，从"推翻帝制捍共和""万众觉醒求真理""群英结党救中华"三个部分，展示了从辛亥革命到中国共产党诞生的历史进程，弘扬伟大建党精神，传播革命文化，传承红色基因。

【对话文物】

辛亥革命博物院收藏了3.5万余件（套）与辛亥革命相关的文物、文献及图片资料，其中珍贵文物512件（套），既有与辛亥革命领导人或重要人物孙中山、黄兴、黎元洪、于右任、谭延闿等相关的文物资料，也有与辛亥武昌首义参与者孙武、吴兆麟、熊秉坤、蔡济民、李翊东、黄祯祥等相关的文物资料，逐步形成了共和纪念瓷器、辛亥名人书画、辛亥名人家谱、广告画月份牌、民国徽章、石刻等藏品体系。

余诚日记

一本薄薄的日记，一段厚重的历史。辛亥革命博物院收藏了一本湖北革命党人余诚1906年1月1日至10月31日所写的日记，记载了余诚受命从日本回湖北组织革命运动、发展同盟会会员的思想轨迹和革命历程。据日记记载，他参与了"归国留学生学堂事""谋办湖北旅学事""为中国公学募捐""组织湖北教育会"等活动，提倡"私塾改良及放足"。日记还详细记录了他与同盟会、日知会成员于右任、刘静庵、季雨霖、黄选青、殷子衡等革命党人的密切联系，以及科学补习所开学、法国友人欧儿罗来鄂开欢

余诚日记

黄祯祥血衣

迎会等重要事件。

日记反映了中国近代觉醒的知识分子，在深重的民族灾难中，为救亡图存，振兴中华，推进中国社会变革所发挥的先锋和桥梁作用，是研究余诚生平和湖北辛亥革命史极为珍贵的文物史料。日记中以大量篇幅记录或抄写了许多发人深省的诗句，表现了余诚立志反清救国的革命抱负和坚定的革命信念，读来令人振奋。

余诚 1910 年因病去世后，这本日记原藏于其麻城老家，1985 年 8 月由余诚之孙余品安捐献给原辛亥革命武昌起义纪念馆。

黄祯祥血衣

1911 年阳夏战争中的刘家庙战斗十分激烈，这件血衣见证了这场战事的惨烈程度。

血衣主人黄祯祥，字伯生，四川雅安人。同盟会会员。1906 年，因参加萍浏醴起义被捕入狱。武昌起义爆发后，他从南京出狱，立即赶赴汉口前线，参加痛击清军、保卫武汉的刘家庙战役，是革命军敢死队队长。他在战斗中身先士卒，两次负伤，左肩被子弹打穿，右臂被炸断，血染戎装，以大无畏的革命精神，极大地鼓舞了革命军民的士气，为刘家庙战役的告捷作出了巨大贡献。战后，他将受伤经过分别绣在了两只衣袖上。左袖为"九月初六日，敌人攻刘家庙，枪伤左肩之纪念"，右袖为"初七日与敌大战，抢炮三尊，敌弹如雨打断右膀，今共和成立以作纪念"。这件血衣，真实记录了革命军将士为捍卫武昌首义胜利成果英勇奋战，不惜抛头颅、洒热血、舍生忘死的大无畏革命精神，是辛亥革命阳夏保卫战的重要历史物证。

黄祯祥去世后，血衣由其夫人保存。1980 年，黄祯祥的长孙将血衣捐献给湖北省博物馆，1981 年移藏原辛亥革命武昌起义纪念馆。

孙武著《汉口市政建筑计画书》

这是一本由孙武撰写的关于汉口城市建设的发展规划。该书从市区开辟计划、建筑计划、建筑款项筹措、市政营业、市政收入五个方面，对汉口市政建设进行了全面规划，较详细地勾画出汉口城市近代化建设的宏伟蓝图，而其核心则是将汉口打造成商业大都市。虽然孙中山先生在此前的《实业计划》中，也曾对武汉的建设方略有过规划，但在具体细节上，远不及孙武《汉口市政建筑计画书》详细和富于操作性。

孙武(1880—1939)，原名葆仁，字尧钦(一作尧卿)。湖北夏口(今汉口) 人。辛亥革命武昌起义元勋之一。1911 年 9 月被举为武昌起义总指挥部参谋长。10 月 9 日因赶制炸弹不慎爆炸，受伤住院。武昌首义成功后，在鄂军政府任军务部长。1922 年萧耀南督鄂，委任孙武为汉口地亩清查督办。1923 年 12 月，汉口地亩清查专局印行了孙武撰写的《汉口市政建筑计画书》。

在书中，孙武从战略高度重新审视了汉口的地位，历史性地计划将汉口建设成商业大都市，并全面系统地规划商业区（商场）的建筑顺序和建筑模式，最重要的是兴建发达的交通，建立完善的水路交通网络体系。该方案博采东西发达国家之长，兼备国内城市之优，不仅有案可稽，而且具有一定的超前意识。虽然孙武计划

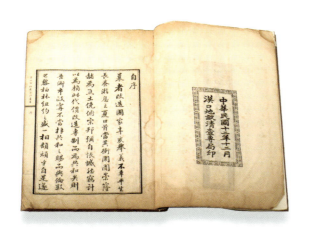

孙武著《汉口市政建筑计画书》

的绝大部分在其有生之年都未能实现，但原因主要不在计划本身，而是当时缺乏实施这些计划的必要条件。他提出"以汉阳之大别山麓（龟山）、武昌之黄鹄山麓（蛇山）为桥础，架设武汉大铁桥"，将京汉、川汉、粤汉三大铁路连接贯通等设想，今天均已成为现实。

这是迄今所知的第一份完整的汉口城市建设发展规划，对研究武汉城市规划和发展的历史具有重要价值。1989 年，孙武之孙孙吉章将其捐赠给原辛亥革命武昌起义纪念馆。

【共享空间】

辛亥革命博物院树立"大教育"工作理念，结合研究出版、陈列展览、专家讲座、文化景观、文创产品等领域，面向不同群体观众开展传统文化、革命文化、社会主义先进文化等全覆盖公益性文化活动，增强各类群体的政治认同、文化认同、情感认同。

　　"首义课堂"教育品牌以展示首义特色文化资源为目的，围绕辛亥革命博物院常设展览，开展展览讲解及教育课程。

　　"首义寻踪"教育活动以寻访首义遗址遗迹为载体，由专家、讲解员带领观众走出馆外探访，身临其境了解每个遗址的现状和历史，实地考察历史发生的具体环境，实现与历史人物和历史事件的对话。

　　"博爱学堂"以孙中山先生"博爱"思想为基础，是结合传统文化、社会主义先进文化、城市地方特色文化开展的教育项目。其中，"博爱学堂——少年中国说"沉浸式研学思政课带领现场观众穿越时空、致敬先贤，为广大青少年深层次讲述辛亥革命先驱为振兴中华而矢志不渝的爱国故事，将爱国情、强国志、报国行融入他们的理想信念中。

（撰稿：袁磊）

参观指南：

开放时间：9:00—17:00（周一闭馆，法定节假日不休息）

咨询电话：027-88875305（北区）　027-88051911（南区）

网　　站：www.1911museum.cn

地　　址：武昌区武珞路 1 号（北区），武昌区彭刘杨路 258 号（南区）

交　　通：公交 10、401、402、411、413 等路到武珞路阅马场站（或彭刘杨路体育街站）下；10、401、402 等路到黄鹤楼站下；地铁 4 号线到首义路站下，地铁 5 号线到彭刘杨路站下

扫一扫　关注微信公众号

解读武汉城市之根的摩斯密码：
盘龙城遗址博物院

　　1954年，一场百年不遇的特大洪灾侵袭武汉，在配合防汛的取土过程中，盘龙城这座沉睡了3500年的商代城址重现于世，揭开了"武汉城市之根"的发现序幕。武汉的建城史，也由此延伸至3500年前。

　　从1963年开始，经过1974年和1976年对盘龙城遗址两次较大规模的考古发掘，发现了我国最早的"前朝后寝"式宫殿基址和商代早期规格最高

盘龙城遗址博物院外景

的墓葬，确定了盘龙城作为长江流域青铜文明中心的历史地位，实证了长江流域与黄河流域同为中华文明之源。2021 年 10 月 18 日，盘龙城遗址入选全国"百年百大考古发现"。

2019 年元旦，盘龙城遗址博物院正式对社会开放，前来参观的公众络绎不绝，纷纷在这里解读武汉城市之根的"密码"。

【漫步展厅】

2000 年，盘龙城遗址由湖北省移交给武汉市管理，武汉市盘龙城遗址博物馆筹建处随即成立，临时抽调的文博工作人员在简陋的房子里开始了筹建工作。2015 年 12 月，经国家文物局同意，盘龙城遗址博物馆选址在遗址公园西侧的大邓湾。2017 年，盘龙城国家考古遗址公园正式列入第三批国家考古遗址公园名单，标志着武汉首个国家考古遗址公园的诞生。

盘龙城国家考古遗址公园占地面积 4.86 平方公里，公园核心区及博物院区域由盘龙城遗址博物院负责管理。遗址博物院坐落于公园西部，占地面积约 22 万平方米，建筑面积 1.63 万平方米，展厅面积 3800 平方米。博物院建筑采用"半嵌入式"设计，将博物院建筑消隐于树丛中，将遗址本体作为最大的展品，观众站在博物院屋顶，可远眺遗址核心区。

盘龙城遗址博物院基本陈列"江汉泱泱 商邑煌煌——盘龙城遗址陈列"，展陈面积 3200 平方米，展线长度 673 米，于 2019 年 1 月 1 日免费向社会开放。陈列回顾了盘龙城遗址发现、发掘的历程，展示了考古学视角下盘龙城遗址的兴衰、变迁与文化面貌，从居民、日常、军事、习俗、艺术、建筑、生产等多个角度全方位还原盘龙城。同时，讲述在夏商整个大的文化背景下，盘龙城遗址的地位和作用，以及盘龙城与中原、周边、后世的关系和影响。

走在通透无柱的展厅空间，展柜摆放整齐的商代陶器、石器、玉器和青铜器琳琅满目，无声地述说着曾经发生在这里的故事。展厅内的一些场景复原，油灯，斑斑驳驳的搪瓷脸盆，锈迹斑斑的自行车，砖块与竹板搭起的床具——这样简陋的生活用品，让人感受到盘龙城考古工作者的艰辛……

盘龙城遗址博物院结合盘龙城遗址自身特色，围绕大遗址文化、大河文明、世界著名文化遗产三大主题，引进或策划相关临时展览，以临展为平台加强馆际交流，扩大了盘龙城遗址的影响力。"甲骨文的记忆""长江万里青——长江流域青铜器精品展""探索未知 记忆荆楚——湖北省 2022 年度考古工作成果展"等多个临时展览，掀起一阵打卡观展热潮，社会反响强烈。

【对话文物】

盘龙城遗址博物院以收藏盘龙城遗址出土文物为主，藏品类别丰富、造型精美、工艺精湛、文化底蕴深厚，涵盖了青铜器、玉石器、陶瓷器、骨角器等文物品类，代表了商代早中期青铜文化发展的高超水平，具有重要的历史、科学和艺术价值，是研究我国早期国家形态和武汉城市文明的一扇重要窗口。

商代绿松石镶金饰件

器物残存 515 片绿松石嵌片、6 片黄金箔片，器身主体以绿松石片镶嵌贴塑，眉毛、眼睛、牙齿、额饰、眉间饰由金箔片装饰而成。绿色的玉石和金色的黄金相互映衬，视觉效果十分突出，对于研究我国早期金器和金玉镶嵌工艺具有重要意义。这件珍贵文物的发现，有一定的偶然性。

2013 年底，盘龙城遗址考古工作队在杨家湾岗地发现一处商代贵族墓

商代绿松石镶金饰件

地，湿冷的气候让考古人员在田野中的工作推进很慢。但跨年后的第一天，天气突然又热了起来，穿一件毛衣都有点燥。那天，武汉大学的陈晖博士正专注清理杨家湾 17 号墓葬，在墓底部用手铲轻轻地刮出了几个闪着寒光的绿松石碎片。在一旁指导工作的盘龙城遗址博物院副研究员韩用祥凭借多年的发掘经验，提议先不取出，等绿松石碎片范围较清晰之后再处理。于是两人轮流上阵，抽丝剥茧一般把绿松石碎片揭示出来，逐渐有了一个大致的形状：面部似兽，躯干似鱼。

两人继续扩大清理范围，这时一片金光闪闪的东西映入眼帘，定睛一看，是一个眉毛形状的黄金箔片，之后又陆续发现了像眼睛一样的金片。绿松石和黄金组合的文物，这之前都没有在盘龙城遗址出现过，为了保护这一珍贵文物，考古人员将其用石膏浇注，带土打包提取出来，先后送到中国社会科学院考古研究所和南方科技大学实验室，进行考古和保护研究。

经研究复原，为一首双身的浮雕龙形饰，饰件以大漆为黏合剂，胶结在木材或皮革等有机质之上。这是目前年代最早的独体一首双身龙形饰，是商代先民精神信仰的重要物证，同时也是绿松石作为王朝国玉自夏代延续至商代的实物见证。

商代青铜带錾觚形器

商代青铜带錾觚形器

器物造型独特，为过去所未见，整体器型兼具了觚、斝、角等青铜酒器的部分特征，左右对称，富有美感，体现了商代先民独特的艺术构思和审美特征。商代墓葬的随葬品中，铜觚、铜斝、铜爵一般是作为成套的青铜酒器一起下葬的。考古人员根据墓葬中一同出土的铜斝、铜爵来判断，这件青铜器应该是铜觚的替代品，故暂时定名为青铜带錾觚形器。

商代有领玉璧

商代有领玉璧

璧身表面饰有九组同心圆纹饰，制作规整，纹饰清晰，富有光泽，为目前见到的年代最早、体量最大的有领玉璧，是商王朝制作的代表性玉器。江西新干大洋洲遗址出土的有领玉璧，四川广汉三星堆和成都金沙出土的玉璧或者玉瑗的形制风格，与盘龙城的有领玉璧接近，反映了商代中原文化向南的传播与影响，以及长江流域不同地区间的文化交流。

商代玉戚

商代玉戚

玉戚是一种非实用的小型斧形兵器，是军事权力的象征。这件玉戚的两侧各有 3 个齿棱，既具有装饰效果，也带有宗教或礼仪内涵，同时也是把玉戚与玉钺区分开来的重要特征。戚在新石器时代晚期由最初的石质砍削器演变为普通作战兵器，之后再分化为特殊军事权力的兵器。进入夏商周时期，礼制等级制度进一步强化，制作小巧精良的玉戚便具有了祭神舞蹈、象征权力的功能，例如《山海经》记载刑天"操干戚以舞"，《礼记》记载"朱干玉戚，冕而舞"，说明当时具有宗教礼仪色彩的军事舞蹈盛行。从目前考古成果来看，作为礼器的玉戚，往往出现在夏商周时期的许多王公贵族墓葬中，彰显着墓主人生前的军事权力和地位。

【共享空间】

盘龙城遗址博物馆立足考古遗址博物馆特色，紧扣"商王朝南土都邑、长江流域早期青铜文明中心、武汉城市之根"的遗址特性，面向不同群体开发丰富多彩的社教活动，开展公共考古科普，传播盘龙城文化，自 2018 年来开展的社教活动达数百场，初步形成了盘龙城社教方阵。

王牌社教活动为"小小考古人，守护盘龙城"系列活动，已围绕考古、制陶、商文明三个主题开发了课程。该系列课程立足于以盘龙城遗址为主的商代文化，根据展览涉及的盘龙城考古研究史、盘龙城制陶文化及商代先民生活习俗等，开发了相关课程和实践内容，已通过专家审核评估并投入实践。

　　自 2021 年开始的"盘龙城论坛"系列讲座，旨在打造湖北文化讲座品牌栏目，每月举办一期，邀请考古学界"大咖"，围绕青铜文明、荆楚考古、文明探源等主题，推出精彩学术报告。

（撰稿：王颖、李一帆、廖航、付海龙、宋若虹）

参观指南：

开放时间： 9:00—17:00（周一闭馆，法定节假日不休息）

咨询电话： 027-61915773

地　　址： 黄陂区盘龙城经济技术开发区盘龙大道特 1 号

交　　通： 公交 299、296、286、291、289 路到肖陈湾站下，295 路到罗纳河谷站下，步行可达；地铁 2 号线到盘龙城站 D 出口出站后，往前步行 450 米即到

扫一扫　关注微信公众号

近代武汉城市发展的见证者：江汉关博物馆

　　高耸的钟楼，雄浑的钟声，庄重典雅的外观，希腊古典主义和欧洲文艺复兴时期的建筑风格……在汉口沿江大道旧租界林立的欧式建筑群中，矗立着这么一座宏伟高大的建筑，它就是全国重点文物保护单位、武汉市地标性建筑——江汉关大楼。

　　江汉关大楼 1924 年 1 月建成，是近代汉口开埠的标志。2009 年底，武汉市人民政府决定将江汉关大楼改造成博物馆，筹建工作随即启动。2015

江汉关博物馆外景

年 12 月 28 日，江汉关大楼由武汉海关大楼转变为江汉关博物馆，现为国家二级博物馆。

2017 年，江汉关博物馆与武汉国民政府旧址纪念馆、詹天佑故居博物馆合并组建成新的江汉关博物馆。丰富厚重的历史文化遗产，精致谨严的展陈设计，庄重典雅的优秀历史建筑，与观众渴望分享历史文化遗产的精神需求融合在一起。在这里，你能够感受到汉口开埠以来，武汉这座古老而又年轻的城市强烈跳动的脉搏。

【漫步展厅】

江汉关博物馆三处馆舍，均为全国重点文物保护单位，是武汉不可多得的优秀历史文化建筑，见证了武汉城市的发展，留下了珍贵的历史记忆。

"江汉朝宗——武汉城市现代化历程"基本陈列 拾级而上进入江汉关博物馆大门，"江汉朝宗——武汉城市现代化历程"映入眼帘。陈列以 1861 年汉口开埠为切入点，综合运用照片、图版、表格、油画、场景复原、触摸屏和多媒体等多种艺术表现手段，全景展示武汉开埠设关后迅速崛起的辉煌与屈辱交织的历史，同时反映武汉走向现代化的艰难历程，以及新中国成立和改革开放后，武汉在中国共产党的领导下发生的翻天覆地的变化。陈列中的税务司室、报关大厅等场景复原特别吸人眼球，让人想象近百年前武汉对外贸易的繁忙场景。

武汉国民政府史迹陈列展览 1921 年，爱国华侨简氏兄弟投资兴建的南洋兄弟烟草有限公司办公楼，在今汉口中山大道 708 号建成，成为武汉历史文化名城的标志性建筑之一。1926 年底，国民革命军北伐攻占武汉三镇，国民政府从广州迁来武汉，就在这座大楼内办公。从此，这里成为国民政府

武汉国民政府旧址纪念馆——南阳大楼　　　　　　詹天佑故居博物馆

的一处纪念地。纪念馆基本陈列"武汉国民政府史迹陈列展览"，以丰富的历史史料和图片，向观众展示了武汉国民政府从建立到解体的那段短暂而意义重大的历史过程。

　　为国筑路——中国铁路之父詹天佑生平展　詹天佑故居是一栋欧式建筑风格的砖木结构二层楼房，由主楼和附楼两部分组成。主楼辟有基本陈列、复原陈列和临展区，附楼为办公区。1912 年至 1919 年，詹天佑主持修建粤汉川铁路期间，在汉自购土地设计修建了这一栋住宅。故居内辟有"为国筑路——中国铁路之父詹天佑生平展"，序厅前塑有詹天佑半身玻璃钢雕像。展览运用大量的历史照片和文献史料，结合部分文物，对这位杰出爱国工程师的生平、贡献及在武汉的生活进行了追忆。

【对话文物】

　　江汉关博物馆拥有各类藏品、文献资料近万件，涵盖金属器、杂项、瓷器、纸类文物等多个类别，很多藏品都是武汉近现代历史进程的见证物。

江汉关钟楼

提起江汉关，"老武汉"最深的印象大多是江汉关钟楼回荡的钟声，它陪伴了几代武汉人的成长，承载着武汉市民的情感记忆。江汉关钟楼具有浓郁的英式建筑风格，置于钟楼内的机械塔钟，为江汉关博物馆国家一级文物。

江汉关钟楼建于主楼之上，共有5层，分别用于安置塔钟的不同部件，总高28.24米（不含旗杆）。从1924年到1984年的60年间，江汉关钟楼一直是武汉最高的建筑。1924年1月18日，江汉关钟

江汉关钟楼

楼大钟首次敲响，钟声响彻武汉三镇。1966年前后，江汉关报时曲《威斯敏斯特曲》被误传改编自《神佑女王》，不久换成《东方红》。1987年，又改回为《威斯敏斯特曲》，沿用至今。

钟楼除具备建筑整体装饰性外，还具有重要的实用功能。从19世纪开始，中国海关根据业务需要，效仿西方国家海关采用以天数计算船舶吨税的办法，超过午夜12点钟即加算1天。由于进出港口的船舶来自世界各地，为了统一计时，避免船舶自备时钟的精准度差异引起矛盾，都是以江汉关钟楼时间为准。钟楼顶层修建有露天瞭望信号台，海关人员通过瞭望台观测江面船只动态，通过信号台中央竖立的7米高桅杆挂出旗语，有序指挥轮船进出港口。

江汉关银锭

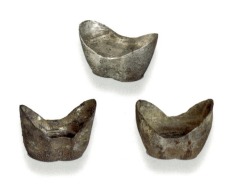

江汉关银锭

在江汉关博物馆的展柜里，陈列着 3 枚 50 两海关银锭，外观造型形似马蹄，锭面有戳记，铭文均钤有"江汉关"字样。其中两枚为光绪年间铸造，一枚为同治年间铸造。这类银锭存世稀少，弥足珍贵，既展示了江汉关上缴税银的历史原貌，又是见证江汉关历史的重要实物。

近代海关税收，是清政府极其重要的收入渠道，主要有进口税、出口税、子口税、复进口税、船钞、洋药厘金六种。江汉关是中国近代四大海关之一，部分税银被集中铸成钤有"江汉关"关名的银锭上缴国库。清政府对银炉的开设严格控制，规定必须经户部或地方布政司准许并发给营业执照的银号，才能为官方铸造上解或地方存留银锭。清晚期，政府在汉口设立了"协成官银号"和"有成官银号"，江汉关银锭就是由这两所指定的官银号铸造。这三枚江汉关银锭铭文显示，两枚光绪年间的银锭分别出自有成号和协成号，一枚同治年间的银锭出自有成号。

江汉关进出口贸易繁荣，税收巨大，为何税银银锭存世极其稀少呢？因为这些海关银锭是江汉关用所收的关税碎银熔铸而成，为上缴国库而专造，上缴后大多又被熔化改铸成了其他品种的银锭。此外，清末湖北造币厂大量制造银币时也改铸了不少银锭。

在江汉关博物馆筹建时，这三枚江汉关银锭从一北京藏家手中征集入藏，经省市专家鉴定，确定为晚清江汉关遗存之物。通过这些银锭，可以了解江汉关关税征收、税银上缴及税银铸造的工艺水平。

【共享空间】

江汉关博物馆着力打造"出彩江汉关""聆音江汉关"社教品牌，先后与江汉区政府、武汉电视台、武汉海关、武汉铁路局、长航集团等部门和单位，通过跨界合作创新，携手讲好武汉故事。以历史与现代的内容碰撞，以"传承＋创新"的综合方式，陆续推出"江汉关的故事""江汉关博物馆的这些事，你知道吗？""辛亥革命时期的江汉关""红旗插上江汉关""江汉关地下收听站"等精品文化项目，多角度让城市文化在新理念、新技巧中得以充分展现。2020年3月，"江汉关的故事"正式在线上推出，每年以音频、视频、图文等方式推出12期，讲述文物背后的精彩故事及掩埋于历史烟海的特殊事件，让公众跨越时间和空间的距离，体验博物馆文化。

（撰稿：王有珍、文婷彤）

参观指南：

开放时间： 9:00—17:00（周一闭馆，法定节假日除外）

咨询电话： 027–82880866

网　　址： www.jhgmuseum.com

地　　址： 江汉关博物馆，汉口沿江大道129号；武汉国民政府旧址纪念馆（汉口南洋大楼），汉口中山大道708号；詹天佑故居博物馆，汉口洞庭街65号

扫一扫　关注微信公众号

交　　通： 江汉关博物馆，公交527、546、563、579、606等路到沿江大道武汉关站下，地铁2号线到江汉路站下；武汉国民政府旧址纪念馆，公交24、207、559、603等路到六渡桥站下，地铁6号线到六渡桥站（B出口）下；詹天佑故居博物馆，公交313、402、502、503、559等路到鄱阳街兰陵路等站下

百年老宅里的历史风云：
八七会议会址纪念馆

　　1927 年 8 月 7 日，在汉口今鄱阳街 139 号一栋黄墙红瓦的西式公寓中，中共中央紧急召开了一次重要会议，史称"八七会议"。1978 年 8 月 7 日，八七会议会址纪念馆正式对外开放，成为开展爱国主义教育、传承红色基因、汲取奋进力量的重要窗口。

　　一栋百年老宅，穿越百年风云。一个普通房间，连接几代伟人对话。伫立这栋三层小楼前，看到岁月在它身上留下的斑驳光影，更掩不住它在党史上留下的辉煌一页。

八七会议会址纪念馆外景

【漫步展厅】

八七会议会址纪念馆初建时，占地面积仅 100 多平方米，建筑面积近 500 平方米。2001 年 8 月 7 日，在中国共产党成立 80 周年之际，经过 4 年扩馆建设后的纪念馆展现新姿。2011 年，纪念馆第二次扩馆，建筑面积扩展到 3036 平方米，为建馆之初的 6 倍多。2021 年建党百年之际，纪念馆对本体建筑进行全方位大维修，这栋百年老宅绽放出耀眼的红色光芒。

八七会议是中共中央政治局在大革命失败的白色恐怖笼罩下召开的一次紧急会议，给正处于思想混乱和组织涣散的中国共产党指明了新的出路，为挽救党和革命作出了巨大贡献，在中共党史上具有重要的历史地位。

"伟大的历史转折——八七会议历史陈列"从大历史的视角，全景式回顾了八七会议召开前后中国革命波澜壮阔的历史，凸显了八七会议的伟大意义，讴歌了中国共产党不畏艰险、不惧牺牲拯救中国革命于危难之中的光辉历程。

纪念馆充分挖掘红色资源，积极开展馆际交流合作，每年举办多个红色题材临时展览，丰富党史宣传内容。较有代表性的有"展示初心的红色征程——八七会议会址纪念馆建馆 40 周年专题展""八七会址百年沧桑"等，其中"以史为鉴　开创未来——党的一大到十九大"专题展，讲述了从党的第一次到第十九次全国代表大会的历史，记录了党领导全国各族人民在各个历史时期不懈奋斗的光辉篇章，体现了党从小到大、由弱到强，不断发扬成绩、纠正错误，永葆生机和活力的前进历程。

【对话文物】

纪念馆现有馆藏文物 782 件，其中国家一级文物 1 件，二级文物 2 件，三级文物4件，形成以定级文物为核心藏品，与八七会议代表人物相关、与八七会议历史背景相关的革命文物为主要组成部分的藏品收藏体系。

邓小平题写的"八七会议会址"馆标

在八七会议会址纪念馆大门的门楣上，悬挂着一块红底金字的牌匾，上书"八七会议会址，邓小平题"。1980年5月20日，邓小平在北京家中为纪念馆亲笔题写。

邓小平题写的"八七会议会址"馆标

邓小平与八七会议有着紧密的关系。八七会议召开时，他是中共中央政治秘书，尽管会议因环境险恶只开了一天，但邓小平作为会议工作人员，在这里整整住了六天，待会议代表全部撤离后，才最后离开这里。新中国成立后，邓小平先后七次回忆八七会议的情况，会址的确定和布置，就是以他和李维汉等亲历者的回忆相互印证最终确定的。

1980年3月，八七会议代表李维汉来到八七会议会址纪念馆参观并看望工作人员。当纪念馆请他题写馆名时他委婉地谢绝，但表示回北京后，会"请一位更合适的人题写"。1980 年 7 月 15 日，邓小平考察八七会议会址纪念馆，对复原陈列提出了指导意见。两个月后，纪念馆收到邓小平手书"八七会议会址"的邮寄件。工作人员这才知道，这是李维汉回北京后请邓小平题写的馆标。

1994 年 11 月，该题字经国家文物局近现代历史（革命）文物鉴定专家组评定，确认为国家一级文物，成为纪念馆的镇馆之宝。

任弼时用过的小提琴

任弼时用过的小提琴

小提琴通长 60 厘米，通宽 21 厘米，通高 4 厘米。琴身完整但琴弦老化，带有黑色皮质琴盒，总重量 2139 克。这件藏品生动展现了任弼时富有生活情趣的一面，现为国家三级文物。

任弼时（1904—1950），原名培国，湖南湘阴人。中华人民共和国开国元勋，中国共产党与中国工农红军主要领导者之一。1927 年 8 月 7 日，时任团中央书记的任弼时以中央委员的身份出席了八七会议。任弼时是中共留苏元老，曾四度旅居莫斯科。据他的女儿任远芳回忆，由于有在国外留学的经历，任弼时身上具有一种罗曼蒂克的气质。在女儿的眼中，父亲是个"文武双全"的人，不仅能够弹钢琴、拉小提琴、画画、写作、照相，还会打猎。小提琴为 1949 年任弼时在苏联养病期间购买，后来送给了其大女儿任远志。2000 年 10 月，任远志向纪念馆捐赠了这件珍贵藏品。

1926 年蔡和森著作《社会进化史》

1926 年蔡和森著作《社会进化史》

蔡和森（1895—1931），字润寰，号泽膺，湖南双峰人，中国共产党早期的重要领导人，杰出的共产主义战士，无产阶级革命家、理论家和宣传家。1927 年 8 月 7 日以中央委员身份出席八七会议。

1923 年秋，蔡和森在上海大学社会学系任教授，他将马克思主义唯物史观融入"社会进化史"课程讲义中，并结合中国革命的实际情况，深入浅出地讲述人类社会发展的规律，并将中国革命置于世界革命浪潮之下，分析其前途与出路。此课程之讲义，后经整理为《社会进化史》一书，共 15 万字，1924 年由上海民智书局出版，至 1929 年该书再版五次。这本书是中国人以马克思主义唯物史观写成的第一部社会发展史。

这件藏品为 1926 年 6 月上海民智书局发行的蔡和森著作《社会进化史》第三版。2020 年中国共产党成立 99 周年纪念日前夕，由八旬党员陶宏宽捐赠给纪念馆。

【共享空间】

八七会议会址纪念馆充分发挥红色纪念地影响力，突破自身的空间限制，逐步打造以党史教育类巡展为核心，线上线下联动的党建品牌——"八七红色惠民巡展"。巡展主要有"走进 2019 武汉军运会""铭记历史　珍惜和平——纪念抗日战争胜利 75 周年图片展""大国脊梁　民族英雄——庆祝中国共产党成立 100 周年百名英雄模范人物图片展""星火初燃江汉间——湖北地区早期党组织的创建图片展""伟大的历史转折——纪念八七会议召开 95 周年图片展"等，灵活适应了企事业单位、社区、乡村、学校等展出场景和活动需求。

纪念馆社教活动形式紧跟时代脚步，打造常态化社教活动品牌——"八七红色教育课"，通过挖掘纪念馆的红色文化内涵，以爱国主义教育和革命传统教育为主要内容，遵循"重参与、重体验、重过程"的教育原则，让少年儿童在聆听、表达、交流与实践中获得知识。

纪念馆不仅重视常态化社教活动，还聚焦重要时间节点，围绕革命文物本体开展主题社教活动，对本体建筑及馆内文物进行最大程度的保护和利用。活动形式线下与线上相结合，通过讲好"八七"红色故事，传承红色基因，让红色资源和红色文化在新时代迸发新的教育意义。

（撰稿：汪孟旋、张晶、李欣桐）

参观指南：

开放时间： 9:00—17:00（周一闭馆，法定节假日不休息）

咨询电话： 027-82835088

地　　址： 江岸区鄱阳街 139 号

交　　通： 公交 7、30、527、601、606 等路到沿江大道兰陵路站下，1、24、38、402、520 等路到中山大道大智路站下，313 路到鄱阳街兰陵路站下

扫一扫　关注微信公众号

大禹治水的地域符号：
武汉大禹文化博物馆

　　唐代诗人崔颢写过一首著名的《黄鹤楼》，其中诗句"晴川历历汉阳树，芳草萋萋鹦鹉洲"，描绘了1200多年前的武汉汉阳江边鹦鹉洲这片福泽之地的壮观景象。如今，曾因汉末名士祢衡《鹦鹉赋》而名扬天下的鹦鹉洲早已沉没于大江之中，而始建于明嘉靖年间的晴川阁临江耸立，风景依旧美丽生动。依托晴川阁景区打造的武汉大禹文化博物馆，续写着崔颢诗意送别的追忆，呈现着大禹武汉治水的传奇。

【建馆回眸】

　　1986年10月，晴川阁古建筑的复原修建工程竣工并对外开放。整个景区占地10900平方米，以其传统文化韵味浓郁的古建筑、丰富的历史文化内涵及重要的艺术价值和景观价值，成为武汉独特的城市文化名片。

　　2010年8月，武汉市晴川阁管理处加挂"武汉大禹文化博物馆"牌子，为全国首家专题研究大禹文化的博物馆。博物馆集文物古建与园林风景于一体，其中禹稷行宫、晴川阁、铁门关三大主体建筑和古牌楼、楚波亭、朝宗亭、禹碑亭、敦本堂碑、山高水长碑、荆楚雄风碑、临江驳岸、曲径回廊、诗词碑廊等附属建筑，组成武汉唯一一座临江而立的古建及仿古建筑群。

大禹文化博物馆的建立，就像所在地域的人文景观一样，与大禹武汉治水的历史传说相关。大禹武汉治水传说流传了四千多年，已衍化成为一个地域文化符号，现为国家级非遗项目，是武汉大禹文化博物馆的立馆之根。

【漫步展厅】

大禹文化博物馆设有"九州禹踪"基本陈列，以匠心独运的展览手法和丰富多彩的展陈形式，多角度诠释了大禹治水遍及九州的故事，全方位展示了大禹治水在全国各地留下的遗存遗迹。殿内六幅壁画采用东阳木雕的形式，展现了"大禹降生""疏江导汉""三过家门""禹植古柏""禹征三苗"和"禹定九州"六个故事。

近年来，大禹文化博物馆立足诗词楹联和非遗文化特色，陆续推出"一抹最羌红——来自禹乡的礼物""喜犬欢猪：南阳出土汉代陶俑展""天国之享——南朝画像砖艺术展""秀美江山于心——王克斌中国画精品展""锦盘艺术收藏展""家国情怀——信札手稿收藏特展""金樽玉壶——酒文化艺术展""熠熠生辉：徽章中的故事"等展览，扩大了传统文化和非遗传承的影响力，强化了文物保护和文旅融合的价值观，增强了文化自信心和民族自豪感。

【对话文物】

大禹文化博物馆因其优美的自然环境和深厚的历史底蕴，其馆藏也独具特色，包括以禹稷行宫、禹碑为主的系列古建、古碑刻等不可移动文物，以及以名家字画为主的一批可移动文物。其中三大主体建筑禹稷行宫、晴川阁和铁门关各有特色，承载着极其深厚的人文历史和建筑艺术价值。

禹稷行宫

禹稷行宫原名大禹庙，由南宋司农少卿张体仁于绍兴年间建造，后成为武汉历代祭祀大禹之地。元大德八年（1304）重修，明天启年间改大禹庙为"禹稷行宫"，在原祭祀大禹的基础上，又加祀后稷、伯益、八元、八恺等先贤。现存建筑为清同治二年（1863）修建，1984年修葺一新。禹稷行宫占地面积380平方米，由大殿、前殿、左右廊庑、天井等构成，构思合理、制式相宜、用料讲究，是武汉地区现存不多的具有代表性的清代木构建筑。宫中大殿中央立大禹塑像，背衬《九州图》（又称《禹迹图》），上方正中悬挂书法家费新我先生手书"德配天地"巨匾。殿内陈列纪念大禹的图片资料。大

禹稷行宫

殿轩廊两端分别置放从民间收集到的传世文物"镇水铁牛""祭祀铁钟"，天井中央置放一铁鼎。大殿廊檐和廊柱上，分别悬挂的是沙孟海先生所书"万世蒙泽"、刘海粟先生所书对联"三过其门虚度辛壬癸甲，八年于外平成河汉江淮"。这些书画大师的墨宝为行宫增添异彩。2013 年，禹稷行宫被国务院公布为第七批全国重点文物保护单位。

晴川阁

"晴川历历汉阳树，芳草萋萋鹦鹉洲。"这是唐代大诗人崔颢《黄鹤楼》中的诗句。数百年之后的明代嘉靖年间，汉阳知府范之箴为勒记大禹治水之功德，在汉阳龟山东麓禹功矶上修葺禹稷行宫时，修建了晴川阁，又名晴川楼，其名就取自崔颢的诗句。该阁自创建以来几经兴废，从嘉靖至今的 400多年中，先后进行过五次大的维修增建和两次重建。现存建筑是 1983 年依据清末晴川阁的历史照片及遗址范围复建的。

晴川阁

复建后的晴川阁占地 386 平方米，高 17.5 米，重檐歇山顶式，麻石台基，红墙朱柱，钢筋混凝土仿木结构。整个楼阁分上下两层，沿檐回廊，原汁原味地再现了楚人依山就势筑台，台上建楼阁的雄奇风貌。一楼大厅天棚彩绘藻井，色彩华丽高雅，照壁后左右剪刀式双跑楼梯通往阁上。二楼回廊贯通四周，由栏杆与坐凳结合而成的美人靠，可凭栏远眺水天一色。阁底照壁正心间，采用传统的中堂式布置。中央张挂仿明末《江汉揽胜图》，画上方为清代毛会建手书"山高水长"匾，左右为清湖广总督张之洞撰、当代书法家张成之手书的对联"洪水龙蛇循轨道，青春鹦鹉起楼台"。厅内还有宫灯、花几、木刻题记、字画点缀其间。二楼牌楼正中的巨匾"晴川阁"三字，为中国佛教协会原会长、著名书法家赵朴初先生所书。

历史上的晴川阁飞檐耸峙，碧瓦流光；明清两代四季游人如织，冠盖毕至。迁客骚人，登楼远眺，情随景移，即兴赋诗填词，故前人有"楚国晴川第一楼"之说、"三楚胜景，千古巨观"之誉。

禹　碑

在大禹文化博物馆所有馆藏古碑刻中，禹碑最具代表性，因其碑文奇特难识、字体优美、内容与大禹治水功德有关而闻名天下。馆藏禹碑有两块，一块为清乾隆时荆南观察使李振义摹刻，一块为重建晴川阁时从西安碑林摹刻而来。禹碑共七十七字，文字奇特难识，有人认为是"蝌蚪文"，有人认为是"鸟虫篆"，有人则断其为"特殊篆书"，历代虽有人辨识，但都不能解释出碑文的意思。虽各家所释不尽相同，但都认为碑文大意是：禹受舜命，艰苦卓绝地治理了洪水，使天下"衣制食备，万国其宁"，也就是百姓丰衣足食、安居乐业之意。

禹碑闻名天下，被摹刻于全国名山之中、大江之畔。历史上的晴川阁是人文荟萃的宝地，吸引了众多文人墨客到此赋诗填词、刻石作画。重建晴川阁时，邀请了一批全国著名书画家撰写楹联匾额，如赵朴初、沙孟海、林散之、刘海粟、陆俨少、费新我、徐邦达等，有的已是定级文物，成为该馆的镇馆之宝。博物馆现有三级文物24件，包括铸字铁炮、德被九夷铁钟、沈定庵"高阁逼天"对联、李长路"隔岸眺仙踪"对联、刘海粟"三过其门"对联、张

禹碑与禹碑亭

成之"洪水龙蛇"对联等。1986年重建晴川阁时，在禹稷行宫西北侧为禹碑专门建亭，取名禹碑亭。

　　另外，朝宗亭、禹柏、禹功矶、敦本堂碑等，都是大禹文化博物馆重要的不可移动文物。禹柏，或即"晴川历历汉阳树"中的汉阳树，指的就是古代大禹在龟山栽种的柏树。《大别山志》载："古柏在晴川阁侧，相传大禹所植，根达于县北四十余里柏泉井。"北宋大文豪苏东坡曾为之吟诗："谁种殿前柏？僧言大禹栽。不知几千载，柯干长苍台。"禹功矶，在汉阳龟山东麓晴川阁下有一石矶突兀江中，相传大禹治水时，疏江导汉，使江汉在此交汇，朝宗于海。后人为纪念大禹治水功绩，命此矶为"禹功矶"。敦本堂碑，据清同治《续辑汉阳县志》中记载："敦本堂在晴川阁左，道光三年绅商捐建，时以江风浪险恶，船多覆溺，特设救生船数只，无风则泊晴川阁禹功矶下，有风则游弋巨浪中，遇有不测，驶往拯救。"1986年晴川阁重建后，在其右侧复原立起两块高3米、宽1.5米的大石碑。面对长江的一块为"敦本堂题名碑"，另一块紧贴其后为"敦本堂碑记"，二碑合称为"敦本堂碑"。

【共享空间】

　　一年一度的"晴川中秋诗会""大禹文化周"等系列活动，是大禹文化博物馆的公益社教品牌活动。

　　每逢中秋佳节，武汉市民朋友总会期待晴川阁的文化重头戏"晴川中秋诗会"。晴川阁从古至今都是文人骚客登高远眺、望月怀古的胜地。"晴川中秋诗会"依托博物馆大禹治水精神内核与晴川诗词丰富内涵，为市民呈现了诗词朗诵、古乐演奏、书画创作、汉服巡演、非遗展演等精彩纷呈的活动内容。每年中秋，晴川阁都会邀请武汉市的道德模范和市民代表前来赏月。江月东上，视野开阔，观众齐聚晴川阁赏明月，在悠扬的古乐中共享团圆。

　　"大禹文化周"以传颂"大禹治水"精神、弘扬传统文化为价值导向，面向全市青少年推出了"大禹"主题征文、朗诵、绘画、展演等丰富多彩的沉浸式文化体验项目。

（撰稿：胡欢）

参观指南：

开放时间： 9:00—17:00（周一闭馆）

咨询电话： 027-84710887

地　　址： 汉阳区洗马长街 86 号

交　　通： 公交 30、45、108、248、532 等路到晴川阁站下

扫一扫　关注微信公众号

"大武汉 1938" 的记忆：
八路军武汉办事处旧址纪念馆

"热血沸腾在鄱阳，火花飞迸在长江，全国发出了暴烈的吼声，保卫大武汉……"这首《保卫大武汉》，85 年前激荡武汉三镇，响彻大江南北，记录了武汉抗战的辉煌历史和激情岁月。

走进汉口长春街 57 号，一栋四层灰色小楼静静矗立在小巷深处，它就是八路军武汉办事处旧址。当年，中国共产党领导广大人民开展了轰轰烈烈的抗日救亡运动，谱写了保卫大武汉的雄壮之歌。

【建馆回眸】

1937 年 7 月全面抗战爆发后，国共第二次合作，共御外侮。同年 9 月，中共中央派董必武到武汉筹建八路军武汉办事处（后简称"八办"）。10 月，八办在汉口安仁里 1 号成立。随着上海、南京相继沦陷，武汉成为领导全国抗战的中心，各民主党派领袖、军政要人、文化名流、抗日团体纷纷云集武汉。八路军南京办事处工作人员也随之转移到武汉，因原有的房子不够使用，于12 月迁来现址（今汉口长春街 57 号），正式成立第十八集团军驻武汉办事处。

八路军武汉办事处旧址纪念馆外景

同月，中共中央长江局在汉成立，其机关设在办事处内。1938年1月，新四军军部迁往南昌后，由八办代办新四军驻汉办事处的一切工作。

作为"抗日烽火中的一面旗帜"，八办在1938年10月前约一年时间里，积极为八路军、新四军筹备粮饷和各种军需物资；宣传动员全民抗战，输送大批爱国青年赴延安和抗日前线；热情接待国内外各界人士，广泛开展抗日民族统一战线活动，为争取抗日战争的胜利作出了重要贡献。

1944年，八办原建筑于日军占领期间被美国飞机炸毁。1977年，在原址按原貌恢复重修并成立纪念馆。1979年3月5日建成开放，叶剑英题写了馆标。现为全国重点文物保护单位、国家三级博物馆，是了解武汉抗战史的重要窗口。

【漫步展厅】

纪念馆位于江岸区长春街与大连路交会处，旧址原为日商大石洋行，是一幢日式砖混结构建筑，外观是灰色墙砖，黑色铁艺闸门。进入馆内，映入眼帘是中庭内小巧精致的鱼池和花园，空中楼梯通往四楼，鹅黄色的走廊墙壁尽显古朴典雅。

时光仿佛在这栋小楼中静下来、慢下来。循步拾级，八办办公室、副官室、接待室，长江局会客室、会议室、机要科、电台室，周恩来、董必武、叶剑英、秦邦宪的办公室兼卧室……——按原样复原呈现出来，浏览其间，仿佛又回到1938年，看到中国共产党人为抗日救国忙碌的身影。

一楼"大武汉1938"基本陈列厅，陈列着周恩来使用过的毛毯、工作人员佩戴的证章、长江局交通用皮箱等300余件展品、老照片，献金运动、陈怀民纪录片等影像资料，叙说着党领导人民抗战的辉煌历史和武汉人民在抗日战争中的英雄业绩。

【对话文物】

纪念馆现有藏品4800件（套），主要为见证武汉抗战的文献、书刊、信函、明信片、老照片、证章、生活用具等。其中，周恩来、邓颖超在武汉用的围巾、"第十八集团军第八路军"证章、董必武在武汉用过的公文包等文物为"镇馆之宝"，是革命文化的物质载体，也是党史、革命史教育的生动教材。

周恩来、邓颖超在武汉使用过的围巾

灰色暗花丝织围巾，长141厘米，宽55厘米，暗花中夹杂着五条白色丝绒，每条间隔10厘米，它是周恩来、邓颖超1938年在武汉期间使用过的一条围巾。

八办办公处原为日租界大石洋行，工作人员在接手大石洋行的遗留物品时，发现了这条围巾，将它赠给了周恩来和邓颖超，从此它陪伴周恩来和邓颖超走过烽火岁月，经历和平年代，近40年时光。周恩来在病重住院时仍

周恩来、邓颖超在武汉使用过的围巾

在使用。

1937 年 12 月，周恩来从延安来到武汉，身兼中共中央长江局副书记、中共中央代表团成员和国民政府军事委员会政治部副部长等多重身份。当时抗日民族统一战线刚刚形成，党内外关系极其复杂，抗战形势十分紧张。周恩来经常通宵达旦地工作，白天去武昌的政治部主持部务办公，宣传抗战主张，晚上过江回到汉口的办事处处理党内工作，经常半夜三更召开内部会议，直到凌晨结束。

1985 年，邓颖超将这条围巾赠送给纪念馆，经鉴定为国家一级文物。

"第十八集团军第八路军"证章

"第十八集团军第八路军"证章

证章呈圆形，用黄铜制成，直径 3.2 厘米。正面由三个圆圈组成，外圈呈大红色，上部铸隶书"第十八集团军"，下部刻有"廿七""年用"的字样及两个小五角星；中圈为青天白日，内圈镀铬，上刻"第八路"红色字样，下端刻有"259"编号，为国家一级文物。

证章的主人，是八办工作人员张明秀。张

明秀 1918 年 2 月 6 日出生于四川省广元市，1935 年加入红四方面军，参加了二万五千里长征，1938 年担任长江局和湖北省委地下交通员。新中国成立后任上海市第二医学院党委副书记。

全面抗战爆发后，武汉地区掀起了抗日救亡运动的高潮。1938 年 2 月底，年轻的张明秀同千千万万的爱国青年一样，满怀革命的理想，从革命圣地延安来到武汉，参加八办工作。不到一年的时间里，她先后参加过抗日集会游行、街头抗战宣传等重要工作。后来她与罗炳辉结为夫妻，成为一对忠诚的革命伴侣。罗炳辉在武汉主要是做滇军（云南）的统战工作，张明秀多次陪伴他参加国民党上层军官的宴会。每次赴宴，张明秀都亲自为罗炳辉穿上整齐的将军制服，亲手为他佩戴八路军证章。周恩来、董必武、叶剑英等人在武汉同国民党代表进行谈判和开展统战工作时，也都佩戴过八路军证章。

1980 年 5 月的一天，八办工作人员来到上海，专程探望罗炳辉将军的遗孀张明秀老人。老人满怀激情，热泪盈眶，将这枚珍藏了 40 多年的八路军证章捐赠给八办纪念馆，作为对年轻一代进行爱国主义教育的历史见证。

"抗宣二队"队旗

这是一面灰布制成的旗帜，幅长 80 厘米，宽 42 厘米，正面竖向印有两行白字，右侧是"国民政府军事委员会"，左侧是"政治部抗敌宣传队第二队"。队旗是 1984 年纪念馆派人专程到北京原"抗宣二队"队长何惧老人家征集到的。2002 年，经国家文物局专家鉴定为国家一级文物。

1938 年 2 月 10 日，国民政府军事委员会政治部在武汉成立，陈诚任部长，周恩来、黄琪翔任副部长。政治部下设四个厅，其中第三厅主要负责抗日宣传工作，由郭沫若任厅长。在周恩来的建议下，"三厅"把在武汉各地分散活动的一些演剧队和歌咏队合编成 10 个抗敌演剧队和 4 个抗敌宣传队。

"抗宣二队"队旗

"抗宣二队"于1938年8月16日在武汉成立，成立时有20余名队员，平均年龄20岁左右。他们与其他宣传、演剧队一道，在武昌昙华林进行了短期培训，包括政治学习、业务准备和军事训练。郭沫若、胡愈之、洪深等都给他们讲过课。在抗敌宣传队和演剧队分赴各战区之前，"三厅"举行了授旗仪式，周恩来亲临讲话，号召全体队员"到前线去，到民众中去，为抗日战争和广大人民服务！"

何惧率领"抗宣二队"高举队旗从武汉出发，经长沙到南昌，先后经过5个省、23个县、47个镇，近200个村，行程达一万余里。他们的演出装备只有几块幕布、一只化妆箱，每次演出所需的灯、服、道、效都靠就地取材。简陋的演出条件，无法阻挡高昂的救亡热情，他们用戏剧、歌曲、漫画、壁报、广播等多种形式，唤起无数人的抗日救亡热情。

"抗宣二队"及其他宣传、演剧队发动人民群众的活动，引起了国民党当局的极大恐慌，他们从骨子里害怕进步势力进一步扩大。1941年"皖南事变"后，国民党顽固派对抗日救亡文艺团体进行了残酷迫害，队长何惧一度被软禁，副队长谢筱四处奔走，设法报告周恩来，才将何惧营救出来。

这面队旗虽经历了血与火的洗礼，但在精心保护下仍然完好无损，成为历史的见证。

【共享空间】

　　依托丰富的抗战文物资源，八办纪念馆举办巡展、"红色记忆"云讲堂、红色征文、"红色＋艺术"沉浸式演出等各类富有特色的社教活动，丰富了市民的文化生活，社会反响良好。其中，"红色＋艺术"沉浸式演出项目深受家长、学生的欢迎。2023年，纪念馆携手武汉人艺和长春街小学精心打磨，共同推出《孩子剧团带你回到1938》沉浸式情景剧。它以1938年在八办发生过的真实历史事件为素材，讲述了从上海转移到武汉的"孩子剧团"在党的领导下，用歌咏、舞蹈、戏剧为武器，积极投身于"保卫大武汉"的滚滚洪流之中，用小小的身躯承担起救亡图存责任的动人故事。演出结合快板、舞蹈、朗诵等多种形式，观众可以跟随演员的脚步，从一楼到四楼观文物、听故事，那些红色记忆、家国情怀、青春色彩，以及"救国、革命、创造"的精神一一呈现出来，真正做到了寓教于乐，寓红色精神于艺术体验之中。

（撰稿：陈荃）

参观指南：

开放时间： 9:00—17:00（每周三闭馆，法定节假日不休息）

咨询电话： 027-82735576

地　　址： 江岸区长春街57号

交　　通： 公交30、606路到中山大道卢沟桥路站下；601、313路到胜利街张自忠站下；轨道交通1号线到黄浦路站下

扫一扫　关注微信公众号

1927年的"中南海"：
武汉中共中央机关旧址纪念馆

在国家级旅游休闲街区、著名的网红打卡地——武汉市江岸区胜利街165—171号，有一组别具特色的西式建筑，这就是武汉中共中央机关旧址纪念馆，由武汉中共中央机关旧址、唐生智公馆、怡和洋行公寓三座建筑组成。作为大革命时期中共中央常委会和秘书厅的办公地，武汉中共中央机关旧址是中国共产党历史的重要组成部分，也是荆楚红色文化的重要代表和武汉这座英雄城市代代相传的精神财富。

【建馆回眸】

1926年秋，武汉成为大革命的中心，继国民政府迁都武汉，中共中央机关陆续由上海迁来。1927年4月，中共中央总书记陈独秀抵达武汉，标志着中共中央正式迁汉。毛泽东、瞿秋白、周恩来、蔡和森等党的重要领导人，亦来汉居住或从事革命活动。中共中央机关在武汉期间，领导全国反帝反封建运动，收回汉口、九江英租界，召开中共五大和八七会议，决策和领导南昌起义、秋收起义，实现了中国革命由大革命失败到土地革命兴起的历史性转变。

武汉中共中央机关旧址纪念馆外景

1927年10月上旬，中共中央机关从武汉迁回上海。在江城留下的那段可歌可泣的革命往事，逐渐湮没于市井喧嚣之中。20世纪70年代后期至80年代初期，为了追寻中共中央在武汉的足迹，武汉开始寻访相关旧址遗迹。经查阅中央档案馆的档案文献和有关资料，发现1927年中共中央秘书厅设在四民街61号。武汉文物与党史部门派员远赴北京、上海等地，采访当年的工作人员和知情者，得以初步确定旧址。随后，请来郑超麟、李强、宋侃夫等当年中央机关工作人员，经反复考证和实地勘察，最终确定现胜利街（四民街在抗战胜利后改名为胜利街）165—169号就是当年中共中央机关所在地。2013年3月，中共中央机关旧址由国务院公布为第七批全国重点文物保护单位。

为了保护利用好这一处重要红色资源，2013年11月，习近平总书记对纪念馆的筹建作出批示，强调"修旧如旧，保留原貌，防止建设性破坏"。这一批示也成为我国文物保护的重要原则。2016 年 9 月 30 日，依托旧址以及毗邻的唐生智公馆、怡和洋行公寓共三座老建筑，建成武汉中共中央旧址纪念馆并正式对外开放。这是当时全国唯一一处以"中共中央机关"命名的纪念馆，填补了中共党史的一项空白。

【漫步展厅】

走进武汉中共中央机关旧址纪念馆，让我们把目光投向我党最高领导机关莅临武汉的足迹，一起追溯尘封多年的红色记忆。以"中共中央在武汉"为切入点，通过基本陈列和复原陈列，再现 1926 年 9 月至 1927 年 10 月间中共中央在武汉领导的波澜壮阔的革命斗争，以及做出的一系列影响中国革命进程的重大决策。

"中共中央在武汉"陈列的珍贵历史照片、实物、文献、档案等，将人们带入往昔的峥嵘岁月。展览分为"革命中心北移与中共中央迁汉""大革命局部失败与中共五大""革命危机加深与中共应对危机的努力""大革命全面失败与八七会议召开"和"土地革命战争兴起和中共中央离汉"五部分，真实展现了党在大革命时期的艰辛探索，是中共中央在武汉领导中国革命的历史记忆。

武汉中共中央机关旧址复原陈列展览恢复了 1927 年中共中央政治局常委会办公室、中共中央秘书厅办公室、陈独秀办公室及卧室、蔡和森办公室及卧室等房间原貌，再现了中共中央在此办公和陈独秀、蔡和森、瞿秋白等领导人在此工作居住的情景，形象直观地讲述了发生在老房子里的红色故事。

【对话文物】

　　纪念馆红色藏品丰富，2000 余件文物涉及古籍图书、名人遗物、徽章、武器、文件宣传品等多种类别，其中一级文物 3 件，二级文物 2 件，三级文物 8 件。一些反映特定时期、特定事件的藏品，具有重要史料价值。

武汉中共中央机关旧址

　　武汉中共中央机关旧址，作为纪念馆最珍贵的不可移动文物，是大革命时期中共中央机关所在地，是我党早期革命活动的重要历史见证。旧址砖瓦上清晰可见"阜成"二字，表明这些砖瓦出自近代武汉爱国实业家沈祝三1911 年创办的汉阳阜成砖瓦厂，也由此推断旧址的建造年代在 1911 年左右，距今已 110 多年。

　　旧址是一幢三层楼西式洋房，坐西朝东，红墙赤瓦。在那段特殊日子里，这幢普通洋房成了中国共产党的"心脏"，重要会议在这里召开，重大事项在这里决策。据当年工作人员回忆，陈独秀住在三楼中间，左右分别住着彭述之夫妇和刚从苏联回国不久的蔡和森夫妇。此楼的背后还有一栋附楼，是中央机关工作人员住地和机要重地。在旧址修缮过程中，严格遵循习近平总书记的批示精神，采用原工艺，使用相同材料，最大限度保护建筑原貌和特色。

　　1927 年初，中共中央机关工作人员任作民受中央委派，提着一口皮箱来武汉租下了这栋洋房，用门牌"61 号"作为中共中央机关公开的办公地点，"61 号"也成了党内称呼中共中央机关的代名词。迄今，在武汉已发现的中共中央机关相关办公地有 21 处，若以"61 号"为中心，方圆一公里内分布着中央组织部、中央宣传部、中央工委、中央军委等机关，著名党史专家石仲泉称之为"1927年的'中南海'"。

任作民使用的皮箱

任作民使用的皮箱

皮箱为棕褐色，长45厘米，宽26厘米，高11.5厘米，长方形，牛皮质地，2019年评定为国家一级文物。这口皮箱，是迄今发现的唯一一件中共中央在武汉历史的实物见证。

皮箱的主人，是中共第一代领导集体重要成员任弼时的堂兄任作民。任作民，1899年出生于湖南湘阴，早年在上海外国语学社、莫斯科东方劳动者共产主义大学学习，1922年1月经刘少奇、罗亦农介绍加入中国共产党。1925年春，任作民奉党的指示回国，在中共中央机关担任秘书，兼任会计。任作民自1921年前往苏联留学，到1942年在延安去世，20多年间这口皮箱一直跟随着他，是他革命生涯的重要见证。

1927年，任作民作为工作人员先期抵达武汉，主要负责前期筹备工作。在中共湖北区委的协助下，他租下了汉口原俄租界四民街61号的一幢楼房，作为中共中央领导机关的办公地点。中共五大会议前，他作为中共中央秘书厅的秘书兼会计，管理秘书厅的财务工作，这口皮箱装载过中央的重要经费和账目。在文物征集的过程中，纪念馆工作人员发现，皮箱内部还有一个十分隐蔽的夹层，当年极有可能用来存放中央机密文件档案。

大革命失败后，任作民因叛徒出卖两次被捕，面对敌人的严刑拷打，从未泄露党的任何机密。1937 年经董必武多方营救得以出狱，回到八路军驻武汉办事处。由于长期在国民党反动派的监狱中遭受酷刑折磨，身体饱受摧残，于 1942 年在延安病逝。

皮箱一直由任作民的妻子丁祝华保存，后留给后人珍藏。2016 年春，任作民的女儿任华明将这口珍贵的皮箱捐赠给了纪念馆。

粤汉铁路总工会会员证章

粤汉铁路总工会会员证章

证章由铜胎压制而成，八瓣花形，中部填有白色八瓣花珐琅，正中为嵌有党徽的红色五角星。五角星上方逆时针排列"粤汉铁路总工会"七个金字，五角星下方从右到左印有"会员证"三个金字。这枚证章是早期工人组织的见证，2019 年被评定为国家一级文物。

粤汉铁路纵贯南北，跨越粤湘鄂三省，终点是武昌徐家棚火车站。从 1896 年 10 月清政府批准修建，到 1936 年 8 月全线通车，历经 40 年建设，广州的火车第一次开到武昌。

粤汉铁路工人长期遭受剥削和压迫，劳动强度大，工作条件恶劣，薪酬待遇低。在中国共产党的领导和教育下，受到新思想启蒙的工人不断奋起反抗，1922 年 11 月 1 日在长沙新河正式成立粤汉铁路总工会，由沿线新河、岳州、株萍和徐家棚四个铁路工会组成。

粤汉铁路总工会，是当时中国共产党领导的全国"两大产业组合"之一（另一个为汉冶萍总工会），也是全国铁路工会中成立最早的统一组织，在声援京汉铁路工人大罢工和推动湖南工运方面发挥了重要作用。1927年5月，许克祥在长沙发动反革命政变后，总工会遭到封闭，革命工人被迫转入地下斗争。粤汉铁路工人大罢工，作为党领导的第一次全国工人运动高潮中的罢工斗争之一，有力支援了国民革命军的北伐战争。罢工中，涌现出一批又一批像郭亮一样英勇抗争的工人领袖，为革命前仆后继。

【共享空间】

红色文化，薪火相承。纪念馆依托现有红色资源基础，以"文博 + 文艺"多元融合方式，推出"薪火课堂""红色文物进校园""行走的大思政课"教学实践，进行主题沉浸式情景演绎。"志愿红"等丰富多彩的红色文化品牌活动得到了社会广泛关注和一致好评。"1927 中共中央在武汉"沉浸式情景演绎，以"1927 年，革命的大武汉"为主题，采取纪念馆讲解与舞台剧相结合的方式，将讲解与表演，观展与观剧，场景与情景多层次融合，生动地再现革命历史情景，颠覆了以往纪念馆单一的参观模式，受到公众欢迎。

（撰稿：袁亚妮、韩扬、鲜于惠子）

参观指南：

开放时间： 9:00—17:00(周一闭馆，法定节假日不休息)

咨询电话： 027-88185186

地　　址： 江岸区胜利街 163 号

交　　通： 公交 711、526、727、408、707 等路到中山大道大智路站下；地铁 1 号线到大智路站下

扫一扫　关注微信公众号

对话大江大河的舞台：
长江文明馆（武汉自然博物馆）

　　长江是中国第一大河、世界第三大河，历史悠久，人文荟萃，风光壮美，资源丰富。她以丰美的乳汁养育着地球上最多的人口，同黄河一样是中华文明的摇篮。为保护、传承、弘扬长江文化，武汉以举办第十届中国（武汉）国际园林博览会为契机，联合水利部长江水利委员会、武汉大学共同兴建长江文明馆，2015 年 9 月 25 日与武汉园博园同步建成开放。

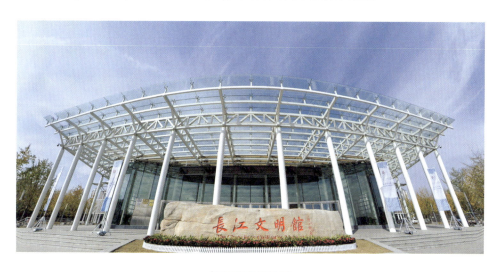

长江文明馆外景

2017 年 6 月，长江文明馆在美国慈善家肯尼斯·尤金·贝林捐赠的 1400 余件动物标本的基础上，在北厅建设武汉自然博物馆·贝林大河生命馆，由此更名为长江文明馆（武汉自然博物馆）。2018 年 7 月，武汉自然博物馆·贝林大河生命馆正式对外开放。两座博物馆的建成，不仅填补了全国长江流域主题博物馆的空白，还填补了华中地区自然博物馆的空白。

【漫步展厅】

长江文明馆是国家一级博物馆，集中收藏、展示、研究长江乃至世界大河流域自然生态和历史文化。远看长江文明馆，其极具现代气息的"飞鸟双翼"造型令人惊叹。飞鸟展翅欲飞，生机勃勃而富有张力，恰似历史名城武汉腾飞崛起的城市形象。馆内有两个基本陈列，其中长江文明馆基本陈列为"长江之歌 文明之旅"，荣获第十四届（2016 年度）全国博物馆十大陈列展览"精品奖"；武汉自然博物馆·贝林大河生命馆基本陈列为"大河之旅 生命之歌"，荣获第十六届（2018 年度）全国博物馆十大陈列展览精品推介"优胜奖"。

"长江之歌 文明之旅"展厅 进入"长江之歌 文明之旅"展厅，感悟大气磅礴的长江流域文明的伟大与辉煌。1100 余件长江流域典型文物、标本，不乏憨态可掬的国宝大熊猫，濒临灭绝的中华鲟，"植物活化石"珙桐，以及长江上游藏羌、巴蜀，中游荆楚，下游吴越文化的各类精品实物，让人目不暇接，眼界大开。若想在短瞬之间领略长江自然之美、人文之最，不妨体验《梦幻长江》之旅，在沉浸式观赏中浏览长江流域最优美的自然风光、最经典的人文景观。

"大河之旅 生命之歌"展厅 自然与生命是永恒的话题，踏入"大河

之旅　生命之歌"展厅，将会唤起对人与自然、生命与环境关系的真切思考。2100 余件古生物、动植物标本，昭示了自然、生命与环境的协同演化、和谐共生。一些特色展品珍稀罕见，如一根长 37 米、根部直径 2.7 米的硅化木，一块 100 多平方米的"龙"足迹化石墙，一条化石含量超过 40% 的 24 米长的中加马门溪龙，体型最大、完整度最高的巨犀化石骨架等，演绎着史前地球环境与生物的变迁。

【 对话文物 】

长江文明馆拥有完整的藏品体系和特色，目前拥有各类藏品 13920 件（套），包括陶瓷器、青铜器、玉器、书画、钱币、植物标本、化石标本、岩石标本、矿物晶体标本等多个门类。国家三级以上珍贵文物达 163 件（套），珍稀动物标本达 257 种 648 件，珍稀植物标本 51 种 140 件，国家重点保护古生物化石 102 件，其中不乏誉为"曾国第一剑"的曾侯㬰剑、"亚洲第一龙"马门溪龙化石等特色藏品。

曾侯㬰剑

曾国是西周初年分封于汉水流域的姬姓诸侯国，史书上又称随国，大约存在于西周成康时期至战国末期，被誉为汉东第一大国。

曾侯㬰剑被考古学家称为"曾国第一剑"，是目前所见唯一一把曾国青铜剑。剑通长 67.2 厘米，剑身最大宽度 4.9 厘米；剑格宽 5.1 厘米，厚 0.26 厘米；剑首直径 4.1 厘米。该剑是一把越式剑，剑格为菱形薄格，剑茎呈喇叭形带两道凸箍，剑首为圆盘形。剑茎圆形凸箍表面装饰有细密的夔纹，纹饰间还残存有绿松石片。

曾侯戉剑

剑格与剑首铭文共计28字。其中剑格16字，正反面各8字，正面为重复的"曾侯子戉"，反面为重复的"自作用剑"，重复出现的单字互为反书。剑首铭文12字，为鸟虫书，隔字分错金、银，铭文为"曾侯戉以吉金自作元用之剑"。

通过该剑形制特征、装饰风格及铭文的综合分析，剑主为曾国国君曾侯戉，剑的铸造年代为战国早期。

春秋蟠螭纹兽耳铜罍

春秋蟠螭纹兽耳铜罍

铜罍，古代青铜礼器，《诗经·卷耳》云："我姑酌彼金罍。"《仪礼·少牢馈食礼》载："司空设罍水于洗东，有枓。"说明罍具有盛酒、盛水的两种用途。罍有方形和圆形两种，主要流行于商周时期。

这件春秋铜罍为圆形大腹，器口上承一活动式敞口束腰镂空蟠螭纹罩，器腹下接三个兽首足。罩中空，底部有四个兽首形小扣齿。罍的肩部饰有两对兽形衔耳和四个对称分布的圆饼形饰。器身装饰有蟠螭纹、绹索纹和多个凸起的小圆柱，圆柱内原镶嵌有绿松石。此罍设计精巧、纹饰精美、铸造工艺繁复，极具历史、艺术及科研价值。

马门溪龙化石

马门溪龙化石

马门溪龙是东亚地区特有的大型长颈型蜥脚类恐龙，有"亚洲第一龙"之称。它广泛分布于我国晚侏罗系地层中，在所有恐龙中颈椎数目最多。这件马门溪龙化石出自新疆准噶尔盆地侏罗纪石树沟组，长接近24米，高7.5米。这具骨架的真化石含量占42%，在已知蜥脚类中是非常高的。它的1节颈椎、1节背椎、5节荐椎、23节尾椎、1对肩胛骨、1个坐骨、1个趾骨、2根股骨、1根胫骨、1根腓骨、1根尺骨、1根桡骨和脚掌骨都是真化石，具有非常重要的科研价值。

马门溪龙是中国最早发现和命名的，关于它的首次发现与命名还有个有趣的故事。1952年，四川宜宾马鸣溪渡口附近修筑公路，当工人凿开岩石时意外发现了形似骨骼的石头。当地政府决定暂停工程，邀请被誉为"中国恐龙之父"的杨钟健教授带队前来发掘研究。1954年，经过两年的仔细研究和修复装架，一具身长22米、被埋藏亿万年的神秘巨兽，展现在了世人面前。杨钟健认为这是一种世界上还没发现过的新的恐龙化石，按照惯例使用发现化石的所在地名称给这种恐龙进行命名。由于地方口音问题，"马鸣溪"不小心被误称为"马门溪"，就有了"马门溪龙"这个名字。

非洲草原象标本

非洲草原象标本

非洲草原象，为长鼻目象科非洲象属的一种，是世界上体型最大的大象，平均身高 3.2 米，体重 6 吨，分布在非洲撒哈拉沙漠以南地区，以植物为食，可以吃掉整棵大树，对植物种子的传播有重要作用。非洲草原象有 6 颗牙齿，两颗门齿（即象牙）和四颗臼齿，门齿终生生长，臼齿一生要更换 6 次，用以应对磨损。雄象独居生活，而雌象和幼象在"女族长"的带领下集群生活。

这件非洲草原象标本体长 5.35 米，身高 3.3 米，在该馆的尼罗河展区展出，是目前全球博物馆在展的第二大非洲草原象标本，而最大的标本则在美国自然历史博物馆展出。

【共享空间】

文化惠民、实践育人。长江文明馆（武汉自然博物馆）依托丰富藏品及精品展览资源，策划品牌实践，开设各类研学课程，举办生态文明教育活动，其中"大河讲堂"、原创主题研学课程等吸引了社会公众尤其是学生群体的广泛参与，深受好评。

"大河讲堂"以大河、生命、世界江河对话为立意，关注大河、生物与人类的和谐关系。坚持每月一讲，采取线上、线下相结合的方式进行。线下邀请国内外知名专家、学者、社会大咖与社会公众一起探索自然奥秘，认知大河与生命，感知人类文明。原创主题研学课程以长江文明馆及武汉园博园108座城市展园为依托，针对不同年龄段的学生群体，将博物馆展览、科普电影、科普互动体验项目、园区知识与中小学课本结合，开设七大主题的研学课程，通过深度参观、任务探索等多种形式，唤起学生关注大河、爱护大河的意识和责任心。

（撰稿：张明）

参观指南：

开放时间：9:00—17:00（周一闭馆）

咨询电话：027-83310536

网　　站：http://www.changjiangcp.com

地　　址：东西湖区金南二路 8 号武汉园博园内

交　　通：公交 336、342、790、792 等路到园博园东门站下，311、329、353、377、506 等路到古田二路园博园西门站下；地铁 7 号线到园博园站下

扫一扫　关注微信公众号

传播邾城历史文化的窗口：
武汉市新洲区博物馆

新洲位于武汉东北部，古为邾城，是一座有着 3000 余年悠久历史的文化古城，人文底蕴深厚，文物资源丰富。武汉市新洲区博物馆筹建于 1999 年，2006 年正式对外免费开放。2020 年，新洲区博物馆被评定为国家三级博物馆，是武汉市新洲区首家国家级博物馆，也是传播邾城历史文化的重要人文窗口。

【漫步展厅】

新洲区博物馆坐东朝西，是一座中式仿古建筑，翘角飞檐，古朴典雅。经多年建设，院内茂林修竹，绿树成荫。当你拾级而上，步入博物馆大厅，厚重的历史人文气息扑面而来，映入眼帘的是一幅古朴庄重的大型"邾城图"浮雕，图版上篆体金字，将古邾城"八景"逐一展示。南墙是"孔子使子路问津"浮雕，再现"孔子问津"的美好传说。北墙是春秋吴楚"柏举之战"浮雕，那金戈铁马、硝烟弥漫的古战场仿佛就在眼前。

走进"新洲馆藏文物陈列"展厅，200 余件文物悦人眼目。2000 万年前的植被硅木化石，新石器时代的打磨石器，西周时期的青铜鼎，西晋时期的陶质牛车，唐宋时期的铜镜，元代的绿瓷高足杯，明代的菩萨像，清代的五彩大瓷瓶……精彩纷呈，演绎了新洲多彩璀璨的古代文明。

武汉市新洲区博物馆外景

观赏"孔子使子路问津专题展"，在古籍、图册、春秋文物前驻足凝想，遐思千载，穿越时空，跟随孔夫子一起进行文化问津之旅。春秋末年，孔子率子路、子游、子贡等弟子周游列国，自陈蔡适楚，在新洲旧街发生一些妙趣横生的故事，留下"回车埠""使子路问津""长沮冲""桀溺畈""晒书山""孔叹桥""讲经台"等历史典故与文化遗存。问津文化也在新洲广泛传播，尊孔重教蔚然成风。

步入"新洲红色革命历史陈列"展厅，气势恢宏的场面让观众震撼。由五名革命人物组成的大型铜塑群雕，表现了烽火岁月军民团结、同仇敌忾、浴血奋战的场景。展览再现了新洲风起云涌的革命历程，驻足厅内，你将回顾大革命时期共产党员叶万鹤回西乡（今属新洲）组织民众，发展党员，创建新洲第一个党组织——中共阳逻支部，开展工农革命运动的动人故事。一幅幅图片、一件件实物印证了新洲"红色土地 英雄人民"这一光荣称号。1800多位烈士的英名，铭刻千秋，光照日月。

在爱国主义教育综合展厅，"毛泽东家史家事展""长征精神永存展""国家安全主题展"和"科技博览"交相辉映，在这里你将受到红色教育洗礼，感悟新时代爱国主义精神。

【对话文物】

新洲是全省文物大（县）区，历代遗留下来的文物遗存，不仅可供我们稽考先贤智慧之源，寻索历史变迁之迹，更是地域文化的集中表现、先祖人文精神的结晶。新洲区博物馆拥有藏品2600余件（套），其中不乏国宝级文物，弥足珍贵。

西汉羽觞龙纹铜灯

西汉羽觞龙纹铜灯

这件西汉羽觞龙纹铜灯1989年由原新洲县文物管理所从民间收购而来，系国家一级文物。

铜灯长14厘米，宽8厘米，高10厘米。器型为翻盖的耳杯造型，由器盖和器身两部分构成。器盖平面为椭圆形，拱形盖，盖顶中央为高耸凸起的枢轴。器身为椭圆形的耳杯，外侧底部边缘等距分布4个乳状垫钉。器表主体纹饰为龙纹，界格纹饰为菱形纹、网格纹和三角形纹。龙身遍布剔刻的三角形的点状鳞甲。龙身躯矫健，昂首向天，怒目圆睁，鼻部上翘，胡须上扬、口吐长舌、张口作怒吼状；背部带翼作飞升状，尾巴向后伸展；一前肢撑地，另一前肢上扬前伸；后腿用力蹬地，作迅疾行走状。纹饰技法简练，风格朴实。

铜灯是照明用具的一种，使用历史悠久。汉代是铜灯制作的鼎盛时期，在各地汉代墓葬中出土了各式各样的铜灯。此件西汉羽觞龙纹铜灯，器形古朴敦实，构思巧妙，兼具功能性和艺术性，是不可多得的精品。

南宋龙泉窑青瓷莲瓣纹碗

南宋龙泉窑青瓷莲瓣纹碗

南宋龙泉窑青瓷莲瓣纹碗1989年由原新洲县文物管理所从民间收购而来。

该碗口径14.7厘米，底径4.6厘米，高7厘米。侈口、尖圆唇，斜弧腹，小平底，圈足。器底内壁周缘略下凹，外壁口沿下的腹部模印莲瓣纹。器壁内外均施豆青色釉，青中泛黄，施釉均匀，无流釉现象。胎体较薄，足底露棕色胎体，露胎处经多次刮削修整。器底无支钉痕迹，应为匣钵装烧或使用垫具。

龙泉窑是我国名窑之一，因其主要产区在龙泉市而得名。南宋时期龙泉窑得到空前的发展，龙泉青瓷进入鼎盛时期，驰名中外的粉青、梅子青釉瓷色在南宋龙泉窑中烧制成功，并把青瓷釉色之美推到顶峰。这件青瓷莲瓣纹碗，造型精致秀巧，釉色润泽素雅，具有重要的艺术审美价值，系国家一级文物。

【共享空间】

新洲区博物馆利用自身资源优势，发挥"第二课堂"的作用，组织志愿服务，采用流动巡展，对接交流，寓教于乐，开展丰富多彩的社会宣传教育活动。

组建优秀志愿者团队，吸收热爱文博、奉献文博的优秀志愿者加入服务团队，开展参观、寻访、讲解、导览活动，讲好新洲故事，弘扬新洲人文历史。

拓宽服务领域，馆校对接，馆企对接，送展进社区、进校园、进乡村、进企业、进军营，丰富人民群众的文化生活，使博物馆文化有了延伸之地。

每年的国际博物馆日、中国文化遗产日，以及新洲民间传统节会和大型纪念活动，该馆都会举办专题展览和文物知识讲座，赢得了社会广泛赞誉。

（撰稿：胡晓斌）

参观指南：

开放时间：8:30—17:30（周一闭馆，法定节假日不休息）

咨询电话：027-86921946

地　　址：新洲区邾城街博物大道 107 号

交　　通：公交 215、218 路到新洲区博物馆站下

扫一扫　关注微信公众号

浓缩"楚天首县"的历史文明：
武汉市江夏区博物馆

    江夏，地处华中腹地，是武汉市的南大门，历史悠久，文化底蕴深厚，素有"楚天首县"之称。1985 年 1 月，武汉市江夏区博物馆（江夏区文物管理所）成立，负责全区文物保护研究及博物馆收藏、保管、陈列等各项工作，其收藏丰硕，位居武汉各区博物馆之首。

    经过近 40 年的建设发展，江夏区博物馆已成为浓缩楚天首县历史文明、传播武汉江夏优秀历史文化的重要名片。

【漫步展厅】

    江夏是武汉历史最为悠久的地区之一，自然条件优越，依山傍水，交通便捷，物产丰富，自古以来为政治、军事要地。在波澜壮阔的历史发展长河中，江夏孕育出灿烂的古代文明和近现代文化。

    若想了解江夏悠远的文明，可通过"溯源江夏——江夏历史文化"基本陈列，依次观赏"史迹探源""湖泗瓷窑""古桥觅痕""烽火烟云""胜迹寻踪"展厅，数百件出土于江夏的特色文物，配合照片影像、古籍文献、

湖泗瓷窑场景复原

复原模型，让你仰望时空，回眸历史，穿梭古今过往，重温不同时期江夏变迁发展的人文轨迹。

"史迹探源"展厅　通过出土的化石、陶器、铜器、瓷器、木器，追溯江夏古代先民创造的文明历程。从史前到远古，从商周到秦汉，从三国魏晋南朝到隋唐、宋元、明清，文明辉煌灿烂，文脉传承有序，孕育了今天江夏深厚的人文底蕴。

"湖泗瓷窑"展厅　中国是瓷器的国度，历史上瓷窑遍布全国各地，然而湖北地区在很长时间一直流传"白云黄鹤无瓷窑"的说法，典籍中也鲜少记录，对这片土地的瓷器史无从考证。1974年，考古人员在江夏湖泗公社夏祠湾发现了湖泗瓷窑址，才掀开湖北地区千年前瓷器烧造历史的面纱。凝视湖泗窑青白瓷窑堆，轻抚复原的龙窑窑炉，观赏湖泗珍瓷、窑具，让人思绪万千。追思忆往，眼前顿时呈现这样的图景：晚唐、五代、元末明初时期，江夏窑火兴旺，烧制的大量瓷枕、执壶、瓶、罐、盘、碟、碗等瓷器，装满船舶，顺流而下，远销中国南方和东南亚。

"古桥觅痕"展区　江夏境内河湖纵贯，古人为了出行方便，修建了很多连通陆路行走的桥。这些桥用砖石砌成，分拱桥与平梁桥，有三孔、双孔、单孔三种，有些古桥至今仍在使用。通过陈列的照片与影像，以及复原的古桥模型，能浏览江夏区域内发现的 70 余座古桥身影，贺站元代南桥、豹澥福村桥、纸坊灵港桥、后益桥，郑店枫树桥……一座座有着明确的纪年及维修碑刻。其中，元代南桥是湖北有确切记录的且原样保存至今的最古老的桥。它是一座单孔半圆形的桥，石桥拱洞与水中倒影相连，宛如一轮明月倒映水中，清姿优雅。

　　"烽火烟云"展区　一帧帧老照片，一件件革命遗物，带你感受近代江夏的峥嵘岁月，追思与缅怀从江夏走出的仁人志士的丰功伟绩：打响武昌辛亥首义枪声的熊秉坤，湖北地区第一位工人中共党员郑凯卿，武汉"五四"运动领导人恽代英，武汉工人运动早期启蒙者黄负生，青年运动的先驱李求实，中国工农红军巾帼英雄唐义贞，抗日爱国将领刘家麒等，他们前仆后继，浴血奋斗，谱写了近代江夏的不凡史诗，铸就了江夏革命传统的永久丰碑。

　　"胜迹寻踪"展区　以照片、文献、视频的方式，荟萃了江夏最具代表性的名胜古迹：金口槐山矶驳岸、金水闸、金口槐山留云亭、后山街石板老街、纸坊龙头街古井、八分山子午石、乌龙泉陈氏民居、上李谱民居、山坡徐祖斌民居、贺站北伐阵亡将士陵园……无不蕴含着久远的历史气息，散发着迷人的人文魅力，置身其间，让你一眼千年，感悟岁月积淀的美好。

【对话文物】

　　江夏区博物馆馆藏位居武汉市各区博物馆之首，有各类文物、标本近 5000 件（套），以瓷器最为丰富。其中国家一级文物 3 件、二级文物 25 件、三级文物 498 件，部分文物极具特色，有着重要的历史文化审美价值。

三国青瓷坞堡

　　1998 年 5 月，江夏流芳街（现属东湖新技术开发区）关山村砖瓦厂，因远东绿世界有限公司在此施工，发现一座三国时期大型穹隆顶砖室墓。武汉市文物考古研究所、江夏区文物管理所联合组队，对古墓进行了抢救性清理发掘，这件青瓷坞堡即出自此墓。

三国青瓷坞堡

　　青瓷坞堡，又称青瓷院落，平面呈长方形，长 66 厘米，宽 50 厘米，高 29.5 厘米。由围墙、前门楼四隅角楼，左右厢房和四个谷仓及底板组成。坞堡外绕围墙，墙头有双坡檐顶。前墙正中开一门。门内有两根支柱，上有两根横梁，横梁与门上方有门楼一座。楼为五脊庑殿式顶，顶面作瓦纹，檐头有瓦当。楼外有回廊，楼内四壁有窗，正面有一门。楼中跪坐人，作奏乐状。坞堡围墙四角各设一角楼，屋顶与门楼相同，四壁均开有窗，右后角角楼已残损。坞堡内两侧有厢房，屋顶与楼相似。坞堡内正中和后墙边有 4 个盖钵式谷仓，上大下小，上端有透气孔，孔上有屋顶，顶面与门楼相同。门楼与角楼四周都饰有斜方格网络。整个坞堡规模宏大，气势雄伟。

坞堡最早出现在边关地区，后来在中原地区广泛流行起来。东汉末年，由于社会动荡，各地的豪强地主利用手中的政治、经济特权和家族关系，大量兴建这种坞堡式建筑，拥兵自守，聚族而居，经济上自给自足，俨然一个独立的小王国。这件青瓷坞堡制作讲究，布局合理，不仅生动地再现了一千多年前地方建筑的特点，同时反映了当时地主庄园经济的社会生活状况，具有重要的史料价值。

元豆青釉狮钮盖罐

元豆青釉狮钮盖罐

1964 年，流芳街（现属东湖新技术开发区）二妃山村一位村民在平整土地时，发现了这件豆青釉狮钮盖罐，并将其主动上交区文化馆，后移交给区博物馆。

这件豆青釉盖罐，属元代浙江龙泉窑烧制，通高 34.8 厘米，口径 25.4 厘米，底径 17.5 厘米，最大腹径 32 厘米。整器保存完好。直口，溜肩，鼓腹下急收，大圈足，底部内凹，上覆大盖。钮为卧狮，狮头仰首，似对天咆哮。盖及腹部均刻画有折枝花纹，下腹底一圈饰菊瓣纹。

龙泉窑是中国历史上的一个名窑，属宋代六大窑系，因其主要产区在龙泉市而得名。始烧于汉末三国，结束于明清，生产瓷器的历史长达 1600 多年，是中国制瓷历史上最长的一个瓷窑系，影响十分深远。龙泉窑以烧制青瓷而闻名，元代龙泉窑比宋时扩大好几倍，窑址已发现200多处。元代龙泉窑瓷器，造型大多胎体厚重，釉面光润，继续生产宋时的器型外，创新品种有高足杯、菱口盘、荷叶盖罐、环耳瓶等。

此件豆青釉盖罐器型高大，胎体厚重，造型敦秀，釉面光洁，体现了元代龙泉窑的一些特点，具有很高的艺术审美价值，经鉴定为国家一级文物。

明青花瓷鸳鸯戏莲盖罐

明青花瓷鸳鸯戏莲盖罐

此件青花瓷鸳鸯戏莲盖罐（又称将军罐）于20世纪70年代出土于流芳街（现属东湖新技术开发区）二妃山一带的明楚王家族墓中。

盖罐胎质细密，釉质莹润光亮，青花色泽蓝中泛紫。全器纹饰共分五层，繁丽精美，画面布局根据器型变化，突出颈部与腹部的纹饰。上层为器盖，形似古代将军头盔，盖顶呈火珠状，纹饰如燃之火，弧盖面上饰灵芝形云头纹。器身为矮颈、圆弧肩、鼓腹、矮圈足。其颈部为祥云图案，肩部饰颠倒错列葵瓣心三角纹带。腹部主体纹饰为莲花与嬉戏的鸳鸯。荷塘中生长着一丛一丛的莲花，荷叶和莲蓬做陪衬，并附有浮萍一类的水藻植物。对称的两只鸳鸯在荷塘中嬉戏，塘中水波微荡，鸳鸯羽毛清晰，神态逼真。足部环饰寿山福海。整个画面题材丰富，气氛活跃，既有自然之景观，又有装饰之美感。

鸳鸯"止则相耦，飞则为双"，自古以来用于比喻男女爱情，"鸳鸯戏莲"纹也常出现在作为婚嫁、陈设的器物上。此件青花瓷中的鸳鸯戏莲图像蓝宝石一样，色泽鲜艳，熠熠生辉。

在中国瓷器发展史上，明代正统、景泰、天顺时期，因皇室喜爱不同及内部帝位争夺等原因，景德镇没有这时期烧制的官窑年款的瓷器存世，所见瓷器都由民窑生产，故学术界称这一时期为"空白期"。此件瓷器通体施白釉，釉色白中泛青，经鉴定为明宣德晚至空白期的产品，因其突出的文物价值和艺术价值，被评定为国家一级文物。

明镂雕凤纹金香囊

明镂雕凤纹金香囊

镂雕凤纹金香囊于 20 世纪 60 年代出土于龙泉山明楚王墓群朱桢（昭王）妃子墓中。朱桢是明太祖朱元璋第六子，也是分封于武昌的首任楚王，为明代有的藩王之一。这件香囊为其身边女眷佩戴使用之物，精致繁丽，亦是王室身份高贵的象征。

香囊，顾名思义是类似香包类的物品，古人将香料装进香囊随身携带，既可以散发香气，又可以辟邪消灾。这件香囊呈鸡心形状，由两个金片捶压合成，中心浮鼓，边缘结合处有子母口扣合，通体镂空，纹饰两面对称。心形正中镂雕一只凤凰，边缘一周饰云纹，外层边缘由弧形和三角形组成一周纹带，心顶部起一小环，与凤首柄套莲，以便携带。整个器物线条流畅，造型优美，镂雕精湛，尤其是正中的凤凰展翅欲飞，形象毕肖，显示出极高的工艺水平。

【共享空间】

为了让文物活起来，让文物说话，武汉市江夏区博物馆利用馆藏特色资源，举办区史专题巡展，开展社会实践活动，组织文化考察活动，着力于特色基地建设。

同时，博物馆开展联姻实践活动，与湖北生态工程职业技术学院、武汉传媒学院等合作，组织学生实地考察区内重要历史文化遗存，如湖泗古窑址、江夏古桥、贺胜桥北伐阵亡将士陵园、中山舰烈士墓等，感受现场，触摸历史。

区史专题巡展将基本陈列浓缩成图文并茂的流动展板，于每年"文化、卫生、科技"三下乡活动、国际博物馆日和其他传统节日，送到社区、学校、军营巡回展出，丰富市民生活，传播桑梓文明，受到社会各界欢迎。

（撰稿：刘治云）

参观指南：

开放时间： 9:00—17:00(周一闭馆，法定节假日不休息)

咨询电话： 027-87952056

地　　址： 江夏区纸坊兴新街 269 号

交　　通： 公交 901、903、906 等路到江夏区纸坊旅游汽车公司后，换乘区内 4、9 路公交到兴新街区博物馆、图书馆站下

扫一扫　关注微信公众号

第二篇

行业文化 各领风骚

在武汉的博物馆百花园中，行业博物馆是一朵充满企业文化色彩的奇葩。它们依托各个行业，涵盖政治、军事、经济、历史、体育、艺术、非遗等多个领域，主题突出，特色鲜明。

武汉的行业博物馆起步较早，如1956年开馆的湖北省地质博物馆是地方综合性地质科学博物馆，亦是湖北最早、最主要的自然类博物馆。此外，还有1958年开始筹建的中华全国总工会暨湖北省总工会旧址纪念馆，都体现了行业博物馆深厚的历史文化底蕴。

共和国"钢铁长子"的创业历程：
武钢博物馆

    2008 年 9 月 13 日，由武汉钢铁（集团）公司创办的中国首家钢铁博物馆——武钢博物馆建成并对外免费开放，为大武汉工业发展铺展了一幅波澜壮阔的画卷，也为武钢人备份了一份火热难忘的记忆。

    武钢博物馆浓缩了新中国冶金发展史，展示了大武钢创业奋斗史，承载了独特多姿的"武钢文化"，展出的大量历史见证物，不仅具有珍贵的历史价值，而且具有独特的文化价值和旅游价值。

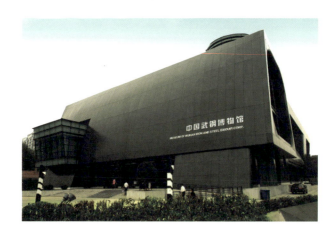

武钢博物馆外景

【漫步展厅】

　　武钢博物馆在武钢剧院原址上兴建，总建筑面积 13442 平方米，展区面积 8860 平方米。由清华大学团队设计，外观造型雄奇，整体气势恢宏，荣获中国建筑学会创作大奖，入选"建国六十年名优建筑"。

　　武钢博物馆内的钢铁材料，几乎全是"武钢造"。一条三米宽、百米长的"钢铁大道"，从门前广场延伸到馆内，用武钢优质产品热轧薄钢板铺设，充分体现出武钢特色。

　　从"钢铁大道"迈步而入，一件件旧工装，一顶顶安全帽，一幅幅老照片，尽显十里钢城、百里矿山的钢呼铁啸和云蒸霞蔚。身临其境的生产流程演示，从矿山采掘、高炉出铁到转炉炼钢、硅钢轧制，则可以体验大型冶金联合企业的火热场景。

　　武钢博物馆常设有"冶金简史""武钢历史发展与成就""钢铁产品""钢城变迁"展览及"钢铁是这样炼成的"仿真展示。走进展区，中华五千年冶金史，三千年地域矿冶史，一百年钢铁工业史，六十年武钢发展史，犹如滚滚热潮扑面而来。

　　"冶金简史"主要介绍从青铜时代、铁器时代、近现代钢铁工业到汉冶萍等时期的金属冶炼史。四块宋朝炉渣，是目前最古老的冶金藏品；"百岁铁轨"为汉阳铁厂清光绪二十九年（1903）生产，属国家三级文物。

　　"武钢历史发展与成就"展示武钢三次创业的辉煌成就，陈列大量珍贵实物和历史文献，如武钢第一炉铁水铸造的"马口铁"、毛主席亲手握过的铁矿石等珍品，还有反映武钢勘察设计、一期工程建设、"一米七"工程建设等各个时期的老照片，定格了一个个令人热血沸腾的历史瞬间。展柜内，满布岁月痕迹的工作证、纪念章、水准仪、劳动工具，许多都由武钢职工自发捐献，饱含了职工对武钢的深厚感情。

　　"钢铁产品"展示不同种类的钢铁产品及应用实例，如武钢冷轧硅钢片、汽车用钢、高性能建筑用钢、桥梁用钢、船舶用钢、家电用钢、集装箱用钢、石油管线钢、压力容器钢等钢材品种，还有使用了"武钢造"的奥运鸟巢、国家大剧院、杭州湾跨海大桥等重大工程的实物或模型。

　　"钢城变迁"独具匠心，重现红钢城红房子等钢城风物，唤起人们对往事的回忆，而一组组新旧对比的实物和照片，反映了武钢在住宅、通勤、劳动条件、生活环境和厂区环境方面的可喜变化。

　　"钢铁是这样炼成的"仿真区，采用大量声光电等高科技手法来表现，是武钢博物馆的特色展区。通过"矿山采掘""高炉出铁""转炉炼钢""热轧机""硅钢轧机"等的模拟演示，使参观者置身其间，特别震撼。

【对话文物】

　　武钢博物馆馆藏丰富，拥有实物及资料照片共 7000 余件，经专家组鉴定属文物的有 70 套共 118 件，其中，国家二级文物 3 件、三级文物 21 件、一般文物 94 件。

武钢第一炉铁水铸造的"马口铁"

　　武钢一号高炉第一炉铁水铸造的生铁，也被称为"马口铁"，重约 40 公斤。1957 年 7 月 1 日，一号高炉动工修建，原计划 1958 年 10 月 1 日建成投产。英国《泰晤士报》转发这条消息时，用了一个大大的问号，称中国人"吹牛"。这更激发了武钢建设者的强烈民族自尊心，纷纷表示要让一号高炉成为一个巨大的惊叹号。果然，毛泽东主席亲临炉台，见证了第一炉铁

武钢第一炉铁水铸造的"马口铁"

水的炼成，标志着新中国"钢铁长子"的诞生。

1958 年 9 月 10 日，毛主席在武汉约见武钢负责人李一清时，得知武钢可以在国庆节前出铁，高兴地说："到出铁的那一天，我一定要去看看。"得知毛主席要观看出铁，湖北省委领导非常振奋，决定武钢提前出铁。9 月 13 日，毛主席从汉阳门上船，去看武钢出铁。船到江中，喜爱游泳的毛主席兴致勃勃地说："我要游到武钢去。"他下水游了 20 多公里才上船。

14 时，毛主席来到武钢出席出铁仪式，他健步登上一号高炉炉台，向欢呼的人群频频招手致意。15 时 25 分，当一股火红的"洪流"从炉口奔涌而出时，全场 3000 多人响起震彻天际的欢呼声。毛主席站在平台上，全程观看了第一炉铁水的诞生，哪怕衬衣被汗水浸湿也兴致不减。他同现场所有人微笑招手，向苏联专家致谢，向身边的设计、施工、生产等各个方面的建设者致意。

一号高炉建在青山"荒五里"，容积 1386 立方米，日产生铁 2000 吨以上，这比当时号称"西欧最大高炉"的英国威尔思公司四号高炉日均产量，还高出 500 吨。新中国的第一炉铁水，让曾公开预言中国"出铁简直是'天方夜谭'"的欧美国家哑口无言，让无数建设者备受鼓舞。第二天，《人民日报》头版头条以《贺武钢出铁》为题隆重进行了报道。9 月 13 日从此成为武钢的厂庆日。

由于下工序炼钢厂还没有投产，第一炉铁水铸成"马口铁"，以供将来继续冶炼成钢。其中这一块"马口铁"被保存下来，送入厂史陈列室。2008 年，随着武钢博物馆的对外开放，这块"马口铁"出现在观众面前，成为爱国主义教育的生动教材，亦必然成为武钢博物馆的"镇馆之宝"。

2019 年 10 月 14 日，一号高炉光荣退役，累计生产生铁 5426.16 万吨，被誉为"光荣炉"，2021 年入选第五批国家工业遗产名录。2022 年 7 月 1 日，一号高炉本体及周边区域"华丽转身"作为工业遗址公园，以新的风采让公众重温峥嵘岁月。

《青山工业用地 1/2000 地形测量技术总结报告》

《青山工业用地 1/2000 地形
测量技术总结报告》

1954 年春，中苏专家为兴建新中国第一个钢铁生产基地，沿着长江反复踏勘，最后选址青山区的石山。他们在荆棘丛生的旷野，住着四面透风的工棚，没有资料可查，更无经验可鉴，就凭着肩扛小平板测量仪，手推简陋钻机，为建成从矿山、炼焦到冶炼、轧钢及全套公用设施的武钢一期工程，提供了详尽的测量数据。《青山工业用地 1/2000 地形测量技术总结报告》，全方位记录了钢铁厂选址勘探测量的相关信息。

说起武钢选址过程，可谓一波三折。第一个点选在大冶铁矿附近，地方虽开阔，但专家组组长格里高丽扬（列宁格勒设计院专家）不赞成；第二个点选在武昌原纸厂厂址，格里高丽扬仍不赞成；第三个点选在长江南岸武昌徐家棚、油坊岭、白纸坊一带，也都被格里高丽扬否定。后来，专家组沿湘江流域踏勘，湘江的水质虽好，但最低水位时只能行驶 500 吨级的船，对建厂依靠水运不利，于是又放弃了长沙。

最后，格里高丽扬认为武汉青山最适合，可这块地方已确定为第二汽车制造厂厂址，"二汽"又是湖北省的重大项目，时任湖北省委书记李先念兼任"二汽"筹备委员会主任。"二汽"苏联专家组组长是机械部的总顾问，听说格里高丽扬看中这个地方，他也态度鲜明，寸土不让，只得由参加"156项工程"谈判的苏联贸易部第一副部长卡维尔出面拍板，把"二汽"厂址给了钢铁厂。但双方仍有争议，最后"官司"打到李先念那里。李先念考虑到钢铁工业的特殊要求，决定把青山让出来，武钢终于花落青山。

这份报告，一直作为绝密档案保存在武钢档案馆，保密期限为 30 年。2007 年，武钢档案馆将报告原本移交给武钢博物馆。2017 年经专家组鉴定为国家二级文物。

华中钢铁公司徽章

华中钢铁公司徽章

徽章为圆形，中间齿轮内有一颗五角星，沿着齿轮有"中南军政委员会工业部""华中钢铁公司"文字。

华中钢铁公司源于汉冶萍公司。汉冶萍 1908 年由汉阳铁厂、大冶铁矿、江西萍乡煤矿三部分合并而成，全称为"汉冶萍煤铁厂矿有限公司"，是中国最早的钢铁联合企业，也是亚洲最大的钢铁联合企业。到辛亥革命前夕，该公司员工有 7000 多人，年产钢近 7 万吨、铁矿 50 万吨、煤 60 万吨，占年钢产量的 90% 以上。

1948 年，华中钢铁公司成立。1949 年，中国人民解放军第四野战军四十三军解放黄石，由军管会接管华钢。1953 年，华钢黄石区更名为大冶钢铁厂。1954 年底，华钢武汉区更名为武汉钢铁公司。这枚徽章在军管会时期制作发行，2017 年经专家组鉴定为国家三级文物。

这枚徽章是武钢一位热爱收藏的职工在古玩市场淘到的，武钢博物馆开馆后，他将收藏的相关藏品都无偿捐赠给博物馆，这枚徽章成为从华钢到武钢这段历史的见证。

【共享空间】

武钢博物馆充分利用馆藏资源，创新形式发挥社教作用，将静态展示展览与动态表演体验相结合，加入丰富多元的话剧、舞蹈、演唱等内容，打造出一幕组合式情景党课《一心向党》，使观众在零距离观看过程中，切身感受红色历史与光辉岁月。同时，与众多高校共建社会实践和校外实习基地，为公众开辟冶金科普教育、社会实践、专业实习的广阔平台。先后荣获湖北省爱国主义教育基地、全国科普教育基地及学雷锋示范基地等多种称号。

（撰稿：曹艺琳）

参观指南：

开放时间：9:00—16:00（周一闭馆，法定节假日不休息）

咨询电话：027-86488873

地　　址：武汉市青山区冶金大道 30 号

交　　通：公交 20、201、215、279、365 等路到青少年宫站下，20、215、365、502、551 等路到工业四路 23 街坊站下

百年旅程　再现峥嵘：
汉口中华全国总工会旧址纪念馆

　　两江交汇、三镇鼎立的武汉，是中国共产党组织的重要发祥地和中国近代工人运动的重要策源地。1927 年春，中共中央、中华全国总工会迁驻全国大革命中心武汉，武汉成为中国共产党领导全国工人运动的指挥中枢。

　　1958 年，湖北全省总工会纪念馆筹备处对旧址两幢楼房进行修缮复原，设立"工运史料陈列室"，董必武题写"第一次国内革命战争时期中华全国总工会暨湖北全省总工会旧址"。1963 年对内开放，1966 年关闭。20 世纪 80 年代，武汉市文化局迁至此院内办公。2019 年恢复汉口中华全国总工会旧址纪念馆，两幢已有百年历史的建筑，在沉寂了半个世纪后又焕发光彩。

　　中华全国总工会旧址纪念馆，是目前全国唯一一座反映大革命高潮时期党领导的工人运动的纪念馆，实证武汉曾作为全国革命中心、领导全国工人运动的重要历史地位。

【漫步展厅】

　　只有近距离观看"中华全国总工会在武汉历史陈列"，才能感受曾经发

会议室场景复原

生这里的那段轰轰烈烈的工运风云。陈列分为"北伐军兴、湖北工运复兴""全总迁汉、工运波澜壮阔""蹐而复起、挽救革命危机"三个部分，以 1926 年至 1927 年全国总工会在汉期间的工运历史发展为脉络，以全国总工会指导各地工运斗争历史为主轴，通过 239 件展品、458 幅史料照片，全面立体再现了大革命时期党领导下波澜壮阔的中国工人运动历史，展示了工运领袖和英烈不忘初心、牢记使命，为中华民族伟大复兴英勇奋斗的崇高精神。

步入序厅，虚拟与现实交错的裸眼 3D 光影秀，拉开了中华百年工运史的大幕：从南湖红船到全国总工会迁汉，从支援北伐战争到收回汉口及九江英租界……革命斗争如火如荼、声势浩大，工人运动此呼彼应、奔涌浩荡。

穿过序厅往后，在楼梯拐角处，一组仿黄铜人物雕像《勇立潮头》栩栩如生：他们有的紧握拳头，有的高擎长枪，有的托举货箱，有的手握铁锤……一个个神情坚定，目光如炬。雕像主体由工人阶级的主力军——纺织女工、码头工人、人力车夫、产业工人等组成，根据当时一些工会会员人物形象制作。

沿着楼梯向上，进入视野的是一幅油画，苏兆征、李立三、刘少奇等人围坐桌前，讨论着一份文件，生动再现了中华全国总工会在汉口召开扩大会议通过《全国工人阶级目前行动总纲》的场景。

　　纪念馆以微缩景观、沙画、触摸屏、浮雕、版画、油画等手法，再现工人运动的波澜壮阔。对 24 处空间进行了复原陈列，严格按历史记载恢复室内陈设、家具样式等，增加历史细节，大大提升了观众的沉浸式体验。

【对话文物】

百年旧址大楼

　　中华全国总工会旧址纪念馆位于今汉口友益街 16 号，由中华全国总工会旧址、湖北全省总工会旧址和刘少奇同志旧居三处革命旧址组成。2006 年，国务院公布为第六批全国重点文物保护单位。2021 年，确定为湖北省第一批不可移动革命文物。

汉口中华全国总工会旧址纪念馆

旧址为两幢西式楼房。右楼三层，砖混结构，占地面积 340 平方米，原系军阀吴佩孚部将陈汉卿的私寓，北伐军攻占汉口后作为逆产由国民政府没收。左楼二层，砖混结构，占地面积 450 平方米，原为药业资本家叶开泰的产业。1926 年 10 月 10 日湖北省总工会在汉口成立后，设机关于左楼。1927 年 3 月中华全国总工会从广州迁至武汉，设机关于右楼。苏兆征、李立三、刘少奇、邓中夏、项英、林育南、许白昊等工会领导人在此办公。

1921 年 8 月，中共中央在上海成立中国劳动组合书记部。1925 年 5 月 1 日，在广东正式成立了中华全国总工会并成立了全总执行委员会。1926 年北伐军攻克武汉三镇后，中华全国总工会在此设立汉口办事处，次年迁汉办公。中华全国总工会坐镇武汉，指挥全国，领导建立发展工会组织，成立工人纠察队，发动组织罢工，召开太平洋劳动大会和第四次全国劳动大会，带领全国工人阶级开展了收回汉口、九江英租界，反对国民党右派背叛革命等一系列反帝反封建的英勇斗争。中华全国总工会在武汉的斗争历史，是中国新民主主义革命的重要组成部分，是中国工人运动史上恢宏壮丽的伟大篇章。

旧址为 20 世纪 20 年代比利时设计师设计，设计文稿 1927 年发表于比利时出版的《比利时中央建筑学报》，在建筑史上有一定的地位。建筑为高台建筑，外墙是汉阳铁砂砖，檐线、腰线凸出，外墙花饰，平顶露台，造型厚重敦实。西楼回廊地面铺设花纹雅致的马赛克砖，如今加建透明玻璃，保护了 100 多年前地砖的原貌，让观众既能欣赏到原有的形制，又能感受岁月的沧桑。

纪念馆遵循原工艺、原做法，对修缮部位有序施工，将建筑所经受的历史沧桑和痕迹，在建筑本体上得到具体保留、有效保护，重现建筑之美，使百年建筑焕发新生。修缮后，旧址外观丝毫未变，再现历史真实；内部结构和布局也一如从前，展览仿佛嵌入文物建筑中，相互融合、相得益彰。

【共享空间】

纪念馆充分发挥红色文化资源的育人功能，通过沉浸式体验和互动化学习，让公众从党领导的百年工运历史中汲取智慧和力量，传承红色基因、赓续红色血脉。

开展百年革命旧址实地探访活动，运用新媒体同步记录传播，打造红色移动课堂，解读馆藏珍贵文物、老照片背后的重大意义、历史价值和对后人的教育启示，吸引了 12.1 万人与主播一起探馆。

邀请武汉市新晋劳动模范、先进工作者及大城工匠、新业态劳动者代表等到馆参观，重温百年工运历史，汲取奋进力量。同时，邀请网友在社交媒体平台上，通过拍照或录制短视频等方式分享参观心得感受，打造革命旧址"网红打卡地"，吸引了全国各地的工会组织、工会会员和游客寻访参观。

（撰稿：冷晨希）

参观指南：

开放时间：9:00—17:00（周一闭馆，法定节假日不休息）

咨询电话：027-82200806

地　　址：江岸区友益街 16 号

交　　通：公交 622、548、601、534 等路到京汉大道大智路站下；公交 1、727、711、801、24、408 等路到中山大道大智路站下；地铁 1、6 号线到大智路站下

扫一扫　关注微信公众号

跨越亿万年的史书：湖北地质博物馆

在汉口解放大道上的商业中心区，有一处藏在繁华闹市的"远古秘地"——湖北地质博物馆。筹建于1954年4月，1956年正式开馆，原是湖北省地质局标本陈列室。2020年闭馆升级改造，2022年1月4日重新向社会公众开放。馆标"湖北地质博物馆"，为原地质矿产部部长孙大光题写。

湖北地质博物馆作为湖北省内重要的自然类博物馆，为国家三级博物馆、全国青少年科技教育基地、全国国土资源科普基地、中国地质学会地学科普研学基地、湖北省科普教育基地等，是湖北省开展地球科学知识科普宣教的重要平台。

【漫步展厅】

地质学作为一门研究地球的自然科学，涵盖了地球46亿年来的演化奥秘，不仅深深吸引了科学家的目光，也引发了无数自然科学爱好者的兴趣。

地质博物馆经过近70年积累，标本收藏18000余件，成为湖北省收藏本省岩矿化石标本最为系统齐全的收藏单位之一。它如同一本魔法史书，记

湖北地质博物馆外景

录了湖北省8亿年来的沧海桑田变化，记录了数十亿年来地球生物的演化，收藏着大自然鬼斧神工的杰作……走进博物馆，仿佛从现代城市移至远古世界，领略宇宙的浩瀚、自然的奇妙、生命的神奇。

地质博物馆建筑面积800平方米，三、四层为展厅，布展面积2000平方米，4个展厅分为地球演化厅、生命演化厅、资源与环境厅、多媒体功能厅，将最具有湖北特色的岩石、矿石、古生物化石标本，用最直观的方式展现于大众视野。

地球演化厅　以"湖北的沧海桑田"为主题，从地球起源开始，叙述地处北纬30°岩石圈（成景带）范围内，湖北地区的地史演变及相关重大地质事件。重点展示湖北各地区类型丰富的岩石标本，科学普及地球圈层结构、内外动力地质作用等地学知识。在这里，可以窥探137亿年来宇宙大爆炸的奥秘，了解太阳50亿年的孤独，学习地球46亿年来的沧桑巨变。在这里，可以一睹"天外陨石"的真容，可以探究地球"炙热的内心"，了解8亿年来湖北的沧海桑田。这里是世界的另一个观景台，从完全不一样的角度，体验完全不同的风景。

生命演化厅 以"生命的奇幻之旅"为主题，以地质历史发展和生命演化顺序为地球主线，重点展示湖北省特有的古生物化石标本，展现不同地质时期的湖北各种生物群落面貌，介绍生物演化对地球环境的影响、地球环境变化导致的生物辐射—演化—灭绝—复苏重要事件。在这里，能找到最具中国特色的古生物化石"中华震旦角石"，能看见地球上最早期的记录多细胞生命的"埃迪卡拉生物群"化石，能遇见威武霸气的恐龙骨架化石，还能观察到神秘有趣的恐龙蛋化石，当然也少不了远古时期植物留下的痕迹。这里是时间长河的中转站，不同时期不同种类的生命痕迹，在同一片时空中散发着各自的魅力。

资源与环境厅 以"灵秀的自然资源"为主题，重点介绍湖北重要的矿产资源、水资源、地质遗迹资源、地质环境特征，集中展示湖北地区具有代表性的各种精美矿石、矿物和宝玉石标本，系统介绍地质找矿、矿物分类等知识，让人们了解荆楚大地的自然资源特征。在这里，能看见多姿多彩的方解石矿晶，能看到来自湖北大冶的精品孔雀石，还能近距离观察到湖北著名的宝玉石——绿松石原石。在这里，不仅能欣赏丰富多彩的标本，还能听到他们背后的故事：一件来自湖北大冶的铁矿石，诉说着当年湖北地质专家与苏联科学家据理力争的坚定信心；一件橙黄色的雌黄标本，会告诉你"信口雌黄"的成语故事。这里是一个神秘的故事屋，期待着每一位游客的到来。

【对话文物】

经过地质工作者们不断的积累丰富，博物馆形成了一个巨大的实物标本库，现有馆藏标本 18000 余件，涵盖岩石、矿石、矿晶和古生物化石等多种类型，其中不少矿晶标本精美绝伦，部分古生物化石标本更是独一无二。标本来源以湖北为主，能很好地反映湖北的自然资源特点。

光化铁陨石

"天外来客"光化铁陨石，1976 年发现于襄阳老河口市（原光化县）。这块铁陨石个头不大，长 55 厘米，宽 45 厘米，但重达 276.2 千克，是目前国内地质博物馆中较大的铁陨石，为镇馆之宝。

光化铁陨石

灯影恰尼虫化石

生物在地球上出现后的将近 30 亿年里，一直是以单细胞的形式生活在海洋里。大约 6.8 亿年前，海洋里突然大量出现了个体较大、结构复杂的多细胞生物。最著名的早期多细胞动物群，是生活在 5.8 亿年前至 5.43 亿年前的埃迪卡拉动物群。

灯影恰尼虫，属于前寒武纪（距今约5.5亿年）埃迪卡拉动物群的重要属种，是湖北省地质科学研究所丁启秀研究员1978年发现于宜昌西陵峡南岸的石板滩。这是全球首次发现的一块"恰尼虫"实体化石，也是中国第一件"埃迪卡拉生物群"化石，在华夏大地开启了探索寒武纪大爆发以前生命世界的新篇章。

湖北郧县龙

湖北郧县龙

"湖北郧县龙"骨骼化石，1997年由湖北地质博物馆老馆长李正琪发现于十堰，是湖北省发现的第一条较为完整的恐龙骨骼化石，也是唯一以"湖北"命名的恐龙属种。

恐龙出现于三叠纪末期，繁盛于侏罗纪，灭绝于白垩纪，湖北的恐龙化石出土时代都是白垩纪晚期，属于恐龙种群中较为晚期的类型，对研究恐龙灭绝有一种指示意义。

【共享空间】

飞速的城市化建设，拔地而起的钢铁森林，已逐步将人们与自然分隔。不知从何时起，我们对自然世界的认识，变成了光缆里的数据流和屏幕中的音频和像素，缺少了与自然世界近距离接触的机会。地质博物馆就像是联通钢铁城市与自然世界的纽带，散发着原生态的气息。

以"讲好地质故事、传承地质精神、弘扬地质文化"为己任，依托湖北省地质局科学技术协会和湖北省观赏石协会，开展各类特色社会教育活动，打造专业、高效的科普品牌。

移动地质博物馆作为品牌科普活动之一，是在"一联五进"活动中打造的"科普送上门"服务，精选了一批具有湖北地质特色的自然资源标本用作移动展示，让地质故事传播更远。移动地质博物馆充分发挥馆藏标本的作用，让地质标本"活起来""动起来"，服务更多的社会公众。

大讲堂系列科普讲座活动，邀请省内一线地质专家与观众面对面互动，将最新的湖北地质工作成果传递给社会，成为在省内具有较高知名度的专业科普讲座活动。

"小小地质讲解员"活动，针对中小学生的科普实践，通过对小朋友们进行专业培训，打造一支高水平的小讲解员队伍，在科普进校园活动中担任主力讲解员。

（撰稿：刘鸿飞、周金花）

参观指南：

开放时间：9:00—16:30（周日、周一闭馆）

咨询电话：027-85833247

地　　址：武汉市江汉区利济北路 250 附 4 号

交　　通：轨道交通 1 号线到利济北路站下

荆楚光与电的百年足迹：
湖北省电力博物馆

"深宵月黑路难行，电炬而今胜短檠。光耀晨星火如豆，流萤万点绕皇城。"这是清末许家惺《都门竹枝词》中的一首，描绘的是清晚期京师都城夜里电灯明亮照眼的情景。在近代华中重镇武汉，用电的历史最早可追溯19世纪末。根据武汉供电公司史料记载，1893年清政府在武昌创办的湖北织布局，装有电灯1140盏供生产照明，但普通民众依然与电无缘。随着既济水电公司建立，1908年汉口大王庙电厂建成送电，汉口部分地区才用上电。

2012年，国网湖北省电力有限公司利用汉口英商电灯公司旧址（全国重点文物保护单位），按照"修旧如旧"的原则，将其修复改造为湖北省电力博物馆，于2014年7月1日对外开放。从此，武汉有了展示湖北地区用电历史的一方平台。

【建馆回眸】

20世纪初，汉口英租界有一座淡黄色钟楼尤为显眼，优雅中透着古朴，充满了历史气息。它就是汉口英商电灯公司，不仅见证了过往岁月，更能穿

湖北省电力博物馆外景

过时空隧道，追溯湖北电力百年发展的沧桑巨变。

　　清咸丰十一年（1861），汉口开辟英租界。1906 年 5 月，英国皮货商卜劳德集资 3 万英镑，在界限路 8 号（今合作路 22 号）成立汉口英商电灯公司，专供英租界内用电。随后，法、俄租界内的用电也由英商电灯公司供给。1924 年时拥有小型直流柴油发电机 7 台，发电容量 2825 千瓦，到 1935年已拥有 4 台发电机，发电总容量达 5750 千瓦。当时，英商在租界安设了三盏英式风格的路灯。此前汉口城区曾有过以烛火为光源的路灯，以电为光源的路灯，为汉口电灯公司首创。

　　1938 年 10 月，汉镇既济水电公司与汉口英商电灯公司签订合同，将公司业务交英商电灯公司代管。1941 年太平洋战争爆发，日本趁机攫取英美在华利益，吞并英商汉口电灯公司，公司一切业务由华中水电株式会社管理。抗战胜利后，既济水电公司奉汉口市政府指令，以"代管"方式，接收了汉口英商电灯公司。新中国成立后，这幢大楼归属武冶电业局。

如今，这座老建筑已经历了近120年历史，是湖北电业史的重要见证，它作为武汉开设的电厂中唯一留存至今的遗址，传承着武汉电力的重要历史记忆。

【漫步展厅】

电力博物馆历史厅为基本陈列，以生产力发展为主线，采用声光电等高科技多媒体形式，通过大量的历史文物、史料，全面展示了湖北电业筚路蓝缕、沧桑巨变的发展历程，揭示电力工业发展对人类文明进步的重要作用。

"星汉启明"展区以湖北第一盏电灯复原场景为起点，再现1893年湖广总督张之洞开创湖北办电之先河。人物群雕"水火既济"、民国用电陈列等大型实景，以及百年鄂电股票、既济水电界碑，百年发电机转子等一批珍贵文物，展现了初兴的湖北电力工业在西风东渐的民族觉醒中艰难起步。

新中国成立后，恢复电力工业成为党和政府的紧要任务。艰苦创业展区以大量历史实物（武冶线断面图、青山热电厂机组铭牌、大坳发电机组等）和文献史料（图文展板）为背景，通过人物群雕（十万大军会战丹江工地）、弧幕投影（青山热电厂）、情景剧场（70年代普通家庭用电）等艺术表现形式，真实展现了那段激情燃烧的岁月。

创业艰难百战多，回首往事激情在。改革开放展区以焕然一新的色调彰显湖北电业开创新征程，走进新时代。大型多媒体场景"全国水电之都"，通过电力立体沙盘、折幕投影、水纹灯等现代展示手段，展现出葛洲坝、三峡工程最为恢宏的建设史诗，给参观者带来丰富震撼的视听体验。

进入新世纪后，党和国家加快推进小康社会建设，为湖北电力工业发展注入了新的活力。跨越发展馆以网联天下为脉络，通过村村通电、安全稳网、百姓用电等重点场景再现，凸显湖北电网作为三峡电力外送的起点、西电东送的通道、南北互济的枢纽，在全国联网的中心地位。

荆楚电力，百年沧桑。"行业集萃"这幅瑰丽画卷，绽放着湖北电力工业的无尽风光。走出国门屡建丰功伟绩，产业报国履行社会责任，鄂电精英书写时代华章，一个个真实的场景和画面，生动地诠释着一代代湖北电力人，用心血和汗水点亮了荆楚大地的万家灯火。

【对话文物】

电力博物馆现有藏品 10000 余件，其中国家一级文物 12 件、二级文物 39 件、三级文物 258 件，有些藏品背后有着生动的故事。

发电机大转子

汉口开埠与洋务运动，为湖北近代化提供了契机，尤其是在张之洞督鄂期间，大办民族工业，派遣留学生，为武汉的城市转型、步入近代化作出了巨大贡献。武汉步入近代化的标志之一，是电力工业的发展。武汉是内地最早用电的城市。受工业需求的拉动，湖北各地区纷纷相继创办发电厂和发电所，在这样的背景下催生了武昌电灯公司。

武昌电灯公司成立于 1911 年 2 月，由上海商人管祥麟借德商资金筹办。公司筹办之初，资本总计 12 万，设有 240 千瓦发电机两台。1911 年 10 月因武昌起义爆发，武昌电灯公司暂停创办。1914 年，向农工商部立案注册，获得公司营业执照后开始营业，工厂是租的官地建造的，厂址在武昌紫阳桥

发电机大转子

长湖边，每年租金洋元 600，于次年 3 月 15 日正式发电。

1938 年日军侵华，武汉即将沦陷，武昌水电厂将 4 台发电设备拆迁，通过"长江大抢运"运往鄂西。此时的武汉，作为中国近代最早兴起的工业区，有大量物资设备需要转运，而大型起吊工具和运输船只极度紧缺。情急之下，为了不让设备落入日寇之手，来不及拆迁的发电机组就地炸毁，这个发电机转子就在爆炸声中深埋于废墟。

2012 年，国网湖北省电力公司从武昌紫阳湖公园中将其打捞上来，并收藏在电力博物馆。它是早期湖北电力工业横遭浩劫的重要历史见证，经鉴定为国家一级文物。

汉镇既济水电公司伍股股票

汉镇既济水电公司诞生于清朝末年，当时的湖广总督张之洞大力扶持新兴产业。进入 20 世纪，汉口的商贸已十分繁华，对电力的需求更加迫切，一些商家跃跃欲试拟办公用电厂。但张之洞有一条原则，中国人办电不得有外资渗入。曾有几批商人申办电厂，都因暗参洋股而被否定。这时，浙江镇海商人宋炜臣出面邀集江浙、湖北、江西的 11 位商人，拟通过发行股票的形式，集资 300 万元建设水电厂，于 1906 年 7 月呈请张之洞开办"商办汉镇既济水电股份有限公司"。张之洞派人调查后，认为符合规定，准其承办，并指示"筹拨官款 30 万元作为股本，以示关怀"。

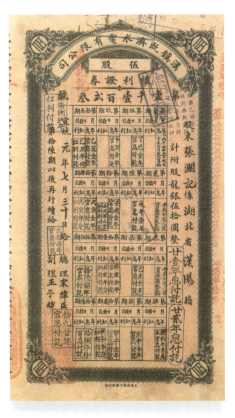

汉镇既济水电公司伍股股票

宋炜臣得到批复后迅速行动，共发行"博""厚""高""明""悠""久"6 种股票，其中"博"字号为 1 股票，"厚"字号为 5 股票，"高"字号为 10 股票，"明"字号为 50 股票，"悠"字号为 100 股票，"久"字号为 500 股票，每股 10 元，共发行 30 万股，合龙洋 300 万元。其中，在上海招股 100 万元，在武汉招股 50 万元，其余 150 万元由地方商民认购。

由于政府支持，既济水电公司的集资工作相当顺利，"七月集议招股，不逾月股已足，分两期收银，均如期而集"。有了资金，水电两厂同时开建，电厂建于硚口大王庙，装有 3 台 500 千瓦直流发电机，于 1908 年 8 月落成；水厂建于硚口宗关，制水容量

2.3 万立方米，并在后城马路修建水塔一座，于 1909 年 6 月送水。1909 年，水电两厂先后投产后，因经费超支，又续招股本 200 万元。

此张股票印刷精美，列有许多项目，如股东姓名、籍贯、股票编号、付息及分红记录等。此张股票的股东名为"张澜记"，是一位汉阳籍人士，其原始价为"龙银五十圆整"，股票编号为 1123 号，登记时间为清"宣统元年七月三十日"，落款为"总理宋炜臣，副理王予坊"，付息及分红均有详细记录。

此张股票是国网湖北省电力有限公司公司退休职工丁明衡偶然收集到的。一次，丁先生到泰宁街闲逛，突然看到地摊上摆着一本票据夹，里面是解放前各类企业发行的老股票，顿时联想到既济水电公司也是通过发行股票集资而筹建，于是蹲在地上一张张耐心查看。直到翻到最后，终于发现一张既济水电公司五股股票，不禁大喜过望，以 80 元买了下来。2011 年电力博物馆征集相关文物时，丁先生把这张股票捐献出来，如今它已成为"镇馆之宝"之一。

【共享空间】

电力博物馆紧紧围绕企业文化建设的总要求，坚持"传承荆楚电力文化、弘扬百年鄂电精神"的服务理念，积极履行社会责任，为普及电力科学知识，提高公民科学素质，积极贡献自身力量，受到了社会各界的一致好评。充分发挥自身优势，积极参加市政府对外文化交流活动，成功举办两次国际学术交流活动，来自海内外 30 多个国家和地区的近 300 多名专家、学者来馆参观交流，是武汉市城市对外交流的窗口。

博物馆十分注重打造企业品牌传播的新载体，建立了政府部门、高等院校、中小学、企事业单位、街道社区的合作平台；利用馆内形式多样的展教资源，采取"走进电博，送展到校"等多种形式，组织了"追溯电力历史、点亮'一带一路'""传承红色基因，走进电力博物馆""全国科普日""世界环境日""百年市民科普游"、探究"电之谜"研学之旅等社会活动百余场次，科普绿色电网、低碳环保、安全用电、节约用电等电力科学技术知识，彰显"国家电网"品牌形象。

（撰稿：许可）

参观指南：

开放时间： 9:00—17:00（工作日开放）

咨询电话： 027-86607123

地　　址： 武汉市江岸区合作路 22 号

交　　通： 公交 707、402、520、526、727 等路到胜利街兰陵路下；地铁 2 号线到江汉路站下，地铁 1 号线到大智路站下

扫一扫　关注微信公众号

京汉风暴的历史画卷：武汉二七纪念馆

1923 年 2 月 3 日，在中国共产党的领导下，新成立的京汉铁路总工会转移到汉口江岸秘密办公，一场声势浩大的京汉铁路总罢工随之展开。2 月 7 日，在北洋军阀的残酷镇压下，发生了震惊中外的"二七惨案"，京汉铁路总工会江岸分会委员长、共产党员林祥谦和武汉工团联合会法律顾问、共产党员施洋先后被害。罢工失败后，中国工人运动暂时转入低潮。

1960 年 2 月，武汉二七纪念馆建成并正式对外开放，成为展示百年工运浪潮、缅怀先烈功勋、弘扬革命精神的爱国主义教育基地。2009 年，武汉二七纪念馆被国家文物局公布为三级博物馆。

【建馆回眸】

当你驾车行驶在二七长江大桥的引桥，一眼就能看到二七烈士纪念碑顶端的大鹏飞轮，金色的翅膀在阳光下闪耀光芒。武汉二七纪念馆，已成为屹立在武汉长江北岸的红色地标。

二七纪念馆于 1956 年开始筹建，1960 年 2 月对外开放，位于汉口解放

武汉二七纪念馆外景

大道 2229 号。由于老馆展厅仅 138 平方米，接待室仅 80 平方米，国内外观众普遍反映展馆面积过小，不足以展现中国共产党领导的这一伟大斗争的壮丽画卷。1976 年 2 月 7 日，二七纪念馆新馆开工建设，坐落于解放大道 2499 号。1985 年，胡耀邦为新馆题写馆名。1987 年 2 月 7 日，在"二七惨案"发生64 周年之际对外开放。

1999 年 2 月 7 日，二七烈士纪念碑新碑迁建落成。新碑为大理石贴面，碑身高 23.27 米，寓意为 1923 年 2 月 7 日。新碑连同碑身顶端的大鹏飞轮总高为 27 米。碑身正面镶嵌着高 12 米、宽 1.5 米汉白玉，镌刻着毛泽东主席题写的"二七烈士纪念碑"七个镏金大字。基座为钢轨造型，基座正面是锻铜汽笛，汽笛下方石牌上刻有"1923.2.4"，正是这一天，京汉铁路全线大罢工正式开始。

【漫步展厅】

二七纪念馆总占地面积约 2.7 万平方米，建筑面积 5393 平方米，由陈列馆和二七广场、园林三部分组成。红色属性是二七纪念馆的展览特色，基本陈列展是最核心的内容，通过二七革命斗争史系列展览，生动再现那段波澜壮阔的历史岁月。

漫步展厅，中国铁路工人用血泪筑成京汉铁路、铁路工人运动蓬勃兴起、京汉铁路总工会成立与京汉铁路全线大罢工、二七惨案的过程，一幕幕情景在眼前浮现，让人在了解二七革命斗争的背景、经过和影响后，深刻认识到中国共产党领导下铁路工人思想的觉醒，感受到林祥谦、施洋等革命先烈对党的炽热情怀、坚定的革命信念、崇高的人格气节。

二七纪念馆以二七革命斗争史展览为主线，不断丰富红色主题展览内容，引导一代又一代年轻人发扬红色传统，传承红色基因，赓续红色血脉。

【对话文物】

二七纪念馆共有馆藏资料 5000 余件，革命文物 101 件套，其中国家定级文物 20 件套。每一件文物背后的故事，都感人至深。

林祥谦烈士的怀表

这块怀表是林祥谦烈士的遗物，怀表的指针永远定格在了二七革命斗争的关键时刻。它是林祥谦烈士生前从事工人运动的有力见证，凝刻了工人运动领袖林祥谦为了工人阶级和劳苦大众的解放，宁死不屈、壮烈牺牲的生命轨迹。

林祥谦是福建闽侯人，中国工人运动的先驱，京汉铁路大罢工领导人之一。1923 年 2 月 4 日上午，按照京汉铁路总工会统一部署，当这块怀表时针指到 9 时，身为江岸分工会委员长的林祥谦，指挥拉响了京汉铁路大罢工的第一声汽笛，全路的客、货军用列车顿时一律停驶，长达千里的京汉铁路

林祥谦烈士的怀表

陷入瘫痪，沉重打击了帝国主义和封建军阀。7日，军阀吴佩孚对罢工实行了血腥镇压，30余人当场牺牲。林祥谦被绑在江岸车站的电线杆上，刽子手逼迫他下令复工，他宁死不屈，凛然回答："上工要总工会下令的，但今天既是这样，我们是头可断而工不可上的！"随即英勇就义，年仅31岁。

1923年2月7日，距离除夕只有8天，在刺骨的寒风中，林祥谦烈士的遗孀陈桂贞，在丈夫血肉模糊的尸体上找到这块怀表，并在此后37年一直珍藏在身边。1960年，二七纪念馆正式对外开放，陈桂贞将这枚弥足珍贵的怀表捐赠给纪念馆。1995年4月，这枚怀表经国家文物局专家鉴定为国家一级文物。

悠悠岁月流转，林祥谦烈士的生命永远定格在1923年，正如怀表的指针，永久定格在了第一声汽笛拉响那一刻……

江岸京汉铁路工会会员证章

这是二七革命斗争时期江岸铁路工人佩戴的一枚银制证章，现为国家一级文物。

证章的正面边缘刻有"江岸京汉铁路工会会员证"字样，正中图案为地球上火焰缭绕，一大鹏飞轮在地球上奔驰。内圈刻有"劳工神圣"四字。这件证章的设计与造型，反映了京汉铁路工人的博大胸怀和对自由、民主的渴望。

江岸京汉铁路工会会员证章

20世纪早期的中国民不聊生，京汉铁路工人处于"成年累月做牛马，吃喝如猪穿如柳。军阀刀鞭沾满血，工人何时能出头"的苦难境地。一批具有初步共产主义思想的知识分子，深入到京汉铁路工人之中，寻找和中国工人运动相结合的道路。

当时江岸铁路工厂的工人，结成一个个带有浓厚封建色彩和狭隘地方观念的"帮口"。地域帮口组织的存在，不但滋长工人间的械斗气焰，扰乱社会秩序，而且是工人运动的一大障碍。党组织积极破除帮口壁垒，在工人中广泛宣传"天下工人是一家""全世界无产者联合起来"等革命真理，促进了工人团结，推动了工会组织的成立。

1922年初，江岸铁路工人成立了京汉铁路江岸工人俱乐部。证章便是在这一时期制作颁发的，它见证了京汉铁路工人"为自由而战、为人权而战"的历史，见证了早期的铁路工人由帮派组织向工会组织的转变。

江岸铁路工会大约有两三千名会员，历经百年风雨沧桑，保存下来的实物已经极为稀少。这枚江岸京汉铁路工会会员证，1959年由二七纪念馆主任贾德云从拉响第一声罢工汽笛的二七老工人黄正兴处征集而来。1995年，这枚证章经国家文物局专家鉴定为国家一级文物。

二七烈士纪念碑顶端的大鹏飞轮造型的设计理念，正是来源于江岸京汉铁路工会会员证章。两只大鹏飞轮交相辉映，穿越百年时光，绽放着时代光彩。

【共享空间】

积极开展各类社教活动，通过培训讲解志愿者、共建爱国主义教育基地、举办系列大型教育活动等方式，全方位深化党史学习教育的效果，为社会各界提供了缅怀革命先烈，弘扬爱国主义精神的重要平台。

培训"红领巾小小讲解员"，作为一项重要社教工作每年进行，已是一项非常成熟的社教工程。爱国主义教育基地共建，是深化党史学习教育、拓展红色文化影响力的重要方式，凝聚深化红色社教的合力，目前共建单位已多达上百家。

每年开展系列大型纪念、教育活动：一是承办湖北省暨武汉市"9·30"国家烈士纪念日，向英雄烈士敬献花篮仪式；二是每年清明前后，与武汉市、江岸区共同举办革命传统教育周暨"中华英烈凭吊周"活动，已成为武汉市、江岸区革命传统教育和红色教育的品牌活动；三是暑期中小学生教育活动，配合武汉市教育局、文旅局，与相关展馆共同开展暑期"走进博物馆，品味红色文化"系列活动和"中小学生走进爱国主义和中国特色社会主义教育基地"教育实践活动，将纪念馆打造成社会各界传承红色基因、赓续红色血脉的重要课堂。

（撰稿：张旭）

参观指南：

开放时间：8:30—17:00(周日闭馆，法定节假日不休息)

咨询电话：027-82934390

地　　址：汉口解放大道 2499 号

交　　通：公交 4、313、508、509、551 等路到解放大道徐州新村站下；轻轨 1 号线到徐州新村地铁站下

扫一扫　关注微信公众号

驰名华中的赏石基地：武汉中华奇石馆

在风景优美的汉阳翠微路，武汉著名四大丛林之首的归元寺就坐落在这里，古刹禅钟，庄严神圣。许多游客在归元寺虔诚礼佛、数罗汉，从寺庙出来之后，往往会将视线移到斜对面的一座颇具园林风格的建筑，那高悬的红底金字匾额上，"武汉中华奇石馆"几个大字格外醒目——这就是已建成开放 30 余年的武汉中华奇石馆，驰名华中的赏石基地。

游览奇石馆，你会发现这里毗邻归元古刹，北倚古琴台，西接墨水湖，风景秀丽，环境优雅。奇石馆是国家 3A 级旅游景区、省级文明单位、武汉市科普教育基地、武汉市青少年校外教育基地和青少年研学生态旅行示范基地，已接待国内外游客 100 多万人次。

【漫步展厅】

奇石馆始建于 1986 年，1988 年建成对外开放，是一座具有江南园林建筑风格，以收藏展示观赏石、古生物化石、矿物标本、盆景艺术为主的城市园林艺术博物馆。全馆占地面积 6700 平方米，展馆面积 5000 平方米，建筑面积 7800 平方米。

　　经过 30 余年的摸索创新，如今的中华奇石馆，已不再是一个单一展示奇石的展馆，而是一个集奇石、化石、矿物晶体等观赏性、科学性、知识性、趣味性于一体的大型综合展馆。

武汉中华奇石馆大门

　　奇石馆馆藏国内外各类奇石数万方，收藏展出的奇石有抽象石、纹理石、画面石、文字石、天外石、园林石、矿物晶体等十余类，蔚为大观，其中重达 11 吨的水晶石为亚洲之最。另外，又有神农绿石、三峡石、彩陶石、大化石、葡萄玛瑙等几十个品种，均为绝妙佳品馆藏。孔子鸟、大型鱼龙、幻龙、铲齿象、鹦鹉嘴龙等化石，均为国内藏石界稀有藏品。馆内还展出了享有"东方绿宝"之称的绿松石、山东现已绝迹的崂山绿石、稀有的新种矿物晶体湖北石、"天外来客"陨石、台湾玫瑰石，以及来自新疆戈壁滩上的一桌奇石盛宴——"满汉全席"等。中华奇石馆不仅集合了全国各地的精品石种，还收集了各种海外石种，如巴西玛瑙、缅甸硅化木、马达加斯加的孔雀石等。

馆藏数量之多、品种之广、品质之精，居国内领先地位。

奇石馆分设观赏石、矿物晶体、钟乳石、古生物化石、综合厅等八大展厅。其中，化石馆——古生物化石为新建展厅。

"楚天石韵"展厅　展示极具湖北特色代表性的三十余方观赏石，如黄石的孔雀石、湖北石、龟纹石，长阳清江的画面石，恩施的云景石、菊花石，神农架的神农玛瑙、神农绿、神农鸡血红、竹溪的绿松石，汉江流域的汉江石、墨玉石等，赋予奇石丰富的楚文化内涵和赏石知识。

矿物晶体馆　为华中地区首家以收藏、展示矿物晶体标本的大型展馆，2010 年 12 月 18 日正式开馆。展馆面积 160 平方米，以水晶石为代表，还有辉锑矿、雄黄、雌黄、重晶石、方解石、石膏等数十种矿物。汇聚了全球18 大类、30 多种、400 余件矿物精品，包括稀有的新种矿物晶体湖北石和红硅钙锰矿、色泽艳丽的菱锰矿，以及被宝石界誉为"蓝晶"的海蓝宝。此外，还有来自美国的自然金、刚果的孔雀石、摩洛哥的钒铅矿等，让人眼花缭乱。

古生物化石馆　新建的化石馆，展厅面积 3000 余平方米，展出的化石精品纷呈。化石作品主要产于甘肃兰州、辽宁锦州、贵州关岭、云南楚雄州。馆藏的化石标本有 80 余种、10000 余件，展出的化石作品约 5000 件，其中装架的化石骨架 40 余具，埋藏状化石 60 余件，板状化石 300 余件，单体类化石 400 余件，配框挂件类化石 100 余件，狼鳍鱼化石数十平方米，恐龙化石、贵州龙化石 100 余件等。难能可贵的是，化石作品真实度基本达到 90% 以上，有相当一部分达到精品或极品程度。

【对话文物】

奇石藏品可谓五花八门又自成系列，很多内涵丰富，诚为石中珍品。

侏罗纪禄丰龙

　　生存于距今约 1.9 亿年的早侏罗纪，因发现于中国云南省楚雄州禄丰县而得名，是目前发现最早、最原始的原蜥脚类恐龙，是中国恐龙发现的开山之作，称为"中国第一龙"。1958 年，为了庆祝禄丰龙的发现，中国发行了禄丰龙纪念邮票，禄丰龙成为第一个登上中国邮票的恐龙。

侏罗纪禄丰龙

　　禄丰龙生活在浅水区，体型 6~7 米长，站立时有 2 米高，头小，脖子不灵活，视力不好。前肢短小，后腿强壮，是一种植食性恐龙。牙齿短而密集，主要以植物叶或柔软藻类为生。多以两足方式行走，但在就食和岸边休息时，前肢也落地并辅助后肢和吻部的活动。1937 年，著名地质学家、古生物学家卞美年，在云南禄丰地区发现，百姓常用的"龙骨灯"上有一些"石头"疑似古生物的化石，就将这些石头带给著名地质学家、古生物学家杨钟健研究。杨钟健发现这些果真是恐龙化石，二人再赴禄丰考察，发现了新的化石地点。随即展开发掘工作，采集到大量脊椎动物化石，经过研究，这些化石就是禄丰龙动物群，其中一类恐龙化石被命名为禄丰龙。在这批发现的恐龙当中，以许氏禄丰龙最为著名。

【共享空间】

奇石馆以秉承弘扬中华石文化、发展赏石艺术为宗旨，为国内外石友提供切磋石艺、交流石理、互换奇石、开展经贸联系，提供了一方良好的环境和研究平台。充分利用旅游景区优势，开辟了以奇石结合植被的园林景观区，其中的"春回硅林"园林景观中的"森林"全是来自内蒙古、辽宁和湖北的硅化木，距今已有 1 亿 5 千万年的历史，给观众和游客带来赏石、休闲的沉浸式体验。

奇石馆是武汉中小学生绿色生态研学旅行的基地，很多学生在奇石间穿越上亿年，了解藏在石头里的"石中简史"，用科学的眼光和思考，揭开石头的"身世之谜"。

（撰稿：曹军）

参观指南：

开放时间： 9:00—16:00

咨询电话： 027-84840647 027-84845919

地　　址： 武汉市汉阳区翠微路 87 号

交　　通： 公交 42、803、585、559d 等路到钟家村站下；地铁 4、6 号线到钟家村站下

扫一扫　关注微信公众号

天堑变通途：桥梁博物馆

　　1956 年 6 月初，毛泽东主席在武汉三次畅游长江，看到正在建设中的武汉长江大桥，写下气势磅礴的《水调歌头·游泳》，"一桥飞架南北，天堑变通途"，表达的就是对武汉长江大桥即将建成、长江天堑将变成通途的由衷喜悦。

桥梁博物馆外景

2019年5月18日，在新中国桥梁事业的发源地——武汉，中国建桥国家队——中铁大桥局投资建设的桥梁博物馆建成并正式开放。作为国内首家综合性桥梁博物馆，站在世界桥梁行业的高度，通过大量藏品、模型、图片、5D电影、全景电影、VR技术等丰富的展陈方式，生动展现桥梁发展历史，全方位展示中国桥梁的建设成就，呈现世界桥梁技术的发展轨迹，普及桥梁科学技术知识、弘扬桥梁文化，礼赞建桥者的奋斗精神、创新精神和人文精神，映射出中国桥梁跨越式发展的无限荣光。

【漫步展厅】

2018年2月，中铁大桥局总部迁入武汉市汉阳四新大道的桥梁科技大厦，东临长江，毗邻武汉国际博览中心。迁址后，立即成立桥梁博物馆筹备组，在2005年9月建成开放的"武汉桥文化博物馆"的基础上新建桥梁博物馆，馆舍位于桥梁科技大厦的一楼。

桥梁博物馆由室内馆展陈及室外主题公园组成。室内馆建筑面积近3000平方米，由序厅、中国古代桥梁、中国近现代桥梁、建桥国家队的光辉历程、世界桥梁博览、桥梁科技发展、桥梁文化等七大板块组成；室外主题公园面积约2万平方米，位于桥梁博物馆周边广场，主要由桥梁名人雕塑及艺术装置组成，成为桥梁博物馆展示内容的延伸，与室内展示内容相得益彰。

桥梁博物馆以"天堑变通途——古今中外话桥梁"为主题，站在国家和行业的高度，将桥梁主题放在历史的、现实的、中国的、世界的大环境、大背景中去展示、去呈现，室内馆和室外桥梁主题公园交相辉映。这一座座缩小比例的各种桥梁，都凝结着人类的勤劳与智慧，尤其是我国历代以来建筑的桥梁，简直就是一部中华民族的桥梁史，既是爱国主义教育、桥梁科普教育、研学教育的空间，又是一张中国桥梁的国家名片，令人倍感自豪。

在空间布局上，以大桥钢梁、管柱等具有空间感的实物藏品为载体，设计行走其间、身临其境的交互叙事体系，创造出体验感十足的物理沉浸空间。在展陈方式上，引入 5D 电影、全景电影、VR 体验、全息投影、与大桥合影电子签名留言等展陈新技术，为观众提供视、听、触多感官的立体化体验感受，通过沉浸式体验，寓教于乐，润物无声。

【对话文物】

桥梁博物馆现有记录桥梁科学发展及科学家使用过的珍贵文物、藏品1741 件，其中有些是与武汉长江大桥建桥施工直接相关的实物，弥足珍贵。

铆钉风枪和跳动风顶

在近现代桥梁展区，最吸引观众眼球的，是武汉长江大桥钢梁架设时的实景油画和钢梁装置。钢梁旁的展柜中，陈列着建设大桥时使用的铆钉和热铆技术的工具——铆钉风枪和跳动风顶，虽然布满斑驳点点的金属锈迹，却承载着一段火热岁月的记忆。

武汉长江大桥上千根钢梁，需要用上百万颗铆钉铆合在一起，这种工艺在当时的中国前所未有。据参与大桥建设的老工人回忆，当时所用的铆钉比一般桥梁所使用的铆钉更粗、更长，质量要求更高。铆钉直径为 26 毫米，最大板束厚度为 170 毫米，而所有铆工都没有铆过这么厚的板束，也没用过这么长这么粗的铆钉。

1956 年 7 月，正是大桥钢梁架设的关键阶段，拼装工作却突然终止，

铆钉风枪

跳动风顶

问题就出在铆钉上。由于经验不足，检查人员发现铆钉与孔眼之间存在最大2毫米缝隙，出现松动，这样会因为受力不均匀而引起连锁反应，导致桥梁出现质量问题。

中铁大桥局局长彭敏果断下令："铆合质量不解决，钢梁停止向前拼装。"直至1个月后，经过建设者的努力，先期已铆合的1万多个不合格铆钉全部拔除，新的铆钉完全填满眼孔，误差小于0.4毫米，拼装工作才重启。铆钉安装完成后，经过再次检验，不仅铆接完全合格，而且质量还比国家标准高出5%，保证了大桥的顺利建设。

60多年来，大桥虽经历无数次洪峰的侵袭，遭遇近百次船舶撞击，却依旧坚如磐石、稳如泰山，安全承载着每天近10万辆汽车、148对列车南北通行的繁重运输任务。经过专业检测，大桥2.4万多吨的钢梁无弯曲变形，8个桥墩表面无一裂纹，100多万颗铆钉无一松动，全桥无变位下沉。经专家鉴定，寿命可达百年以上。

修建"万里长江第一桥"，不仅让中铁大桥局第一代桥梁工程师学会了建桥，更重要的是还让他们在脑海中烙下了深深的质量印记，形成了中铁大桥局"坚守质量、传承创新"的优良传统。武汉长江大桥是一座"红桥"，作为共和国"桥梁长子"，它不仅将坚守质量，传承创新的精神之"钙"，传承给一代代建桥人，更将建桥报国的理想信念赓续下去。

滕代远在通车典礼上穿着的中山装及讲话原稿

一件中山装，几张泛黄的稿纸，它们是原铁道部首任部长滕代远在武汉长江大桥通车典礼及相关活动的衣着和讲话原稿。

1957年10月15日上午10点，滕代远部长怀着激动心情大声宣告："武汉长江大桥今天正式通车了。这是我国人民在毛主席、中国共产党英明而正确的领导下，进行社会主义建设的又一次光辉的胜利。"

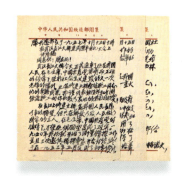

滕代远在武汉长江大桥通车典礼上穿着的中山装及讲话原稿

这份讲话稿见证了我国人民实现"一桥飞架南北，天堑变通途"的伟大愿望。1957年10月15日，武汉长江大桥通车典礼在大桥汉阳岸桥头举行，国务院副总理李富春主持典礼并致辞，铁道部部长滕代远、苏联运输工程部部长科热夫尼果夫、湖北省省长张体学、武汉市副市长王克文、苏联专家组组长西林、大桥局局长彭敏先后讲话。

"武汉长江大桥的建成，在我国桥梁史上揭开了新的一页，它标志着我国桥梁工程技术水平已经有了很大的提高。"滕代远在通车仪式上说。

滕代远作为新中国首任原铁道部部长，既是新中国人民铁路事业的奠基人，也是中国现代化桥梁事业的开拓者。他参与和领导了武汉长江大桥工程建设全过程，包括筹备立项、勘探、设计和施工等，为中国现代化桥梁事业的起步发展作出了巨大的贡献。在大桥建设期间，他曾先后6次到大桥工地看望职工、指导工作，留下了一系列珍贵的影像资料，极具历史研究价值。在大桥通车之后，滕代远依然心系大桥，多次嘱咐要保护好当年建设仅存的一根大型试验管柱，可见他对文物保护利用的高度重视。老部长的遗物不仅体现了他艰苦朴素的家风，也承载了他及家人珍贵的历史记忆，将对弘扬铁路建设文化，研究桥梁发展史起到重要的作用。

【共享空间】

博物馆积极开展富有特色的社会教育活动，丰富现场教育形式，强化爱国主义教育、科普教育、科学家精神教育效果，通过增强线下互动，加强科普教育"三支队伍"建设。

中国桥梁建造水平已跨入世界先进行列，中国桥已成为中国品牌。"了不起的桥梁工程师——爱国主义精品教育"项目面向高校、中小学，分学段、分系列，研发了不同的课程，通过启发式讲解，带领青少年一起探寻桥梁科技的发展轨迹，增强民族自豪感，为科技强国努力学习。

坚持举办"桥梁大讲堂"科普讲座，已形成在行业内颇具影响力的桥梁科普品牌。在全国科技活动周、全国科普日期间，邀请行业内具有权威性、影响力的院士、大师、教授级高工等，通过线上线下同步的方式，为桥梁博物馆志愿者、社会公众进行科普讲座。

坚持以育人为本，为青少年科普教育服务为宗旨，开展科普"进校园、进社区、进基层"活动，加强馆校合作，充分做到展教结合，促进校内外科普教育共同发展，聚焦公众文化需求，创新科普活动方式，把优质科普内容传播给广大师生和民众。

（撰稿：成莉玲）

参观指南：

开放时间：9:00—17:00（周日闭馆）

咨询电话：027-84596449

地　　址：汉阳区四新大道 6 号中铁大桥局桥梁科技大厦一层

交　　通：公交 517 路到梅林三街桥梁科技大厦站下，547 路到连通港西路梅林二街站下；地铁 6 号线到国博中心南站后，转公交 517 路到梅林三街连通港西路下

扫一扫　关注微信公众号

研学警察历史的课堂：湖北警察史博物馆

警察史是社会发展研究史的重要内容之一，没有警察史的社会史是不完整的。湖北警察史博物馆由湖北警官学院创办，前身是 2008 年 6 月建成开放的湖北警察史陈列馆。2010 年 5 月，改为湖北警察史博物馆并对外开放。

湖北警察史博物馆是社科类专题博物馆，展示从先秦到现代湖北警察、警政演变的历史足迹，展示湖北警察从萌芽到成熟、从简单到繁荣的历史画卷。漫步在这座主题鲜明的博物馆里，通过丰富的馆藏文物和讲解员的娓娓解说，可以穿过时空的阻隔，循着警事文物的踪迹，透过历史的风风雨雨，感受警察领域特色文化的魅力。

【漫步展厅】

警察工作属国家保障型社会管理系统，它的历史与整个社会发展史密不可分。警察博物馆就是一座浓缩的警察历史的载体，一个呈现警察历史的场所。警察是一种独特的行业，公众对警察工作的认识，很大程度上取决于宣传和沟通，而警察博物馆可以说搭建了一座向社会展示警察，让社会了解警

湖北警察史博物馆外景

察的桥梁。

从 1999 年第一家警察博物馆在上海诞生开始，全国各地开始陆续兴建警察博物馆。2008 年，在湖北警官学院内，湖北警察史陈列馆应运而生。创办之初，面临着藏品匮乏的困境。为了充实场馆，采取买、借、仿、赠等方式丰富展陈。经过两年的不懈努力，收藏警事文物 4000 余件。

警察博物馆的展览极富特色，主要是以中国警察历史上与荆楚相关的"九个之最"为脉络布展：

中国历史上最早制造的警用连发"手枪"——战国弩机，1986 年在荆州秦家嘴 47 号楚墓发掘出土，可装弹箭并连发 20 发至 20~30 米开外，其形体和功能已经颇似现代"手枪"。

中国历史上担任过最高警察治安官职的楚国名人——屈原，在 2000 多年前楚怀王时期官居左徒，相当于今日分管公安、外交的"副总理"一职。

中国历史上担任最低警察治安官职的楚国名人——刘邦，在反秦前任过秦朝沛县泗水亭长，可算是中国警察史上最著名的"基层派出所所长"。

中国历史上最早的警政类法律文书——云梦秦简，1975 年 12 月在孝感

基本陈列展厅一角

地区云梦县睡虎地发掘出土，其中有中国乃至世界发现最早、最完整的现场勘察笔录、刑事询问笔录、法医勘验笔录和侦查破案报告等警政类法律文书。

　　中国历史上最早以"警察"二字命名的近代警察机构——武昌警察总局，1902 年 6 月 6 日由湖广总督张之洞亲自创办。

　　中华民国最早成立的警察机构——湖北临时警察筹办处，武昌首义胜利后，经湖北军政府大都督黎元洪批准，一批以警校学生为主组建的湖北临时警察筹办处，执行维持武昌城区社会治安的功能，当之无愧地成为"中华民国第一警局"。

　　中国共产党最早的中央情报保卫机构——中央军委特工处，1927 年 5 月在中央军事委员会书记周恩来领导下在汉口余积里 12 号成立，首任特工处负责人为顾顺章。

　　中国共产党最早的基层政权保卫机构——中共鄂东北特委政治保卫局，1929 年 6 月 9 日，鄂东北党组织在河南光山县胡子石召开鄂东北、豫东南八县联席会议，选举产生鄂东北特委，同时成立肃反委员会，后更名为政治保卫局。

　　新中国最早成立的女子交警队——江汉女子交警班，1958 年 2 月，武汉市公安局在全国率先成立由 13 名女队员组成的江汉女子交警队，受到时任公安部部长罗瑞卿和毛主席的亲切接见。

展馆面积1200平方米，根据时代和湖北警察发展规律，分为古代、晚清、民国、共和国四个部分，展示了从先秦到现代湖北警察、警政演变的历史轨迹。通过展览，可以了解古代警察职能的演变、张之洞在武昌裁撤保甲创立警察机构的首创意义，以及新中国成立以来湖北公安机关为巩固人民民主专政政权，保卫社会主义建设，维护湖北社会治安秩序，付出的艰辛努力、作出的巨大贡献和创造的辉煌业绩。同时，还特别以校史馆的形式，反映了新中国成立后湖北地区的最高警察学府——湖北警官学院的历史发展。

【对话文物】

汉代亭长抱盾迎宾石（复制件）

文物是见证历史的活化石，是链接历史的珍贵环节。湖北警察史博物馆收藏了湖北地区自春秋战国时期至今的历史藏品4000余件，其中实物1000余件，图片3000余张。每一件藏品无论过去多少岁月，检视起来依然那么夺人眼目，那么熠熠生辉。

汉代亭长抱盾迎宾石（复制件）

汉代亭长抱盾迎宾石，出土于河南许昌，属于空心门柱画像砖。说到亭长，我们都会联想到汉高祖刘邦，秦末时，他曾任泗水亭的亭长。亭是秦朝最基层的管理机构，相当于现在的派出所，除了接待过往行旅的食宿和公文传递外，亭还有一项重要的职能，那就是维护社会的治安。

汉代画像砖是当时文化生活的一个重要载体，每一面都有其特殊意义。拿这块迎宾石来说，该砖正面的最上端是两棵常青树，树下是两个并排站立的亭长谦恭顺从抱盾迎宾的形象。

汉代"东井灭火"井栏陶器（复制件）

汉代"东井灭火"井栏陶器（复制件）

自古以来，人类就与火有着不解之缘，从原始社会的钻木取火，到现在对消防安全的重视，火在给人们带来便利的同时，稍有不慎便会成为毁灭一切的"恶魔"。那么，古代的人们是怎样灭火防火的呢？

汉代"东井灭火"井栏陶器，是一件东汉时期的墓葬品，外形就像一间房屋，上有屋顶，前有晒塔。前壁图案为灭火者健步奔跑，左手执水罐，右手拿旗。旗子为直角梯形，旗上写有"灭火"二字，还挂有一摇铎铃。画面的右侧篆书"东"字，左侧篆书"井"字。"东井"，是二十八星宿中的井宿，因在"玉井"之东，故曰"东井"。东井象征着丰富的水，将"东井"刻于陶井之上，象征着防火的功能。

南北朝仪制令石碑（复制件）

"仪制"是指朝廷颁布的法规礼节，"令"则带有法律的强制性。石碑

南北朝仪制令石碑（复制件）

中间竖刻"仪制令"三字，左右两侧从上到下竖镌小字"贱避贵，轻避重；少避老，去避来"，相当于是一种交通规则，立于道路的两侧规范行人、车辆的过往。

所谓"贱避贵"，指普通百姓、奴婢等要给达官贵族让路；"少避长"，指年少者给年长者让路；"轻避重"，指轻车轻骑以及携带较少物品的人，给负重的车骑或脚夫等让路；"去避来"，指下坡人给上坡人让路，行人让路于同向相行的车马。"少避长、轻避重、去避来"，与现代交通礼制的"礼让三先"有异曲同工之妙，但"贱避贵"却有着浓厚的封建色彩。

【共享空间】

博物馆充分发挥教育育人作用，积极推进高校课堂教学与实践教学深度融合，配合湖北警官学院每年为全体新生举办人民公安史讲座，组织开展新生入馆教育，并将这两项工作纳入到学院新生入学培训计划。举办老警讲堂，请工作30年以上老警察来馆，结合自身经历为学生举办公安实践讲座，丰富第二课堂。

利用馆藏资源开展育警文化活动，如"三入必进"活动，即新生入学必进警史馆，教师入职必进警史馆，师生入党必进警史馆，增强人民警察的职业感、荣誉感，使命感。以打造青少年爱国主义教育基地、国防教育基地和科普教育基地为抓手，组织拓展系列相关活动。

　　从历史中来，到未来中去，警察的故事还在继续，信仰的火光长存。让这一件件展品，拥有比一代代人更漫长的生命，继续讲述警察的历史，警察的故事，让历史照亮未来的行程。

（撰稿：周斌）

参观指南：

开放时间：9:00—16:30

咨询电话：027-83530787

地　　址：硚口区南泥湾大道 99 号湖北警官学院北校区内

交　　通：公交 119、329 路到南泥湾大道省警官学校站下；轻轨 1 号线到古田三路站下

扫一扫　关注微信公众号

传播建筑文化的长廊：
建筑博物馆（中国建筑科技馆）

2020 年 8 月，在东湖高新区九峰国家森林公园南侧，一座集中国传统文化和现代技艺于一体的新地标正式对外开放。从此，武汉有了一座展示中国建筑文脉、传播建筑科技和建筑文化的行业专题博物馆，有了一扇社会各界了解中国建筑科技和建筑文化的窗口。

走进建筑博物馆，就如同行走在 7000 年的建筑长廊，在这里可以看到历史之变、未来之眼，恍如时空隧道穿梭，让你领略中国源远流长、自成一脉的建筑文化和高超深邃、独创一格的建筑技艺。

【建馆回眸】

建筑博物馆选址在中建科技产业园地块正中央位置，由我国台湾著名建筑大师李祖原先生担纲设计。建筑以传统合院、种子圣殿、荆楚文化为设计理念，外观像一粒萌芽的"种子"，由水波状的"叶片"包裹着向天际延伸，蕴含着"天圆地方"的传统哲学理念。

建筑主体部分，以"种子"为意象，象征场馆是建筑科学与技术、建筑

建筑博物馆（中国建筑科技馆）外景

思想与文化的孵化器；裙房部分，则采用中轴对称型合院形式，象征孕育种子的土壤；整体构成一粒萌芽的"种子"植根沃土的景象，寓意建筑科技在未来充满了无限可能，激发观众探索未知世界的好奇心。

2017年12月，场馆启动开工建设，一粒"种子"渐渐破土而出，迎接萌芽生长的惊艳时刻。2020年5月，3000块形状各异的异形双曲面板完成"积木拼装"，为"种子"穿上了7000余平方米的金属"外衣"，完美呈现了"种子"萌芽的视觉效果，创造了国内双曲异形不锈钢金属幕墙面积之最，标志着场馆建设进入了尾声。同年8月19日，建筑博物馆正式对外开放，填补了国内建筑科技博物馆的空白。

博物馆造型独特，本身就是一座融合古代文化与现代科技的公共艺术作品，饱含着深厚的传统文化内涵、鲜明的生命建筑特色和精湛的现代营造技艺，极具科技感、艺术感和未来感。这座"种子"建筑身披凤尾状彩羽展翅欲飞，与九峰山遥相呼应，将建筑空间与自然生态融为一体，形成了一幅"建筑山水"的绝妙图景，点亮了整个光谷，成为了武汉文旅新地标。

【漫步展厅】

　　建者匠心，筑之有道。建筑博物馆设置有常设展览、主题展览和临时展览，全面、系统地展示我国建筑科技的发展历程和行业探索，打造观众满意度高、认同感和自豪感强的精品展览，成为传播建筑文化、弘扬工匠精神和科学精神、促进建筑科技发展的重要窗口。

　　常设展览分为古代建筑展厅、现代建筑展厅、荆楚建筑展厅和未来建筑展厅，由中国工程院院士、清华大学建筑学院原院长庄惟敏教授主持策展，数百名专家学者、数十家专业机构参与，历时 6 年精心打造，全面展现我国古往今来的建筑技术成就和荆楚地域的建筑文化特色。

　　古代建筑展厅　主题为"源于自然、土木华章"，以中国古代传统建筑哲学和材料为线索，借助古代资料、近代以来学术界研究一手材料为主要载体，从构、筑、跨、耸、宜五个维度展开对历史上有代表性的建筑的解读与展示。

　　现代建筑展厅　主题为"社会使命、建筑英雄"，梳理我国建筑高度、跨度、深度、速度、精度领域取得的成就，展示新材料、新结构、新技术和传统文化的新应用等为代表的新时代新建筑，反映空中造楼机、测量机器人、布料机器人、5G 远程塔吊控制系统等行业领先的建筑装备与工艺，彰显建筑领域践行绿色低碳理念的典型工程。

　　荆楚建筑展厅　主题为"金道锡行、通衢开埠"，自楚章华台至晴川阁、黄鹤楼，到明武当山建筑群，再到江汉关、武汉大学工学院、武汉绿地中心等，以大量建筑的设计图、测绘图、历史照片为基础资料，利用 AR 技术还原代表性建筑，描述荆楚大地政治、社会、文化和技术水平巨大深远的变化。

　　未来建筑展厅　主题为"归于大道，人类命运"，围绕人类未来将要面临的挑战，走向历史的未来廊道，畅游于理想社会的种种构想，探讨人、自然、建筑的三者关系，触发对于未来建筑和未来城市的终极思考。

【对话文物】

建筑博物馆拥有藏品近 400 件，既有反映建筑技术成就和建筑文化积淀的经典模型、也有体现武汉老建筑风貌的油画画作，还有相关重点工程建设的原物和实物。

五台山佛光寺东大殿模型

佛光寺东大殿，位于山西五台县，是现存唐代最大的木结构建筑。它的发现解开了梁思成、林徽因寻访唐代木构建筑的心结，打破了日本学者"要想了解中国唐代木构建筑只能去日本"的断言。

东大殿是五台山最大的佛殿之一，长 34 米，面阔七间；宽 17.66 米，进深四间，八架椽。采用单檐庑殿顶的形式，屋顶覆黑瓦，屋面坡度平缓，殿檐出檐深广，外檐立柱粗壮内倾，板门和直棂窗宏阔简约。整体色调红白相间、简洁单一，充分体现出飞扬大气、简单明快的唐代建筑风范与韵致。

五台山佛光寺东大殿模型

应县木塔模型

　　应县木塔，位于山西朔州应县，是一座举世瞩目的辽代佛塔，叫释迦塔，俗称应县木塔。它是中国现存最高、最古老的一座木构塔式建筑，也是结构最复杂的木塔。第三层悬挂的"释迦塔"巨匾，记载了木塔建造和维修的时间，为考证木塔提供了极为珍贵的史料。

　　应县木塔和法国巴黎埃菲尔铁塔、意大利比萨斜塔，并称"世界三大奇塔"，而且是其中年代最早的一座。2016年，

应县木塔模型

应县木塔获吉尼斯世界纪录，认定为世界最高、最古老的全木结构高层塔。如此大的体量，使用的木材数量之多肯定是惊人的。据有关专家研究认为：整个木塔所用木材约为3700多立方米，重2600多吨，但没有使用一颗钉子。

武汉黄鹤楼模型

　　始建于三国吴黄武二年（223）的黄鹤楼，是武汉最著名的古迹和游览胜地。现存黄鹤楼以"清同治楼"为蓝本重建而来，黄鹤楼模型即是"清同治楼"的复原模型。

武汉黄鹤楼模型

"清同治楼"建成于清同治七年（1868），"制府官文恭爵倡捐修葺，因而修采材木，遍及荆巫，越两载，乙卯告成"。

"清同治楼"平面四方，三层楼的设计反映了"天、地、人"三才合而为一的传统文化。建筑似楼非楼、似阁非阁、似塔非塔、似亭非亭，而是将楼、阁、塔、亭中最有特点的部分有机融合。全楼共有 72 根柱子，代表一年有 72 侯的说法，在旧历法中，5 天为一侯，一年为 72 侯。楼顶攒尖，宛若华盖，配以紫铜顶。顶装三坛，表示三元之意，加上四面牌楼，屋脊正中的小顶合而为"五岳"，又含五行象形之意。"覆以黄瓦，滴水下垂，猫头仰视，四渎汇总，一山远朝，既擅河图之理，又准洛书之数，构思之奇，堪称少有。"这些奇妙的数字强烈地透露出，中国古代建筑文化中数目的象征意味或伦理表意功能。

【共享空间】

博物馆积极组织开展形式多样、内容丰富的社教活动，让展览和藏品"活起来"甚至"火起来"。通过吸纳社会志愿者和"小小讲解员"，为武汉市民和讲解员团队提供实现自我价值、展现自我风采的舞台。积极承担社会责任和使命，多管齐下"走出去"，以建筑趣味、建筑意蕴、建筑技术、建筑艺术为主题，研发覆盖小学生、初高中生、大学生、成年人、老年人等全年龄段人群的社教课程，打造"匠心课堂""鲁班讲坛"公益社教双品牌，开展大师讲座、手工体验、科普研学活动，融知识性、趣味性、科普性、互动性于一体，讲好中国建筑故事，传播好中国建筑声音，推动社教活动走进武汉的小学、大学、社区、助残机构，并持续扩大服务辐射范围。

加强大中小院校合作，多措并举"引进来"，让博物馆成为学校的"第二课堂"，结合讲解观展，积极开展研学亲子活动，累计开展 1600 余场科普教育活动，受众逾 10 万余人。加强"馆校合作"，与 14 所知名高等院校共建实践教育基地，同时积极推动科普课程进小学、商圈、小区等地，让建筑知识走进千家万户。

（撰稿：盖伟涛）

参观指南：

开放时间：9:00—17:00（周一闭馆）

咨询电话：027-86951861，027-86951862

地　　址：东湖新技术开发区晨晖街 3 号

交　　通：公交 301 路到高新大道高科园路站下；地铁 11 号线到豹澥站下

扫一扫　关注微信公众号

"东方芝加哥"的工业印象：
硚口民族工业博物馆

曾有"东方芝加哥"之誉的武汉，是中国近现代工业的发祥地之一。处于长江、汉水交汇处的硚口，则是武汉近现代工业的发祥地。时光荏苒，岁月如梭。硚口昔日的辉煌，如今烙印在依旧矗立的民国工业建筑上，记录于老厂房改造的硚口民族工业博物馆中。

硚口是武汉近代工业发祥地，明清时就有苏恒泰油纸伞、叶开泰药业等制造业兴起；民国时有既济水电厂、福星第五面粉厂等大批民族企业出现；新中国时期中国第一辆整装汽车、第一台手扶拖拉机的诞生等，代表了古田工业区在武汉乃至中部地区现代工业中的重要地位。硚口民族工业的发展史，为武汉工业和城市社会、经济生活的发展，留下了丰富的历史记忆。

【漫步展厅】

提起古田一路28号，老武汉人都知道，这是武汉铜材厂的厂区。为记录、展示正在逝去的历史记忆，硚口区依托武汉铜材厂原址，保留工业厂房红砖墙、红屋顶的"红色"烙印，建立硚口民族工业博物馆。2011年5月建成并对外开放，由百坊手工业、民族工业、新中国工业三个展示厅组成，运用场景模拟、声光电等科技手段，再现了硚口民族工业创办、兴盛、发展过程中的历史场景。

民族工业博物馆分为室内、室外两个展区。馆外静静矗立着一台15吨冲床和一台大型碾磨。馆内分为三个不同时期的展厅，硚口百坊手工业展厅、民族工业展厅和新中国工业展厅。

硚口民族工业博物馆外景

百坊手工业展厅 硚口，地处长江、汉水交汇之处，依水而兴，因桥得名。从明成化年间开始，汉正街就凭借江河连通的水运之便，迅速发展成为华中地区的货物集散中心，形成了"十里帆樯依市立，万家灯火彻宵明"的盛况。在商业繁荣的带动下，一大批手工业者纷纷汇集硚口，形成了汉口最早的手工业群。清末在此经营，传统手工业户超过1000户，工匠超过3000人，是武汉三镇手工业最集中的地区。

百坊手工业展厅，就是硚口百坊手工业实景风情街，再现了百年前手工业的繁荣景象。整个街区由老天成槽坊、苏恒泰油纸伞、叶开泰药店等店组成，两边店铺生意正忙。在老天城槽坊，买酒客人正讨价还价；在谦祥益衡记绸布庄，掌柜正量取布料尺寸；高洪太铜器店，传出一阵阵"敲击声"，工人正高高举起大锤炼打铜块；叶开泰参药店柜台上，放着一包药材，掌柜手持小秤称重；苏恒泰制伞店里，师傅正为油纸伞扎竹篾……后来一大批知名企业都起源于手工作坊，手工制作也奠定了武汉民族工业的基础。

民族工业展厅　从清末开始，民族工业在硚口逐步兴起。光绪二十三年（1897），宋炜臣在汉口创立燮昌火柴厂，开汉口近代民族工业之先河。展区按时间顺序分为三个部分：武汉开埠外商投资建厂、张之洞在硚口创办工厂、私人集资参股兴建工厂。在这里，你可以领略武汉的众多第一：第一口自来水——宗关水厂，第一根火柴——燮昌火柴，第一块肥皂——汉昌肥皂，第一瓶白酒——汉产汾酒等等。

新中国工业展厅　1949年5月，武汉解放，硚口工业获得新生。既济电厂、南洋烟草等一批大型工业企业由军管会接管，国家和省、市先后投资建设新华印刷厂、武汉制药厂、武汉机床厂、武汉制漆厂、武汉柴油机厂、汉口轧钢厂等20余家骨干工业企业。1956年，166家私营工业企业实行公私合营，形成了硚口路、宗关、古田三大新型工业聚集区，成为武汉重要的机电、纺织、化工工业基地。中国的第一辆整装汽车、第一台手扶拖拉机等都从这里诞生。

【对话文物】

武汉机床厂机床零部件

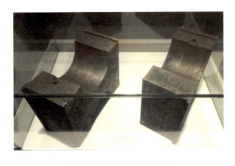

武汉机床厂机床零部件

武汉机床厂是一家生产工具、刃具磨床的大型企业，前身是阮恒昌机器制造厂，始建于1928年。1951年经武汉市政府接管，并先后与乔兴发五金机器厂和大同机器厂合并，更名为武汉机床厂，列为全国生产工具刃具磨床的骨干企业，成为机床行业

"十八罗汉"厂之一。

2013年，武汉机床厂更名为武汉机床有限责任公司，由东西湖区整体搬迁至江夏区新址，为武汉产业控股集团所属国有全资子公司。经60余年发展和几代武机人努力拼搏，已成为中国制造工具刃具磨床骨干型企业和出口基地，主要有万能工具磨床，滚刀、拉刀刃磨床，五轴数控万能工具磨床等七大类30余种数控产品，远销美国、德国、波兰、土耳其和东南亚等国家，同时开展滚刀，拉刀、铣刀等各类高档特种刀刃具的制造与修磨服务。

新中国第一台手扶拖拉机——长江195型

1957年6月，武汉柴油机厂归国华侨黄敏和有关人员，仿照国外小型拖拉机，设计出长江195型手扶拖拉机，年底制成样机，成为国内第一台手扶拖拉机。1958年4月11日，毛泽东主席视察了中国第一台手扶拖拉机。

1984年11月，武汉市政府聘请前联邦德国专家格里希先生担任武汉柴油机厂厂长，成为改革开放后中国第一位引进的"洋厂长"。

新中国第一台手扶拖拉机——长江195型

苏恒泰油纸伞

苏恒泰油纸伞，竹木结构，篾扎纸糊，是妥妥的纯天然环保产品。1864年，湖南人苏文受来汉创业，制作油纸伞。伞骨用湖南茶陵竹子，伞柄用湖南益阳木材，桐油用常德出产，皮纸用陕西郧皮纸，柿油用湖北罗田县出产，制作的苏恒泰伞结实耐用，可用8至12年，驰名省内外。苏恒泰与叶开泰、老九如、牛同兴等10家商号齐名，并称为汉口十大名牌。1928年，在湖北省第一次国货展览会上，苏恒泰油纸伞荣获一等奖。

【共享空间】

民族工业博物馆是硚口区委党校指定的教学基地之一，也是青少年爱国主义教育基地，是硚口重要的文化教育设施。它所拥有的工业遗产，作为一种特殊文化资源，浓缩了硚口工业发展历程，有助于现代城市旅游的延伸和发展，进一步拓展工业旅游，让参观者"零距离"体验传统工业遗产和新兴产业魅力。

（撰稿：姜菲琪）

参观指南：

开放时间：9:00—17:00（周一闭馆）

咨询电话：027-83627532

地　　址：硚口区丰硕路28号武汉新工厂高新技术产业园16栋

交　　通：公交792、548、736、541等路到长丰大道天勤花园站下；公交528路到丰硕路长丰大道站下；公交657路到长升路丰硕路站下

第三篇

杏坛藏珍 纷华照眼

　　高校博物馆是由高等院校主办的博物馆，致力于高等教育及大学文化的发展，具有教学、科研、展览、历史、文化、审美、传承等诸多种功能。

　　作为培根铸魂的重要一环，武汉高校博物馆结合时代的发展和高校专业特色，育人兴教，传播知识，弘扬文化，培育精神，是坚定大学生文化自信、增强民族自豪感、保护与传承中华优秀传统文化的重要途径。随着高校博物馆对社会开放，高校博物馆也成为广大市民获取新知、感悟大学之美的文化殿堂。

珞珈山上的"飞来石"：
武汉大学万林艺术博物馆

武汉大学万林艺术博物馆位于珞珈山西侧，由泰康保险集团创始人、武汉大学杰出校友陈东升于 2013 年武汉大学 120 周年校庆之际，出资 1.2 亿元捐建。由当代著名建筑师朱锫担纲设计，2015 年建成开馆。

万林艺术博物馆整座建筑造型似一块飞来之石，周围绿树环绕，毗邻武大中心湖，傲立珞珈山旁，成为武汉大学新地标，入选"武汉市十大博物馆"，为以山水、园林、近代建筑闻名的"全国最美丽的校园之一"的武汉大学又添了新的人文景观。

【漫步展厅】

"江城多山，珞珈独秀；山上有黉，武汉大学"——万林艺术博物馆为百年学府注入了文化精气，放眼望去，博物馆楼体大半处于悬空状态。外立面用铝合金一块一块人工浇筑、敲打而成，通过光线的漫反射与周围的自然环境相融合，而其凹凸的手工感，像一块从天外飞来的巨大陨石，灵动闪耀，朝气蓬勃。

万林艺术博物馆外观

"珞珞如石"基本陈列　走入馆内，感受自然与生命、考古与文明、文物与艺术的魅力。展览取名"珞珞如石"，出自《老子》，本意是"做人不应只追求样貌耀眼如玉，而应追求思想坚硬如石"，一语双关，既点明了展览以标本化石为主体，又寄寓了武大珞珈学子脚踏实地、自强奉献的坚强精神。

游目骋怀，俯察品类，四个展厅陈列的近两千件种类多样、各具特色的标本及藏品，煌煌大观，让人目不暇接。其中，既有晚清标本世家——"标本唐"存世珍贵动物标本、南极测绘研究中心科考队员从极地带回的动物标本，还有考古专业师生抢救发掘出的珍贵文物，以及师生校友、社会名流捐赠的稀有珍品。

标本是生命的静象，透射出自然的伟大与张力。在中国境内目前记录的鸟类超过1400种，而万林艺术博物馆展出鸟类标本已达到1050种，居全国博物馆之首，是名副其实的"鸟类标本王国"。在"演化与繁荣"展厅，观

"演化与繁荣"展厅近景

众能观察到我国 90% 以上的鸟类品种，鸟类动物标本按鸟类的生活习性，分为林灌精灵、原野影踪、水中居客、湿地珍禽、中国特有鸟类等板块，大到身高超过一般人的鸵鸟，小到只有拇指大小的世界最小鸟类红喉北蜂鸟，每一只都栩栩如生。

在"生命与环境"展厅中有着 100 多件哺乳动物标本，涉及森林、草原、湿地、极地、海洋五种环境的哺乳动物。独具武汉大学特色的，是位于场馆中央的南极动物标本，它们基本上都是来自 20 世纪武汉大学南极科考队收藏的标本。这里还有一些珍稀濒危的野生动物，其中有的已经被宣告灭绝（如白鳍豚），只能通过标本的方式与大家见面，无声述说生态保护的重要性。

在各类动物标本中，两只国宝大熊猫标本格外抢眼，其中的一只坐着的熊猫标本大有来头——它叫"都都"，是世界纪录所载的"世界上最长寿的大熊猫"。从 1962 年出生于成都，1972 年来到武汉，陪伴了武汉市民 27年光阴，于 1999 年在武汉动物园去世，活了 37 岁，相当于人类的 110 岁高龄。睹物感怀，通过"都都"的标本，可以追忆起那段难忘时光。

文物是历史的刻录，缀连出人文的底蕴与沧桑。在"考古与文明"展厅，巡古探幽，穿越古今，你可以聆听武大考古专业师生以手铲与历史对话。考古发现的数百件珍贵文物，静静诉说着先民们从远古到近代的历史变迁。而在"文物与艺术"展厅，鉴赏品读，你可以感悟珍贵文物寓含的人文信息与审美情趣。

【对话文物】

百年文脉，珞珈传薪。万林艺术博物馆馆藏丰富、特色鲜明，既有百年学府历史积累下来的文物、艺术品和动物标本，又有两次"全国十大考古发现"为代表的考古与博物馆学学科成果，还有武大教职工、校友和社会捐赠的藏品，共计 15000 余件（套）。其中一些标本与文物，在收藏领域名列前茅。

"标本唐"制作的岩鸽标本

这件由著名的"标本唐"唐氏家族于 1911 年制作的一只岩鸽标本，距今已有 110 余年历史，是目前全国保存最久的标本。

"标本唐"是一个起于晚清的标本世家，19 世纪末 20 世纪初，我国的标本剥制技术也逐渐发展起来，并形成了各具风格的两大派系——"南唐北刘"。其中，"南唐"便是发源于福州，并在全国开枝散叶的唐氏家族。

"标本唐"第一代是唐春营，第二代代表人物有扎根武汉的唐启秀，他将自己制作的鸟类标本全部捐给了武汉大学。1929 年，唐启秀和儿子唐瑞昌在武汉大学创建了动物标本馆，这是当时中国成立最早、最大的动物标本馆之一。1974 年，武大在理学楼东侧建成全国最大的动物标本馆，由"标本唐"在武大的传人主理，成为武汉大学自然科学历史和底蕴的重要标志。

如今，"标本唐"的传奇经修复完善后，在万林艺术博物馆再次面世，成为该馆基本陈列的重要部分。

赤颈鹤标本

鹤，是美丽优雅的动物，甚至带着不同于世俗的仙气，被人们誉为"仙鹤"。赤颈鹤是珍稀物种，是体型最大的鹤科动物，也是世界上飞的最高的鸟类之一。赤颈鹤一般体长 140~150 厘米，体重约 12 千克。虽然体型较大，但赤颈鹤不显笨重，身姿优雅高贵美丽，长脖子长腿，每一个动作姿态都令人赏心悦目。

我国对赤颈鹤的记载始于 1868 年和 1875 年，英人安德森在云南西部中缅交界处采获两个赤颈鹤标本，还在盈江见到 600 多只的结群，这是赤颈鹤在中国分布的最早记录。此后，国内有关赤颈鹤记录日渐稀少，云南也不见踪迹。长期以来，世界上都认为中国只存在丹顶鹤、黑颈鹤、白鹤、白头鹤、白枕鹤、蓑羽鹤、灰鹤、沙丘鹤 8 种鹤类。这件赤颈鹤标本于 1964 年采集于云南，打破其论断，成为"动物的唯物论证据"。

张大千绘画《宜兰观五峰》

张大千绘画《宜兰观五峰》

张大千（1899—1983），名权，后改作爰，号大千，小名季爰。四川省内江县人，是二十世纪中国画坛最具传奇色彩的人物，被徐悲鸿誉为"五百年来第一人"。张大千对于绘画、书法、篆刻、诗词无所不通，他早期研习古人书画，后旅居海外，在山水画方面卓有成就。张大千的画风工写结合，晚期重彩、水墨融为一体，开创了泼墨泼彩的新风格。

《宜兰观五峰》记录了张大千观赏台北宜兰县五峰山瀑布胜景的场面。画家先以水分充足的淡墨泼染，以墨色的浓淡区分出近山与远山的空间感。墨晕固定后，再以少量不透明的石青色泼在水墨上，任颜料本身轻重或沉或浮，产生不同层次，通过色与墨确定山峦的基本形体。而瀑布则是通过留白的方式巧妙地表现出来，带给人们无穷的想象空间。画中山川秀美、俊逸，流动的雾气中飘动着阵阵仙韵，将一幅人间仙境展现在观者的眼前。

梁启超楷书北宋周清真、孙巨源集句对联

梁启超楷书北宋周清真、
孙巨源集句对联

梁启超（1873—1929)，字卓如，一字任甫，号任公，别署饮冰室主人，是近代著名思想家、文学家。戊戌变法倡导人之一。晚年著述讲学，为清华国学研究院"四大导师"之一。著作宏富，有《饮冰室文集》。

此系梁启超赠其弟子冯永轩的楷书对联，为武汉大学教授冯天瑜先生捐赠冯氏珍藏文物之一。对联文字为："遥山向晚更碧，秋云不雨常阴。"上联题字"永轩仁弟"，"集周清真、孙巨源词"。周清真即周邦彦，孙巨源即孙洙，均为北宋词人。下联记时"丙寅四月"（1926年5月），落款"梁启超"，白文名章"新会梁启超印"，白文闲章"任公四十五岁以后所作"。梁启超常谓"与其学唐碑，不如学六朝碑"，而学

六朝碑，"应以方正严整入手为是，无论做人做事，都要砥砺廉隅，很规律，很稳当，竖起脊梁，显出骨鲠才好"。此联正是其书学观点的写照。

齐白石绘画《螃蟹》

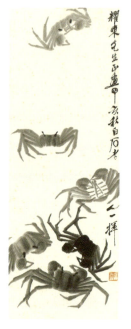

齐白石绘画《螃蟹》

齐白石（1864—1957），原名纯芝，字渭青，号兰亭，后改名璜，字濒生，号白石，湖南长沙湘潭人，是近现代中国绘画大师，世界文化名人。

蟹是齐白石常画的题材，同画虾一样闻名于世。他画蟹之所以成功，是与他对螃蟹的观察、写生分不开的。此幅《螃蟹》作于白石老人83岁时，是他绘画的圆熟时期。画面上的螃蟹虽然只用寥寥数笔，却将蟹壳的质感表现得淋漓尽致，水墨的晕染也恰到好处地表现出螃蟹腿部的细微绒毛。六只螃蟹的布局，上方一只，中部两只，其余三只则处于画面左下方的位置，构图疏密有致，远者施以淡墨，近者以浓墨，无论是空间的把握还是运墨的浓淡都是精心安排，六只螃蟹被刻画得栩栩如生，组合有序，妙趣横生。

【共享空间】

十年树木，百年树人。万林艺术博物馆利用专业优势和馆藏资源，创建学生实践课堂，引进特色临展，开展跨界融合，丰富了多彩多姿的社教活动。

借助基本陈列，有效支撑了学校生命科学类、历史文化类通识课程和专业课程，开设通识课《中华文物品赏》、专业课《陶瓷文物保护》，引导感受中华文化魅力，坚定文化自信。创建学生实践课堂，招收学生志愿服务队，举办"史前工厂""水色童心彩绘一夏""艺彩万林""珍奇万林"等丰富多样的活动，吸引了社会各界及不同年龄层次的学生踊跃参加。

积极开展跨界融合，与人文社会科学研究院、长江文明考古研究院等合办"万里千年——敦煌石窟考古特展"，选为 2022 年国际博物馆日中国主会场系列活动，受到师生和社会观众极大关注和肯定，参观人数达 24 万人，直播及线上观展人数达 260 万人，成为武汉"网红打卡点"，掀起了"敦煌考古热"。

坚持立德树人，以美育人，着力提高广大学生的审美和人文素养。连续举办 20 余场颇具影响力的专题艺术展，成为青年学生走近艺术的窗口与桥梁。自 2015 年开馆起，与城市设计学院深度合作，连续多年为规划、设计相关专业师生提供展示平台，深受师生欢迎。

（撰稿：彭蛟）

参观指南：

开放时间： 9:00—17:00（周一闭馆，法定节假日不休息）

参观方式： 校内师生凭身份证或武汉大学校园卡入馆参观；校内 30 人以上团体请至少提前一天预约；校外人员入校遵照武汉大学校外人员入校相关规定

咨询电话： 027-68756413

地　　址： 武昌区八一路 299 号武汉大学文理学部科技路

扫一扫　关注微信公众号

桂子山上的亮丽名片：
华中师范大学博物馆

华中师范大学博物馆坐落于武昌南湖之滨的桂子山上，始建于 20 世纪
50 年代初期，其前身为华中师范学院历史博物馆，2022 年博物馆新馆建成
并对外开放。始建以来，坚守珍藏历史、传承文明的使命，发挥文物收藏、
展示、鉴赏、研究等功能，为百年学府注入深厚的文化底蕴，不仅是华师学
子及社会各界人士了解学校文化血脉，与中华文明进行对话的桥梁，更是学
校对外展示的一张亮丽名片。

【漫步展厅】

说起华师大博物馆的收藏与陈列，不得不提到国学大师钱基博先生。钱
基博是我国近现代著名的古文学家、教育家，钱钟书先生之父。20 世纪 50
年代，博物馆筹建之初，钱基博担任筹备委员会主席，并领衔具体负责筹建。
在他的带动下，张舜徽、王爱施、朱明庭等校内外知名人士，纷纷慷慨捐赠
个人珍藏，共计 500 余件，其中钱老捐赠了 211 件（玉器 26 件，铜器 80 件，
历代货币 52 件，古瓷 25 件，书法绘画 28 件），极大地丰富了博物馆珍藏，

华中师范大学博物馆外景

并为陈列展览提供了高质量的展品。

钱基博捐赠展厅 览物品风华，书香思前辈。在钱基博捐赠展厅，复原的人物场景，笔墨纸砚等文房用宝，印章、美玉、青铜器、陶瓷等珍奇古玩，穿插名人手迹册页，让观众领略到一代文士的儒雅风流。钱基博不仅是一位国学大师，也是高校最早研究博物馆学的专家之一，他身体力行于博物馆学的研究与实践，在慷慨捐赠的同时，对文物的类别、用途、年代、鉴定等作出说明，并整理成研究资料。在展柜前，当我们近距离地观赏钱基博于20世纪50年代亲笔撰写的《捐赠文物登记册页》《华中师范学院历史博物馆赠品说明书》《华中师范学院历史博物馆陈列品研究报告》时，睹物思人，能真实感受到老一辈学人严谨治学的态度与精神。

器物珍藏展厅 上下五千年，文物吐华章。走进器物珍藏展厅，宛如置身精品文物长廊，从新石器时代到民国的历代文物各放光辉，美石、秀玉、古陶、珍瓷、青铜器、佛造像、铸钱、织锦、鼻烟壶，形态多姿，古色古香，寄托着不同时代人们的生活需求和审美趣味。

书画珍藏展厅 书画是中华民族传统的文化瑰宝，书画精品内涵丰富、博大精深，蕴含着丰富的历史文化审美价值。在书画珍藏展驻足，丹青流韵，翰墨飘香，唐代《敦煌石室写经长卷》，明代《陆治人物图轴》，清代《马荃花卉长卷》《莲溪东方朔献寿图轴》《王翚山水图轴》《苏六朋东坡游赤壁图轴》《仿唐寅钟馗打鬼图轴》等精美佳作，悦人眼目，美不胜收。

【对话文物】

华师大博物馆历经近 70 年的建设和积累，目前收藏有近 2 万件藏品，时代跨越新石器至夏商周，历汉、唐、宋、元，迄于明、清、民国，涵盖石器、玉器、铜器、造像、陶瓷、书画、印章、钱币等等多个门类，其中珍贵文物243 件套。一些代表性文物，蕴含着独特丰富的人文信息，散发着独特魅力。

唐敦煌石室写经长卷

长卷为佛教经卷，属于敦煌遗书的一部分。敦煌遗书，是指在甘肃敦煌莫高窟发现的 4 至 11 世纪多种文字的写本和印本、拓本文献，誉为"中国中古时期的百科全书"。发现之初，大量文献都被西方著名的探险家斯坦因、伯希和等捆载而去，分布在世界十几个国家的图书馆和博物馆。

馆藏长卷是佛教经典，卷首写有"金光明最胜王经善生王品第二十一"，卷尾写有"金光明经卷第九，三藏法师威仪"。《金光明经》又名《金光明最胜王经》，在开阐如来秘密心髓、忏悔业障、积聚福德资粮以及弘扬

唐敦煌石室写经长卷（局部）

佛法、护国利民等方面，具有无比殊胜的功德。长卷历经千年，仍保存完好，全卷无缺损虫蛀，干净整洁，实属难得精品，具有很高的文献价值、史料价值。卷面字体笔力苍劲稳重刚劲，舒展自然，具有很高的书法价值。

长卷是张舜徽先生于1953年建馆时期捐赠。张舜徽是中国现代著名历史学家、文献学家，出生于湖南沅江的书香世家，新中国成立后在华师执教40年之久，曾任中国历史文献研究会首任会长，是新中国第一位历史文献学博士生导师。一生完成学术著作24部，共计800万字，其学术著作全部由毛笔撰写完成。

两湖书院课卷遗存

两湖书院是湖广总督张之洞于光绪十六年（1890）在湖北武昌所建的书院，院址在营坊口天符庙及都司湖一带（今湖北医学院附一医院、老住院部、

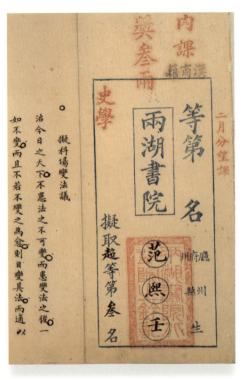

两湖书院课卷遗存《拟科场变法议》（局部）

武汉音乐学院等地）。甲午战争后，两湖书院除旧布新，培养目标发生转变，突破了旧学的桎梏，大胆引进西学，教学理念的转变直接引起了课程设置、教学管理体制的变革。两湖书院的变革，也宣告了湖北地区旧时教育向近代教育的过渡。

两湖书院招收湖南、湖北两地的学生，按籍贯分配相应比例。学生学习课程，初期有经学、史学、理学、文学、算学、经济学6门，后取消理学、文学、经济学3门，增设舆地学、兵法、格致、体操等。学生成绩的考核分为月考和大考两种：月考在每月月中和月末各一次，大考则每半年一次。月考后，成绩等级依次分为超等、特等、平等，并按等级发给学生对应的奖银。

馆藏《两湖书院课卷遗存》共计19卷21册，多数为范熙壬考试所写，从中抽取四份课卷，卷首题字相关信息为：

《拟科场变法议》卷首题有"二月份望课""内课汉商籍""奖三两""两湖书院""范熙壬""史学""拟取超等第三名"等文字；《书〈元史·食货志〉后》卷首题有"六月份朔课""内课汉商籍""特等第四名""汉阳府黄陂县附生""奖一两五钱""两湖书院""范熙壬""史学""拟取特等第四名"；《唐平高丽百济水陆用兵考》卷首题"七月份朔课""内课汉

商籍""汉阳府黄陂县附生""奖一两五钱""两湖书院""范熙壬""史学""拟取特等第三名";《张浚论》卷首题"三月份朔课""内课汉商籍""特等第二名""汉阳府黄陂县附生""两湖书院""范辂""史学""拟取特等第二名"。

从卷首这些信息,可看到考试时间、籍贯、学科、名次奖励等信息,课卷具有非常高的史料价值。课卷均小楷写成,字体俊秀遒劲,卷面整洁干净,赏心悦目。有些文字旁有大量的小圆圈、黑点,据了解单圈的作用是断句,相当于逗号和句号。黑点和双圈是为了标注重点。连续圆圈是表示赞赏。

这批试卷由肄业于两湖书院的学生范熙壬所藏,他是湖北黄陂人,近代追求中国复兴之梦的先驱之一,民国政要。辛亥革命爆发后,热情支持共和制,任湖北都督府总务科秘书。1913年以高票当选众议院议员,此后参与议会运作,为推行民主法治而不遗余力。1924年冬,以议会领袖身份赴天津迎接孙中山北上。20年代初,经李大钊介绍,秘密加入中国共产党。2022年,华师音乐学院教授、范熙壬外孙女张昌年及其丈夫俞汝捷,郑重地将珍贵的19卷课卷遗存捐赠给博物馆。

【共享空间】

百年学府,桂子芳华。华中师大博物馆不仅是展现校园文化的重要平台,更是学校对外交流和展示的窗口与平台。凭借天然的学术优势,博物馆招募大学生志愿讲解员,开展各项社教活动,为高校师生、社会公众提供良好的观展平台。

传承学校文化与历史,打造高校美育建设。博物馆每年都会在校内招聘志愿讲解员,除了各院系的本科生,还有历史文化学院、文学院、教育学院等院的硕士研究生。讲解员团队拥有较高的文化素养和专业知识储备，能专业地服务各类观众群体。长期以来，除了满足本校师生的需求，还接待了全国各地包括港澳台等地区的大中小学生团体、教师培训团、高校专家学者等，大学生志愿讲解员得到观众一直赞赏。

（撰稿：罗松）

参观指南：

开放时间：9:00—11:30，14:00—17:00（周六、周日闭馆）

参观方式：凭校园卡或身份证刷卡入馆参观；团体请提前至少一天通过博物馆微信公众号预约

咨询电话：027-67866100

地　　址：武汉市洪山区珞喻路 152 号华中师范大学内文科教学科研综合楼三、四楼

交　　通：公交 804、715、518、59、510 等路至广埠屯站下，从华师北门进入校园

扫一扫　关注微信公众号

大自然馈赠的珍宝：华中农业大学博物馆

华中农业大学博物馆位于风景秀丽的武汉南湖之畔、狮子山麓，筹建于2006年，2010年初对外开放。馆内收藏自然标本近30万份，集农业教学、科研、科普于一体，堪称"自然标本王国"。展陈以自然与生命为主题，既展现大自然的鬼斧神工、绚丽多姿，又体现人与自然和谐相处。对生命的尊重与敬畏，既体现了华农雄厚的办学实力，亦揭示了学校深厚的历史积淀和人文底蕴。

华中农业大学博物馆外景

【漫步展厅】

博物馆基本陈列，以"生命科学"为核心展示内容，分为"蛩鸣蛱趣（昆虫）""野性自然（野生动物）""温驯家园（畜牧兽医）""本草芳华（植物）""大地宝藏（土壤地矿）"等多个专题。徜徉其间，如同进入奇异的自然世界，在人文与自然交融，时间与空间交错间，可以在文化传承积淀之中，仰望先民的智慧与精神；在天地玄黄洪荒之间，敬畏生命的荣耀和尊严；在蓝色星球沧海桑田的大幕下，静静地咏叹人类文明与自然历史相互交织演化、共同谱写的一曲荡气回肠的悲喜长歌。

"蛩鸣蛱趣"展厅　以展板和实物标本的形式，向大家展示昆虫世界的绚丽多彩。所谓"蛩"，意为蟋蟀，如岳飞《小重山》中"昨夜寒蛩不住鸣"。所谓"蛱"，意为蝴蝶，如杜甫《曲江》中"穿花蛱蝶深深见，点水蜻蜓款款飞"。"蛩鸣蛱趣"描绘出的就是这样一幅昆虫世界的生动画卷。

蝴蝶是昆虫里最美丽炫目的类群，展厅展示了我国唯一列入国家一级保护动物的蝴蝶品种——金斑喙凤蝶，为我国特有的极珍稀蝴蝶，被世界蝴蝶学者誉为梦幻中的蝴蝶。此外，展厅还收集了黑脉金斑蝶、多尾凤蝶、绿鸟翼凤蝶等其他多个国家的"国蝶"，让公众可以一饱眼福。

"野性自然"展厅　主要以各类标本展示野生动物及其生存环境的多样性，而生物多样性是地球生命的基础。我国生物特有珍稀属、种多，动植物区系起源古老，物种繁多，是生物多样性最丰富的国家之一。展厅收集了包括中华鲟、虎纹蛙、扬子鳄、金雕、白掌长臂猿等国家重点保护动物在内的数千件珍贵标本，为广大观众营造了一个真实、多姿多彩的野生动物世界。

在该馆收藏的珍贵标本中，制作年代最久远的一批，可追溯至新中国初期，如闻名天下的"武昌鱼"——团头鲂，其标本不仅完好保存至今，更因其为原华中农学院水产系主任易伯鲁教授于1955年发现并定名而意义非凡。

"温驯家园"展厅　主要展出家禽家畜标本，不仅在国内属首创，收集的种类也比较齐全。特别值得一提的是，收集了许多师生在教学和科研过程中制作的骨骼标本、浸制标本、原色标本、透明标本、器官血管灌注标本和剥制标本。同时，展示了家禽家畜及养殖经济动物的系列剥制、解剖、浸制标本及中国传统兽医学相关诊疗手段、病理切片、畜牧兽医学中草药标本。

"大地宝藏"展厅　以实物标本、展板及电子沙盘展示各类土壤标本、土壤资源概况和各类矿物岩石标本。岩石与矿物是这样一些奇特的载体，它们记录冰河时代，记录地球表面的沧桑变化，记录地球诞生以来的所有地质信息。它们是时光的胶囊，包裹着亿万年前一直到今天地球经历的风霜与长烟。随手捡起一块，抚摩着它的粗糙和起伏，仿佛看见它从火山烟尘里浴火而出，仿佛看见它随泛滥的河流翻滚，仿佛看见它静静斜躺在湖畔的泥沙里，仿佛看见一只三叶虫正从它上面爬过，仿佛看见一只小恐龙踩过它跑进丛林。

中国地形地貌电动沙盘模型，集现代声、光、电等高科技于一体，直观反映我国土壤形成因素和土壤分布状况，为博物馆又一特色。此外，还展示了全国各地的土壤，农业土壤和世界范围内的岩石、矿物、地质构造、古生物化石等标本。

"本草芳华"展厅　以展板和植物精制标本的形式，展示植物的进化历程、植物多样性、世界珍稀濒危植物、中国传统名花以及华中地区常见园林栽培植物。

如果说动物展厅呈现一幅小型生态图，那么植物展厅则演绎着植物生命历程的不同形态。在"春华秋实"展区，从各类植物种子里，感受春天播种的希望和秋天收获的满足；在"立木年轮"展区，透过木材侧切面，看到植物生长所经历的阳光雨露；在"根深叶茂"展区，了解叶片的生理功能，重温光合作用的原理；在"品茗千年"展区，品绿茶、白茶、黄茶、青茶、红茶、黑茶的不同清香。你还可以学习树干的构造，认识四种名贵木材。降香黄檀的木屑泡水可降血压、血脂；紫檀制作的器物不需要油漆表面，就可以呈现出缎子般光泽；鸡翅木有微香气，木材心材的弦切面有鸡翅（"V"字形）花纹，深受文人雅士喜爱；铁力木是木质最坚硬的一种树，可供军工、造船、建筑、特殊机器零件之需要，也可供制作乐器、工艺美术品之用。

【对话文物】

在地球这个古老的蓝色星球之上，宇宙的天幕之下，历经过多少沧桑变迁，诞生过多少自然的精灵。标本，它定格住了一个个生命创造的奇迹，使之得以穿梭时空与我们相遇。

华中农业大学博物馆丰富的标本资源，是师生几十年来收集、制作、保存下来的，它们承载了老一辈华农人的心血与智慧，也见证了华中农业大学的办学历史。陈列的植物标本、动物标本、昆虫标本等自然类标本，从微生物到植物、动物，展现了生命波澜壮阔的自然演化过程，追溯着人类农业文明历程的筚路蓝缕和取得的辉煌成就。

蒙古马标本

一具高大的蒙古马干制标本，是博物馆的"镇馆之宝"之一，也是馆藏最早的标本之一。站立的烈马一侧外貌完整；另一侧则"开膛破肚"，深层肌肉、内脏器官以及血管神经分布一目了然，很有视觉震撼力。标本制作于1964年，当时华农技术还不成熟，只能在寒冷干燥的地方制作标本。而这

蒙古马干制标本

匹马的标本，是华农动科动医学院的林凯老师在内蒙古历时 8 个月制作完成的，弥补了学校标本的一个空缺，一直保存至今。

在蒙古马干制标本的旁边，有一具牦牛骨骼标本，也是来之不易。它原是 2008 年从西藏运来的一副鲜活牦牛骨块，后由学校相关专业老师亲手制作，历时近一年，于 2009 年制作成功。

中华鲟标本

两条中华鲟标本静静"躺"在玻璃窗内，但身躯依然饱满，似有无限活力，足以令人畅想其在长江中畅游的景象。

中华鲟是我国一级保护动物，其标本当是"镇馆之宝"，也是博物馆标本的大物件。中华鲟最早出现于 2 亿 3 千万年前，素有"水中大熊猫"之称。这两条是雌性中华鲟，体重皆超过 300 公斤，但这还不算是个头最大的。长江流域的渔民间流传着这样一句谚语："千斤腊子万斤象，黄排长大不像样"，其中"腊子"指的就是中华鲟。

这两条中华鲟的来历很值得一提，它是 1992 年渔民非法捕杀、渔业部门没收后送给华农的，之后由陈喜群老师制作成标本，以供学习和参观。

中华鲟曾是恐龙的邻居，为白垩纪残留至今最为古老的现生鱼类之一，仅中国独有，也是世界 27 种鲟鱼中最珍稀的一个物种。但是由于环境污染、过度捕捞等因素，严重影响了中华鲟的洄游路线和繁殖场所，种群数量急剧减少，并濒临灭绝危险。

中华鲟标本

武昌鱼标本

在中华鲟旁边，还有一个对华农人极具纪念意义的物种——团头鲂，即大名鼎鼎的武昌鱼，它是由华农水产学院创始人之一的易伯鲁教授，在1955年命名的鱼种，也是新中国成立后命名的第一尾鱼。

这条武昌鱼标本，20世纪50年代由华农师生采集自梁子湖，其制作者已无从考证。但它是馆藏中制作最早的标本，更是目前全国唯一的武昌鱼"模式标本"。也就是说，它是辨别和鉴认是否"武昌鱼"的唯一标准。另外，此类鱼营养丰富，味道鲜美，老少皆宜，已成为湖北武汉的旅游特产。

武昌鱼是极具纪念意义的本地物种，那么"湖北白猪"也不得不提。博物馆珍藏着赫赫有名的"六个一"中的"一头猪"标本。"湖北白猪"瘦肉率极高，由华农熊远著院士培育并命名。在2001年首届湖北种猪拍卖会上，一头90多公斤的种猪拍出15.5万元的高价。此外，博物馆收藏的虎凤蝶、东北虎、北极熊、银杏、红豆杉等珍稀特色标本极具研究价值。

【共享空间】

亲近自然，感悟生命的神奇与奥秘。华农博物馆收藏及展示的自然标本，通俗直观，视觉冲击力强，深受公众尤其是学生的喜爱。为此依托自然藏品，开展巡展、志愿服务等多种公益活动。

深入自然，了解稀有生物的进化之路。"鳞贝化生之路"巡展，从掘足纲与多板纲到头足纲，从无颌鱼到辐鳍鱼，让学生沿着鱼类以及贝类进化之路，近距离地接触平时很少见到的动物。从多样的标本中，体验自然生物进化的"长征"之路；在深入浅出的科普参观与讲解中，学习鱼类与贝类进化基础知识。以此，扩大科普知识面，提高自身科普素养，不仅培养了学生串联思考的能力，更是激发了学生对于科学的兴趣。

关爱自然，共享科普阳光。华农蓝色精灵志愿服务队（简称"蓝色精灵"），是全国首支带有科研性质的大学生江豚保护志愿者团队。2022 年，博物馆走出高校与"蓝色精灵"联合举办"移动博物馆，科学零距离"校园巡展，将生物知识带入武汉中小学校，让学生真切感受到鱼类、贝类等软体动物的美丽，唤起人们对这些大众关注之外的动物的保护意识。

（撰稿：王若颖）

参观指南：

开放时间：工作日 14:30—17:30；节假日上午 8:30—11:30，14:30—17:30

咨询电话：027-87281019

地　　址：洪山区狮子山街特 1 号华中农业大学校内

交　　通：公交 571、576、591、567 等路至珞狮南路华中农大站下

扫一扫　关注微信公众号

南湖之畔的钱币宝库：
中南财经政法大学中国货币金融历史博物馆

中南财经政法大学中国货币金融历史博物馆（以下简称金融博物馆），濒临美丽的南湖之滨，是武汉地区收藏、展示、研究货币及金融史料的高校专题博物馆，于 2004 年 6 月建成对外开放。

金融博物馆收藏有中国各个时期的代表性货币、晚清民国至当代的金融票据，以及当今世界百余个国家（地区）的纸币，堪称世界钱币博览会。各种珍贵的货币金融文物荟萃于此，展示了人类经济文明的壮阔历史图景。

【漫步展厅】

有人说，美好的建筑如同优美的音乐，让人驻足聆听，而金融博物馆不仅仅是音乐，她就像是充满记忆的历史长卷，向你讲述中国货币 4000 多年的源远流长，世界货币的绚烂绮丽；她更像是温馨的家园，储藏着一代又一代中南大学子的精神寄托。

她古朴——不到 700 平方米的展厅里，用九曲回环的空间折叠术布局展柜，尽可能地拓展陈列展示空间，并辅以七块一贯到底的玻璃幕墙将有限

中国货币金融历史博物馆大门

的空间分隔出七个相对独立的展厅，以时间为轴，顺时针方向分布，周正典雅。整个博物馆以深褐色为底色，烘托出厚重的历史底蕴。

她朴素——展厅内除了展柜就是玻璃幕墙，幕墙用纵深感和折叠术让你体悟她的古拙，她还印满了琳琅满目的古今中外货币十分素雅。

她艺术——在七个展厅的玻璃幕墙上，正反面都可以看到与该展厅展出文物高度契合的各种艺术海报，或浓墨重彩介绍某一重点货币藏品，或用艺术的手法烘托表现该展厅所处的历史时代背景，或重点展示货币文物上突出的湖北、武汉地方特色，如楚天名胜在货币上的风采、中外合办银行在汉口租界发行的钞票等。更有入口处以开元通宝、楚大布造型的灯具，以及整个序厅墙布，营造出的"丝路泉踪——'一带一路'货币特展"海上丝绸之路与陆上丝绸之路节点的地理风貌。

她科技——无论是序厅集成了200余件精品藏品的百路得魔墙、配合不同时期宣传要求的海报机还是展厅内的沙盘装置、投影、一体机等都彰显着这所高校博物馆的科技因子。

她开放——开放办馆，自2007年开始就与湖北省博物馆一起，成为全国首批免费对社会公众开放的高校博物馆。每年的五月科技活动周以及九月全国科普日活动，金融博物馆还积极参与，投身科普事业，主动担责。让公众共享祖先留给后人的文化资源，这是金融博物馆一贯秉承的办馆理念，也是博物馆存在的理由。

开馆伊始，集"文化景观、教学设施、科研机构"等多重功能于一体，担负起教学科研设施和实习基地的使命，成为全省乃至全国兄弟院校相关专业的重要合作人文基地。

展厅分"中国古代货币""苏区和边区货币""人民币""证券史料""中国银行分支机构所在地货币""'一带一路'国家（地区）古今货币""红色金融""起义军货币""花钱"等十几个专题进行陈列。举办的"中国历代货币"基本陈列与"丝路泉踪——'一带一路'货币展"展览，展示了中外货币从古至今的发展历程。

一部货币史犹如一部政治史，一部经济史，一部社会发展史。走进金融博物馆，不仅能看到货币文化的发展和历史，还能感受艺术内在的审美力量和精神衍生。在钱币的世界里，在方圆乾坤中，当您翻开其中每一页的瞬间，就像进入时间隧道的行程，既可以了解历次朝代政权盛衰兴亡的更迭轨迹，更可以看到中华民族悠久文化的光荣传统，自强不息的民族精神和人民的聪明才智。

【对话文物】

金融博物馆收藏有古今中外货币、经济票据等藏品5000余件，其中国家二级文物1件、三级文物30件。展出的文物中，商代包金贝、战国"郢爯"金版、西汉一刀平五千铜币、唐代得壹元宝铜币、元代至正之宝权钞铜币、明代泰昌通宝折五铜币、大明通行宝钞纸币、清代粤汉铁路借款债券、民国鄂东南工农兵银行纸币等均存世稀少，具有重要的历史与文物价值。

明代泰昌通宝折五钱

明代泰昌通宝折五钱

明代泰昌通宝折五钱，为圆形方孔，铜质，通体深黑色包浆，双面内外有郭，正面为钱文"泰昌通宝"，钱文对读，字体近宋体，粗壮厚重，遒劲有力，背面穿口上方为坤卦图样。

"泰昌"是明光宗朱常洛的年号，"折五"即这枚钱的面值折合 5 枚小平钱。中国历代的方孔铜钱随处可见，泰昌通宝小平钱存世亦不少，但"折五"面值的泰昌通宝大钱目前却仅发现这一枚，世所罕见，故能当之无愧地成为博物馆的"镇馆之宝"。

这枚钱的年号"泰昌"是明代第十四位皇帝明光宗朱常洛的年号。朱常洛是明神宗万历皇帝朱翊钧的长子，生于万历十年（1582），由宫女王氏所生。因生母出身微贱，万历皇帝对其十分冷淡，并有意立郑贵妃之子朱常洵为太子。朝中上下纷纷猜疑，皆上奏请立朱常洛为太子，由此引发了长达十余年的"国本之争"。直至万历二十九年（1601）皇帝才立朱常洛为太子，立朱常洵为福王，但"国本之争"却加深了朝廷内外的分裂与斗争，为明末乱世埋下了祸根。

万历四十八年（1620）七月万历皇帝驾崩，朱常洛即位，改元泰昌。然而即位后没多久就一病不起。鸿胪寺丞李可灼进献了据称可治病的红丸。泰昌帝服用后病情迅速好转，三天后又服下了一粒，却于次日凌晨暴毙。这就是"明末三大案"中的"红丸案"。

泰昌皇帝在位期间没有来得及铸造年号钱，现存的泰昌通宝铜钱，皆由其子朱由校即位后于天启元年（1621）补铸，以小平钱为主，即一文钱，存世较多。亦有直径较大、大如折二钱的宽郭大样钱，较为少见。相当于五枚小平钱的折五钱，目前仅发现博物馆"镇馆之宝"这一枚，经著名钱币收藏家、上海博物馆原钱币主管孙仲汇鉴定为真品，堪称孤品。2001 年 8 月，这枚泰昌通宝折五钱被镶嵌在《武汉商报》报头"商"字之中。2003 年 8 月，又被收入中央电视台拍摄的《中国钱币史话》大型电视历史纪录片。来博物馆参观的游客，无不在这枚钱币的展柜前驻足端详，透过这枚小小的"孔方兄"，回味 400 年前那段曲折离奇的历史。

清代粤汉铁路借款债券

清代粤汉铁路借款债券

在珍藏的众多金融票证中，最为珍贵的是清代粤汉铁路借款债券，它是 1900 年清政府为修建粤汉铁路向外国借款而发行的。这件粤汉铁路借款债券，分为债券与息票两个部分，债券正面印有面额、利率、编号、借款事由、借款抵押等，下方中央为借款方代表"大清国督办铁路大臣"盛宣怀的签名，左侧钤印"督办铁路总公司事务大臣之关防"，右侧钤印"大清钦差出使大臣关防"。息票剩余 1935 年 9 月至 1950 年 5 月的部分，每张面额 25 美元，每半年取息一次，印有面额、编号、取息办法及盛宣怀的签名。

粤汉铁路即广州至武昌的铁路，也就是京广铁路长江以南的部分，它诞生于风雨飘摇的清朝末期。甲午战争的失败，沉重打击了清政府的统治，朝中的洋务派纷纷要求兴修铁路以求自强，于 1897 年成立了官督商办的铁路总公司，总管全国铁路的建造与运营，向社会募集商股。但商股认购者寥寥，铁路总公司遂转而向外国借债，吸收西方列强的资本输出。1898 年，盛宣怀代表铁路总公司，与比利时签订了《卢汉铁路借款合同》，借款 450 万英镑，用以兴建卢沟桥至汉口的铁路，即京广铁路长江以北的部分。比利时及其背后的法、俄列强，抓住洋务派急于建成铁路的心理，利用清政府缺少近现代经济与法律常识的缺陷，通过借款攫取了大量不合理的利益，如九折实付、以铁路及车辆及运营进款等为担保、借款还清前铁路运营由比利时公司代理、每年余利 20% 酬给比利时公司等。卢汉铁路借款，奠定了清末以路权为抵押举外债修铁路的基本模式，此后的正太铁路借款、沪宁铁路借款等均如是。

卢汉铁路开建，南半段的粤汉铁路也就提上了日程。1898 年，驻美公使伍廷芳，代表盛宣怀与美国华美合兴公司草签了粤汉铁路借款合同，借款 400 万英镑，九折实付，年息五厘，期限 50 年，以铁路作抵押，未还款期间铁路运营由合兴公司代理，余利 20% 归合兴公司。1900 年又正式签订了粤汉铁路借款详细合同，将借款增加至 4000 万美元，同时规定合同不得转让他国。孰料不久后，合兴公司股票滞销，资金筹措困难，遂暗中将三分之二的股份卖给比利时人，董事也大多换由比利时人担任。美方的违约引起了国人的反感，官民一致要求废除合约，争回铁路自办权。经过多轮博弈，1905 年，中美签订了收回粤汉铁路美国合兴公司受让合同，规定原合同作废，铁路收回，但需支付"补偿费"675 万美元。至此时，合兴公司仅修建了广州至三水的铁路支线 48.9 公里，主线均未动工。

而收回自办的粤汉铁路，在数年后更是引发了改天换地的辛亥革命。粤汉铁路收回后由粤、湘、鄂三省分办，截至 1911 年共修建了 156.7 公里，占线路总长的 21.6%。1911 年，清政府宣布将各省自办的铁路干线"收归国有"，同时签订了湖广铁路借款合同，向英、法、德、美借款修建川汉、粤汉铁路，再次将铁路利权让与外国。这引起了轰轰烈烈的"保路运动"，朝廷派湖北新军入四川镇压起义，导致湖北兵力空虚，武昌起义趁势而起，清王朝随即土崩瓦解，走向灭亡。

1900 年发行的粤汉铁路借款债券，面额有 500 美元和 1000 美元两种，博物馆珍藏的这份为 1000 美元。粤汉铁路借款债券发行时间短，存世较少，时至今日已不多见。这份不仅面额大，而且保存了编号相同的债券与息票两个部分，更为珍贵，在第一次全国可移动文物普查中定为国家二级文物。这份债券背后隐藏的那段近代屈辱历史，更令人唏嘘感叹。

【共享空间】

博物馆举办财经特色的系列研学活动，开展"财法学堂""泉境谈珍""小小银行家""青少年财商训练营"等各类社教活动，为高校学生和社会公众了解钱币金融文化，提供认知窗口。其中寓教于乐的"泉境谈珍""财法学堂"，深受学生及家长的欢迎。

"泉境谈珍"为博物馆于每年国际博物馆日前后，结合当年的主题，举办的线下博物讲解大赛与线上摄影大赛，用以展示学生讲解员的风采，启迪学生善于发现美、展示美。

"财法学堂"于 2017 年面向中小学生推出，以家庭为活动单位，通过科普参观、讲解展示、设计未来货币及虚拟拍卖趣味活动，使参与的亲子家庭身临其境，开阔眼界，增长知识，激发孩子的想象力与创造力，提高孩子的理解与表达能力。

（撰稿：黄丽、毛智周、马兴惠）

参观指南：

开放时间：8:00—17:00（法定节假日及寒暑假闭馆）

咨询电话：027-88387113

预约参观：校内师生通过企业微信"码上办"中"图书馆""中国货币金融历史博物馆"预约平台预约；社会公众通过官网或微信公众号"中南大泉馆"进行团队或个人预约

网　　址：https://museum.zuel.edu.cn/

地　　址：武汉市东湖新技术开发区南湖大道 182 号

交　　通：公交 590、538、583、811、327 等路到茶山刘站或东山头站下

扫一扫　关注微信公众号

地质世界的科普殿堂：
中国地质大学逸夫博物馆

中国地质大学逸夫博物馆位于武汉市东湖之畔、南望山麓的中国地质大学（武汉）西区南侧，是国家二级博物馆和首家被认定的国家 AAAA 级旅游景区的高校博物馆。

逸夫博物馆依托学校特色学科而兴建，主体建筑落成于 2003 年，融合了地质学、仿生学和天文学诸元素，曾获湖北省优秀建筑设计一等奖，现已成为武汉东湖风景区亮丽的地质科普景观。

【建馆回眸】

逸夫博物馆的建设，与新中国高等地质教育发展同步。它的前身为成立于 1957 年 10 月 8 日的北京地质学院（地质）陈列馆，首任馆长为我国工艺岩石学开拓者、著名工艺岩石学家苏良赫教授。

新中国成立初期，因为高等地质教育工作的实践性很强，教学时学生需要实际接触、观察鉴定矿物、岩石、生物化石和矿产等标本实物。当时，除了从北大、清华等校转交过来的部分典藏地质标本外，学院还利用野外教学

中国地质大学逸夫博物馆外景

实习，特别是科研工作的机会，发动师生在全国各地采集地质标本。到 20 世纪 60 年代中期，陈列馆已达到相当规模。

20 世纪 70 年代，学校南迁武汉后，由于恢复和发展高等地质教育的需要，1982 年 11 月，重建后的武汉地质学院博物馆开馆。1988 年夏，博物馆首次在汉口原武汉展览馆举办"中国大型恐龙展"，深受广大市民喜爱，一时轰动三镇，每天接待观众近 4000 人次。2001 年博物馆新楼建设启动，2003 年建成开放。

【漫步展厅】

作为自然类地质科学专业博物馆，逸夫博物馆设有多个专题展厅，陈列着反映地球 46 亿年沧桑巨变，以及地球生命 38 亿年进化历史的各种矿物、岩石、珠宝玉石、古生物化石及矿产地质标本等。可以说，博物馆展览的每一块石头，都包含有一个生动而悠远的故事，既记载了地球的沧海桑田，也反映了人类探索地球奥秘、征服自然的科学进步历史。

想了解人类居住的星球，进入"行星与地球"展厅，你可以沉浸在浩瀚星空中，感受着从宇宙到地球大自然的鬼斧神工，领略到地球 46 亿年的沧桑历史。在这里，你可以通过影像技术，生动而形象地"看见"太阳系八大行星的运行关系。光电技术制作的地球结构模型，可以让你直观了解地球的结构，领略直径 1.5 米、与黄道面呈 23.5 度夹角倾斜旋转的磁悬浮地球仪的风采。在形态逼真的溶洞里，感受大自然的奇妙，亲身体验人造地震平台所带来的大地的颤动。在各种现代化展示手段中，去真实感受地球的神奇博大与大自然的气象万千。

在"生命起源与进化"展厅，以承载了生命印记的古老化石为线索，引导展现了地球上生命的进化过程。在这里，你可以了解到约在距今 38 亿年的太古宙初期，就产生了具有遗传复制和新陈代谢能力的原始生命，实现了有机生命的无机诞生，生物界自此开始经历由单一到多样、低级到高级、海洋到陆地的进化过程。

"矿物岩石展"像一册用矿物、岩石标本写就的教科书，展示了矿物之美，也揭示了矿物与岩石的关系。

"珠宝玉石展"突出展现大自然馈赠给人类的宝物，珠宝界的"五皇一后"雍容华贵，玉石世界古老而神秘，有机宝石生机盎然，争着向观众述说着大自然造物之神奇。

"矿产资源展"介绍了与人类衣食住行息息相关的矿产资源，因为矿产资源的未来关系到人类的未来，而伴随着科技的发展，人类能源的未来还有着无限的可能。

"张和捐赠化石专题展"是博物馆中最"年轻"的展厅。2007 年，中国古脊椎动物学会理事、中国地质大学（武汉）客座教授张和捐赠了 260 余件珍贵的古生物化石，为大众揭开了辽西这个誉为"世界古生物化石宝库"的神秘面纱。

【对话文物】

逸夫博物馆收藏及陈列的精品标本近 3000 件（套），其中 100 平方米的化石幕墙、似花非花的海百合化石、精美绝伦的各色宝玉石、五光十色的矿物，以及恐龙骨架、恐龙足迹化石等，承载着亿万年地球生命的记忆，为观众讲述着自然与生物的神奇故事。

"远古生命足迹"遗迹化石幕墙

走进逸夫博物馆前厅，首先映入眼帘的便是一块面积达 100 平方米的"远古生命足迹"遗迹化石幕墙，向每一位参观者诉说着 2 亿多年前生命演化的精彩故事。

若不注意看，会以为这是一面十分普通的由一块块长方形石砖拼成的石墙。其实，这块石墙是一块完整的"龙"足迹和鱼类游迹为主的遗迹化石。化石幕墙右边那条规矩的正弦曲线，是当时鱼游动时鱼鳍扫出来的痕迹；下边一道道弯曲的线条，是无脊椎动物在水底爬行觅食时留下的；左边大量的爪子印，则是四足动物留下的足迹。

这块化石幕墙标本，极大地丰富了我国晚三叠世足迹的资料。2 亿多年前的晚三叠世，是脊椎动物演化的关键时期之一，恐龙就是在这个时间开始登上历史舞台。因此，化石幕墙足迹化石标本，又是解密晚三叠世关键时期脊椎动物演化、组成和行为的重要资料。

这块化石幕墙由地大教师卢宗盛，1998 年发现于我国陕西省北部，整整花了 5 年的时间才将其挖掘出来。虽然这块化石只有 5 到 10 多厘米厚，上面却覆盖了 20 到 30 米厚的岩石，将这些岩石从化石表面剥离开来并非易事。化石层剥离出来后，又将其分解成 60 多块，每块重达 400 公斤左右，依靠人力将其抬到马路上交付运输。化石散块及附带物总重量接近 100 吨，全部到达博物馆后又耗时三年，才将这块高 7.2 米、宽 13.9 米、由 60 多块化石组成的幕墙拼接完成，完整展现在观众面前。

黑龙江满洲龙化石

黑龙江满洲龙

黑龙江满洲龙是恐龙家族中的晚辈，生活在 6700 万年前的白垩纪末期，是一类以植物为食的素食恐龙。它们那两条巨大的后腿与长长的尾巴，构成一个类似于三脚架的装置，足以支撑其笨重的躯体。前肢短小，可以用来抓取树上的枝叶。高昂的头上，有着一张扁平的类似鸭子的嘴，还长着数百颗小牙齿。这些牙齿呈细小的棱柱形，一层层地镶嵌排列，数量多达上千颗，是所有恐龙中牙齿最多的一类。

黑龙江满洲龙是在中国被发现的第一种恐龙化石，也是中国最早被科学命名的恐龙化石。发现黑龙江满洲龙化石的地方，在黑龙江省的北缘——嘉荫龙骨山，这里曾是恐龙生活的乐园。

1902 年，黑龙江沿江两岸的地层，由于江水的长期侵蚀，埋藏的恐龙化石陆续暴露了出来。当地渔民发现这些化石的消息不胫而走，吸引了对岸的俄国军官前来调查并采集化石。1915—1917 年，俄国地质学家连续到我国进行了大规模考察和发掘，对采到的化石进行修理并配上石膏模型装架，陈列在圣彼得堡地质博物馆里。经地质学家研究认定，这是在中国发现的第一具恐龙化石，因为它的嘴巴扁阔，和鸭子嘴十分相似，所以称为"鸭嘴龙"；又因为它在满洲发现，又被人们亲切地称为"满洲龙"。

1978 年后，黑龙江省博物馆对嘉荫龙骨山，进行了多次抢救性大规模野外发掘，又发现了一批新的满洲龙化石。20 世纪 80 年代初，在黑龙江校友的协调下，地大博物馆馆长王良忱、副馆长黄伯裔等人多次前往哈尔滨商议其中一具恐龙骨架移交事宜。他们坚持不懈的精神感动了黑龙江省博物馆，最终将这具满洲龙有偿交换给地大博物馆，成为从事古生物教学科研的重要标本。在新旧博物馆"安居"期间，这具满洲龙历经两次拆装，最终以栩栩如生的姿态，傲立在博物馆二楼大厅中央，向来现场的观众诉说远古生命的故事。

关岭创孔海百合化石

你见过长在大海里的百合花吗？走进逸夫博物馆"生命起源与进化"展厅，迎面就可看到一座 15.7 平方米的海百合化石上，数十朵绽放的百合花栩栩如生，根、茎、冠全都清晰可辨，好似艺术大师的雕刻作品。这块创孔海百合化石产自贵州关岭，为海百合纲的一属，距今 2.3 亿年，其特征清晰，保存完整。

海百合是棘皮动物门海百合纲海生无脊椎动物的统称，最早出现于距今约 4.8 亿年前的奥陶纪早期。几经兴衰，已发现 5000 多个化石种，在现代

岭创孔海百合化石

海洋中仍生存有近700种。约2.3亿年前，海洋里到处是海百合的身影，有的附着在漂浮的树木上，有的与苔藓虫和腕足动物一起在海底形成草地般的大面积覆盖面，留下了许多化石。它们的身体有一个像植物茎一样的柄，柄上端羽状的触手称之为腕部，通过张合摇曳过滤海洋碎屑为食。

一个理想的海百合化石，由根、茎和腕三部分组成，但大多数极难完整保存。由于海水的扰动，这些茎和腕总是呈散乱状态，失去了百合花似的美丽婀娜。但如果它们恰好生活在特别平静的海底，其姿态就会完整地保存下来，成为化石。由于这种环境比较苛刻，所以完整的海百合化石尤为珍贵，不仅为地质历史时期的古环境研究提供了重要的证据，也逐渐成为化石收藏家的珍品，被当作工艺品摆放。

【共享空间】

逸夫博物馆不仅是地大师生专业学习的场所，也是向社会大众普及地学文化的课堂。

教学相长，寓教于乐。针对各个年龄段的学生，分别推出了不同层次、内容的研学活动。面向儿童的"博物馆奇妙夜",举办地质科普亲子游,拼化石、做拓片,实现"与恐龙做邻居",激发兴趣,寓教于学;面向初小学生的"达尔文实验站",让学生走进专业实验室,体验化石修复,提升动手能力,亲历科研程序;面向高中生的"科技英才"项目,让学生完整参与从制定选题到结题报告的科研工作,教授科学方法,培养科学思维;面向全国大学生的化石及古生物科普知识竞赛,讲好地球故事,传播科学精神,提升综合素质。

举办临展,激发情怀。专题展与各具特色的临时展结合,举办各具特色的交流展。2022年正值中国地质大学(武汉)建校70周年、逸夫博物馆迁汉开放40周年,精心策划了"晶彩地球 矿物世界——世界矿物精品展""七秩难忘—校友捐赠藏品展"等特别展览。其中,"世界矿物精品展"陈列了近300件全球不同矿区的矿物精品,均为地大校友刘光华博士的个人收藏品。"校友捐赠藏品展"集中展示了校友捐赠的70件珍贵的藏品,如珠穆朗玛峰岩石化石标本、南极火山熔渣、浙江长兴"金钉子"剖面点位标本等。

（撰稿：彭磊、唐晓玲、徐燕）

参观指南：

开放时间： 10—4月为 8:00—17:00；5—9月为 8:00—17:30；节假日为 9:00—17:00

咨询电话： 027-67848584　027-67883347-8666

地址： 洪山区鲁磨路 388 号中国地质大学（武汉）大门南

交通： 公交 709、59、401、625、72 等路到鲁磨路地质大学站下

扫一扫　关注微信公众号

民族文化宝藏：
中南民族大学民族学博物馆

　　1986年，在武汉市洪山区南湖畔，一座融入了我国传统建筑精髓和少数民族建筑风格的建筑落成，这就是中南民族大学民族学博物馆。1987年，民族学博物馆正式开馆，现为国家三级博物馆、全国科普教育基地、全国民族团结进步教育基地。

　　作为一座拥有3500年建城史的城市，武汉的历史文化底蕴十分深厚，九省通衢的优越区位使之兼收并蓄，博采众长，文化丰富多彩。而民族学博

中南民族大学民族学博物馆外景

物馆的建成开放，则为武汉带来了一座民族文化宝库，增添了江城文化与城市博物馆的多样性，使武汉的文化愈发灿烂夺目。

【漫步展厅】

中南民族大学民族学博物馆是我国第一座以"民族学博物馆"命名的专业性博物馆，前身是 1953 年的中南民族学院少数民族文物陈列馆。博物馆以 3 个大小不同、形状各异、高低错落的内院为中心，利用不同尺度和长宽比及闭合、开敞等富有变化的组合方式精心构筑，将庭院、走廊、大厅、内室连为一体。庭院分置两湾浅池，院内与周边花草树木葱郁，环境整洁，绿化率达 95% 以上。屋上盖琉璃瓦，缀以飞阁重檐，秀丽玲珑。整个建筑庄重典雅，和谐明快。

花团锦簇，群花竞放。民族学博物馆常年展出"美美与共""记忆武陵""工艺奇葩""椰风海韵""锦上添花""枫香树下""斑斓霓裳"等多个基本陈列，观赏其间，宛如阅读一部民族史诗，56 个民族色彩斑斓，各具风情，共同唱响中华民族大融合的恢宏诗篇。

走入"美美与共"陈列厅，在史志文献、历史影像、地图照片中，我们可以追溯中华民族大家庭各成员的历史与文化；在生动形象的各民族文化习俗复原场景前，驻足凝视，思接千载，我们可以回到现场，感受数千年文明变迁中各民族的生活、生产情态。

想了解土家族历史文化，"记忆武陵"让观众不虚此行，吊脚楼、虎文化等土家族文化元素在展厅中随处可见，武落钟离山土家族来源传说场景，土家族传统复原民居，土家族地区传世土司官印，复制的国宝级文物溪州铜柱、土家族雕花家具，土家族"哭嫁歌""摆手舞""撒叶尔嗬"等民俗歌舞……

让人犹如身临其境，有着强烈的真实感和历史感。

苗族是一个古老的民族，在历史进程中创造了丰富多彩的物质、精神文化。苗族被称为"歌舞的民族"，苗族舞蹈、鼓舞、芦笙舞令人叹为观止。苗族的服饰，则被誉为人类文明史的"精美标本""穿在身上的史书"。要读懂苗族的历史与文化，进入"枫香树下"展厅，近距离走进苗族复原村落，接触溢彩流光的苗族服饰，聆听芦笙鼓舞的听觉冲击……让人感受多姿多彩的苗族风情。

南海碧波，椰风飘扬。认识海南黎族，观赏"椰风海韵"陈列，复原的黎族传统村落、船型民屋，罗列的钻木取火、刻木记事的生活实物，展示的露天烧陶、妇女文身的图像，让人眼界大开。

在历史长河中，少数民族创造了各自引以自豪的工艺美术。由少数民族艺人制作的奇异瑰丽的织锦、神秘华丽的刺绣、灿若群星的蜡染、匠心独运的木雕、巧夺天工的竹编、精美繁复的银饰……都能够在"工艺奇葩"中遇见，或是实用器物，或是单纯的艺术品，每一件都是那么风姿古朴，散发浓郁的乡土气息。

服饰是一个民族的色彩和重要标志，也是民族文化的一个重要载体。每一个民族都有属于自己的特色服装和服饰花纹，当踏入"斑斓霓裳""锦上添花"展厅，就如同进入服装展示秀的舞台，壮、侗、苗、畲、瑶、仫佬、毛南、京、高山、亿佬等少数民族的传统服饰，争奇斗艳，绚丽多姿。

【对话文物】

民族学博物馆馆藏丰富，拥有1万余件（套）各民族文物，涉及青铜器、陶瓷器、家具、纺织品、服饰、钱币、纸质文献等多个门类，其中不少属孤品或独家收藏。这些民族文物，大部分是在 20 世纪五六十年代从民族地区征集而来，真实保存了中华各民族文化面貌的原真性，是少数民族发展的历史见证。

南方少数民族铜鼓

铜鼓，在春秋战国时期起源于云南，广泛分布于云南、贵州、广西、广东、海南、四川、湖南、重庆等少数民族地区和东南亚，至今已有 3000 多年历史。铜鼓是一种打击乐器，也是权力和财富的象征，主要用于祭祀、器乐、召集、婚庆、节日等。

中国的铜鼓分为滇系、粤系两大类，有万家坝型、石寨山型、冷水冲型、遵义型、麻江型、北流型、灵山型、西盟型等。作为我国南方许多民族的一种共同文化，民族学博物馆收藏的粤式北流型蹲蛙云雷纹大铜鼓，滇式麻江型符箓纹铜鼓、游旗纹铜鼓，在铸造、装饰与使用上，具有众多共性特征，蕴含着丰富的民族交流、文化交融的信息。

馆藏铜鼓在形制上，鼓身中为腰，下为足，腰间有两对鼓耳，鼓面铸有纹饰。在铸造上，粤式、滇式两型铜鼓主要采用泥型合范法、失蜡法和蜡模泥范法，经过制模、制范、合范、浇注、拆范、修整、定音等诸工序。在工艺上，北流型铜鼓、麻江型铜鼓分布区的少数民族工匠，吸收了汉民族冶铜

北流型铜鼓

麻江型符箓纹铜鼓

麻江型游旗纹铜鼓

制器的先进技术和经验，不断调整铜鼓中铅锡青铜的比例，降低铅的含量，削弱了铅在合金加速声震动衰减的作用，提高铜鼓的音响效果，还提高了强度和硬度。

纹饰上，两型铜鼓都铸有太阳纹、晕圈、云纹。北流型蹲蛙云雷纹大铜鼓，与其他大多数粤式铜鼓一样，鼓面有4个立体蛙饰，为壮、布依、黎等多个民族使用。征集于广西、湖南的壮、苗、毛南等民族地区的麻江型符箓纹铜鼓、游旗纹铜鼓，均饰有晕圈、夹心形纹、云纹、栉纹、回形纹等。同时，铜鼓不少纹饰来自中原文化，如北流型蹲蛙云雷纹大铜鼓通体密布的云雷纹，是中原地区典型纹饰。麻江型铜鼓则使用了大量汉文化元素和道教纹饰，诸如符箓纹、八卦纹、十二生肖纹、双龙纹、桃符纹、缠枝纹和"福如东海""寿比南山""大吉利"等吉祥语。

作为礼器的铜鼓的社会功能，各民族具有相对一致性。南方少数民族使用的铜鼓，都与中原地区铜鼎一样，具有相同的象征、祭祀、礼器等社会文化功能，这反映了南方少数民族与中原地区汉族的交流及其文化交融。

畲族祖图

畲族祖图为长卷式的连环画，两端有轴，又称"盘瓠图""太公图""永远图记""长连""环山轴"等，用布色为底，矿物质原料平图勾勒，兼用黑、绿、蓝、红、白等色浓墨重彩，画面配有简要文字说明，图文并茂。

畲族主要分布于我国福建、浙江等东部沿海一带，畲族文化最具标志性的文化因子是"始祖崇拜"，又称为"忠勇王崇拜"。畲族始祖崇拜以"图传""谱传""民歌传""神话故事传"等方式传承至今，在畲族民众中拥有广泛的影响。其中的"图传"指的就是以畲族祖图的方式来传承畲族始祖崇拜。

从馆藏5幅畲族祖图来看，其绘制风格、故事情节、使用材质等大体相同，

畲族祖图（节选）

从中可以看到畲族发展进程中与周边各族群，尤其是汉族之间交流不断加深的特点。因此可以说，畲族祖图是中华多民族文化和多元文化交融互动的产物。

首先，畲族的始祖崇拜中融入了道教文化。在畲族祖图中，可以清晰地看到"闾山学法"的情节，讲的是盘瓠王隐入会稽山之后，为了获得高强的法力以保护自己的子孙后代，曾亲赴道教名山闾山修道。直到今天，我国各地畲族在生活中依然保存了大量与道教文化密切相关的民俗信仰仪式，如广东潮州凤凰山的"畲族招兵节"仪式，浙南畲族的"传师学师""拔伤""做老者"等仪式，福建畲族的"起洪楼""上刀山下火海"仪式等。

其次，畲族始祖神话深刻反映畲汉血脉相连的渊源关系。传说，畲族始祖盘瓠王诞生于高辛帝的皇后耳中掏出的一枚卵，盘瓠王破敌护国立功、娶三公主、告别繁华朝廷、带领子孙远走青山。在吸收借鉴汉族文化的同时，畲族并未将本民族文化特质完全抛弃，呈现出与汉族文化"异中有同"的特点。例如，在今天浙江、福建两省的畲族传统婚礼仪式中，依然实行"男跪女不跪"的拜堂习俗。而组图中的招赘钟姓汉族小伙的情节也充分表明畲汉两族通婚的历史由来已久。

再次，畲族祖图绘画形制与汉族民间绘图有相似性。畲族自形成以来，就有语言无文字，而畲族祖图一般在图前有序，图中有文字说明，这些序言和文字说明都是用汉字写成，这表明畲族受汉族语言文化影响较深。此外，全国已收集到的 44 幅畲族祖图，大部分出自佚名画师之手。少数署名画师中既有汉族也有畲族，但大部分是汉族画师。聘请外族人来完成本民族视为秘密和"族宝"的畲族祖图，表明畲汉之间的交往交流已非常深入和密切。本馆所藏浙江景宁蓝氏祖图，即是由景宁南阳的汉族叶秉兴执笔绘画。

最后，畲族除了与汉族频繁互动之外，与苗族、瑶族也交融发展。历史上，苗瑶畲三族同源共祖，后在发展中逐渐分流，形成独立的三个民族群体。因此，畲族的祖图内容及形式，与苗族、瑶族的始祖崇拜的内容和形式等有很多相似之处。例如瑶族有一种连环式画作称为《过山榜》，其中关于盘瓠的内容也与畲族祖图的内容有很大部分类似。

通过畲族祖图，我们可以看到，一部畲族发展史就是一部畲族与周边民族交错杂居、交流互动的历史，这既是畲族发展的特点，也是我国其他各民族发展的共同特点。

【共享空间】

民族学博物馆基于馆藏的特色与优势，发挥民族文物学术专长，采用讲座、科普、研学、文艺表演等形式，开展"少数民族扎染""陶艺"等各类研学活动，吸引了学生和社会观众的广泛参与。其中，"扎染手工技艺"科普研学讲堂，成为湖北省文博系统"十佳研学课程"。

扎染是国家级非物质文化遗产，扎染工艺分为扎结和染色两部分。2015

年始开设"扎染手工技艺"传承课程，将研究性学习和旅行体验相结合，深入浅出，让学习者沉浸式体验"扎"和"染"的方法。在实践中，学习者将棉、麻、丝、毛等天然织物，用手缝、折叠、捆扎、打结后，再进行染色，并运用所学扎法进行手帕的设计，独立完成扎染作品，极大地增强学习者的理解与动手能力，深受社会大众及广大中小学师生好评。

（撰稿：陈桂）

参观指南：

开放时间：9:00—16:30（周末闭馆）

预约电话：027-67843940

网　　站：https://www.scuec.edu.cn/bwg

地　　址：武汉市洪山区民族大道 182 号

交　　通：公交 538、567、572、583、586 等路到民族大道中南民族大学站 / 武汉纺织大学站下；地铁2 号线到光谷广场站后，再转公交 538、572、583、590 等路前往

扫一扫　关注微信公众号

藏身高校的"小省博"：湖北大学博物馆

湖北大学博物馆外景

2006 年 5 月，湖北大学博物馆在 1995 年湖北大学陈列馆的基础上成立，馆舍位于湖北大学图书馆大楼裙楼。

湖北大学博物馆是高校中较有名气的综合博物馆，有"高校小省博"的民间称誉。自建成开放以来，每年接待参观 4 万余人次，开设有实践教学课堂，是湖北大学校级实习实训基地、服务"双一流"学科建设和校园文化建设的重要机构，也是广大校友返校参观和社会名流来访交流的必到之处。同时，还是全国古籍重点保护单位和湖北省科普教育基地，成为湖北大学的一张靓丽名片。

【漫步展厅】

湖北大学博物馆不仅藏品丰富，而且种类繁多。走进博物馆，如同百花竞妍的文物大观园，遨游其间，一眼千年，带来的是视觉上的美学盛宴。各类文物分类陈设，美不胜收。

若想领略翰墨风采，在名人书画展区，林则徐、翁同龢、任伯年、张大千……他们的字画，或规整洒脱，或浑厚雄长，或自然生趣，或明艳富丽，展现着文人学士的儒雅风流。

若想了解古代钱币文化，在钱币展区，不同质地的钱币琳琅满目，从早期的蚌贝到布币、刀币、圜钱、蚁鼻钱，从方孔"半两"钱、五铢钱到交子纸币、白银通宝，从铜币、银币到法币、苏区银票、金圆券……构成了简明的中国货币发展史。

若想观赏历代工艺美术魅力，在文物展区，质地精良、制作精细的玉如意、玉磬、玉印、玉盖、玉环，古朴端庄的青铜鼎、簋、爵、戈、剑，形态毕具、光泽如润的青釉十二生辰马首，景泰蓝香薰，古朴精当的石质器物，富丽光艳的漆木制品，绮丽精致的官服绣补等，无不气韵生辉，凝聚着工匠的智慧，折射着历史的沧桑。

若想观察缤纷的昆虫世界，在蝴蝶标本展区，近两百种珍稀多彩蝴蝶翩翩起舞，既有稀有的"国蝶"宽尾凤蝶、西双版纳的云南丽蛱蝶、天山雪线附近的红星绢蝶，还有我国至今发现的唯一一只奇妙无比的凤蝶科阴阳蝶，以及南美洲亚马孙的金光灿烂大闪蝶。此外，其他一些趣味昆虫，如全世界最重的金龟子、世界最大的吉丁甲、巨蚊及螽斯，也在此一展风姿。

若想认识自然化石的神奇，在化石木展区，我国首次发现的武汉樟型木、武汉猫尾木等被子植物化石木，形态逼真，色泽鲜明，纹理清晰，让人惊叹大自然的鬼斧神工。

若想体验国学的古典魅力，在古籍珍藏室，可以近距离接触明清古籍善本 300 余种，鉴赏古籍善本之美；在冯氏捐藏室，可以观赏文史大家冯永轩、冯天瑜父子捐赠的文物、文献，感受湖大先贤的人文情怀和治学精神。

【对话文物】

湖北大学博物馆馆藏，是在学校发展历史中逐渐积累而来的，是学校的珍贵文化遗产。收藏的 1.3 万余件（套）藏品，涵盖中国古代青铜器、玉器、陶瓷器、书画、印章、钱币、石器、织物、漆木器、化石、生物标本等诸多门类。许多难得一见的珍品，或诉说着远古沧桑，或凝聚着先贤智慧，或展现着悠久文明。

被子植物化石木标本

1984 年，湖北大学地理系齐国凡、徐瑞瑚等老师，在武汉阳逻砾石层中调查发现了被子植物化石木，被认为是"中国被子植物化石木群的重大发现"，这些标本即采自当年调查发现的石层中。

化石木是远古树木的茎、根、枝等植物遗存。它骤看为木，细观为石。树木虽已变成了化石，但其外部形态仍然保留着树木的特征。被子植物，俗名绿色开花植物，自新生代以来，遍布地球蔓延生长。

中国是历史上发现和认识化石木最早的国家之一。唐朝文学家陆龟蒙、宋朝学者沈括、明代地理学家徐霞客等，都曾在著作或诗文中描述过化石木。很长时期以来，我国调查与发现的古生代和中生代的化石木，均以裸子植物为主，新生代也多为裸子植物。

　　化石木形成的条件很苛刻，需要具备特殊的地质条件和地理环境。据科学研究，新近纪的阳逻是一个水量很多很深的大河湾，周围的高山树木繁茂，气候炎热，雨量充沛。因频繁的暴雨引发洪水和泥石流，裹挟着泥沙、砾石和树木，迅速汇聚堆积在阳逻河湾里。被水体覆盖的树木，夹在砂砾石层内，经过长期的地质作用，形成了化石木。

　　因此，湖北大学1984年在大别山南麓阳逻发现的被子植物化石木群，被国际著名古植物学家、中国科学院徐仁院士等专家，认定为"我国首次发现"。德国波恩大学著名古植物学家斯威彻、美国自然历史博物馆库柏教授等参观时赞叹不已，认为这一发现是对国际古植物研究的巨大贡献。

明代镂雕龙纹器盖

　　明代是玉器雕琢工艺的辉煌时期，镂空技术发达，透过深层次立体雕刻能兼顾里、外多层纹饰，形成重叠错落的造型之美，且分层镂空，也能在片状器物上雕刻出上下不同的双层图案，呈现出"花上压花"的装饰美感。

明代镂雕龙纹器盖

此件镂雕玉器是一级文物，直径 17 厘米，重 500 克，镂空技艺成熟，刀法刚劲有力，线条棱角分明，做工精细，佳材精雕与良工美玉相得益彰，呈现出明代玉雕精致典雅的艺术风格。

龙是中华民族的象征，在中国传统文化中有着非常特殊的地位和意义。以龙为原型的工艺制品历代不绝。此件玉器盖面所镂龙形雄浑大气，富有张力，玉盖正中龙头突额怒目，气势威严，龙须细细飘拂，龙身盘旋一周，尾摆在左上侧，其旁四条小龙环绕，动感十足。四围夹有缠枝莲花，花瓣光洁圆润，出淤不染。古人常以同音字寓义，"青莲"同谐音"清廉"，其内涵为"苍龙教子，为官清廉"。工匠赋予它生命，文人赋予它精神。可见，清正廉洁从古至今都是中华民族的传统美德。

元代押印

元代押印

元代官印统一由中书礼部印局制造，质地、形态均有严格制度，诸王印金质，正一品至正三品银质，从三品以下均为铜质。一、二品官印印背有台，三品以下无台。此印为从三品中大夫印，铜质，无台，重 0.1 千克，长方形状，长 4.4 厘米，宽 2.2 厘米，高 3.3 厘米，形式庄重，方形鼻钮型，篆文，一面印，印文为"中大夫"（官名）。此印为国家三级文物。

元代官印皆为朱文，边框渐宽，这对后世官印影响较大。元代作为少数民族执政的朝代，崇尚汉制，也提倡汉族的儒学文化，秉持"以汉制汉"的统治思想，受汉族文化影响之深亦可在元押印中体现。

押印最早出现于五代时期，流行于元代。元末明初文学家陶宗仪在其《南村辍耕录》卷二中记载："（后）周广顺二年，平章李毅以病臂辞位，诏令刻名印用。据此，则押字用印之始也。"押印在元代的广泛流通，与元代的历史背景、多民族文化交融是分不开的。文字的改革，适应了实用的需要，楷隶书押印的出现，摒弃了唐楷正规的书写方法和九曲盘旋的篆文。又因押印大量在民间流行，充分体现出无拘无束的民间书风，一改前朝规矩的模式，在文字上更多地吸取了魏碑率真自然、极富个性的艺术韵味，章法上留出大片空白，这就使印面文字十分醒目、活泼。

此件元代押印，印文"中大夫"以隶书雕刻，线条舒缓流畅，端庄大气，其审美情趣反映了当时社会的一种风尚时尚，为研究中国印学史、文化史提供了很好的实物参考资料。

鄂东南工农银行纸币

1927 年 8 月 7 日，为挽救大革命失败的危机，中共中央在汉口召开了著名的"八七会议"，毛泽东在会上提出了"枪杆子里面出政权"的著名论断，为中国革命的胜利指明了方向。"八七会议"后，中国革命进入到以土地革命为中心内容的工农武装斗争的新阶段。

1929 年至 1930 年，李灿、何长工、彭德怀等率红五军先后进驻湖北阳新县西南的龙港镇，建立了鄂东南苏维埃政府，并设立了军校、医院、工厂、银行等多个机关单位。龙港成为鄂东南革命根据地的政治、军事、文化中心，被誉为"小莫斯科"。

此币背面还印有"革命宣传口号"："劳苦群众们，工农银行是为工农谋利益而设立的，发行票币是防止现金流出，活泼苏区的金融，发展苏区生

鄂东南工农银行发行纸币

产事业，冲破敌人经济封锁的好办法。我们工农即是银行主人，应该拥护自己的银行，假若不信用银行票币，便是帮助了敌人的封锁，危害自己的利益。鄂东南工农银行　五月七日。"

鄂东南革命根据地是"工农武装割据"的产物，根据地经常处在国民党反动派分割包围的艰苦环境之中。因此，革命根据地的货币只能在各自一小块的战略区域内自成体系，从而形成明显的区域性。当时根据地银行基本上是随军行动，革命部队转移到哪里，苏维埃政权建到哪里，苏维埃银行就随之转移到哪里，因此，人们常常把苏维埃银行称之为"扁担银行"。

《增修诗话总龟四十八卷后集五十卷》

《增修诗话总龟四十八卷后集五十卷》（以下简称《诗话总龟》）一书，为北宋诗词名家阮阅所辑，明嘉靖二十四年（1545）月窗道人刻本。该书版式开阔，字体稠密，整肃古朴，是该版现今保存下来的唯一一种，入选第二

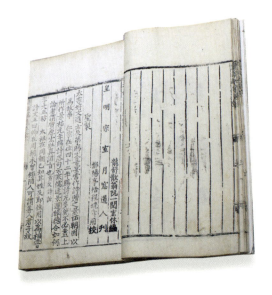

《增修诗话总龟四十八卷后集五十卷》

批《国家珍贵古籍名录》（编号 06503）。

《诗话总龟》的出现，直接影响了后世诗话集的编缀，对后世诗话集及诗话丛书的编写有较大影响。阮氏因诗而一头扎进浩繁的笔记小说中，广搜博览，逢诗辄录，试图在故纸堆中打捞散落在各处的诗歌碎片，汇集众家诗话之大成。他"类而从之，以便观阅"开一代风气之先，创作出诗话总集这一独特文学新形式，也缔结了诗话佳制与故事之间的姻缘。

《诗话总龟》语言风格自由灵活，漫谈式的诗歌评论和叙事方式，使诗话极具可读性、学术性和文学性。翻开这部四百多年前的古籍，跟随阮阅，我们可以回到古代诗歌现场，领略他构筑于文辞中的诗歌家园，品味他的诗学审美韵味。

【共享空间】

前人栽树，惠泽后人。博物馆陈列的丰富而精粹的藏品，归功于一代又一代湖大人数十年的广泛搜集、慷慨捐赠和精心收藏。薪火相承，博物馆以藏品推手，围绕文物美学、国学典籍、自然科学等主题，举办多个文化空间。

其中，国学文化教研，以馆藏明清古善本为引，配合藏品文物，讲学深入浅出，引领学生与公众徜徉其间，感受古典文化传承的历史信息，体验古代文化蕴含的审美情趣，从而获得智慧启迪和精神愉悦，深受大家的欢迎。

（撰稿：李本义、贺兴义、蔡莹、李牧宸）

参观指南：

开放时间：8:00—17:30（节假日、寒暑假需提前预约）

咨询电话：027-88665995

网　　站：www.dag.hubu.edu.cn

地　　址：武昌区友谊大道 368 号湖北大学校内

交　　通：地铁 7 号线到湖北大学地铁站下

Music 遇上 Museum 的回音：
武汉音乐学院湖北音乐博物馆

武汉音乐学院湖北音乐博物馆，坐落于武昌临江大道畔，西临雄浑浩荡的长江，是华中唯一一家音乐专题高校专业博物馆。2010 年建馆，前身为 1988 年成立的武汉音乐学院编钟古乐器陈列室，经 2013、2016 年分别完成编钟馆、古琴馆布展，正式对社会公众免费开放。

在高校云集的武昌，武汉音乐学院集艺术、文化于一体，是武汉面向

武汉音乐学院湖北音乐博物馆外景

国内外展示湖北音乐舞蹈艺术文化的窗口。而代表"文化和艺术"的音乐博物馆，则是发挥这项功能最直接的宣传者和推广者。因此，音乐博物馆正是 music 遇上 museum 的完美结合。

【漫步展厅】

音乐博物馆的基本陈列，以湖北地区最具代表性乐器"编钟"与"古琴"为展陈对象，建设有编钟馆和古琴馆。在这里，可以感受体验荆楚乐舞文化的悠久历史、博大精深与无限魅力。

编钟馆　编钟是古代汉民族重要的打击乐器，兴起于周朝，盛于春秋战国直至秦汉。从被誉为"世界第八大奇迹"的曾侯乙编钟可知，编钟由若干个大小不同的钟，有序悬挂在木架上编成一组或几组，每个钟敲击的音高各不相同。由于年代不同，编钟的形状也不尽相同，钟身一般都绘有精美的图案。

走入雍容典雅的编钟馆，仿佛置身于中国古代辉煌灿烂的乐钟宝库。琳琅满目的古代钟类乐器（仿品），以时代变迁为经纬，勾勒编钟从起源、兴盛、衰落和复兴的历史过程。同时，通过仿制编钟乐器，如依据擂鼓墩 1 号墓、2 号墓出土编钟重新设计浇铸的楚曾百钟、依据北宋大晟钟复原铸制的大晟钟……讲述钟类乐器的音乐音响性，以及源远流长的钟鼎礼乐文化。钟乐教学视频的演播，现场编钟的演奏敲鸣，让观众真切感知：编钟虽然是较为古老的打击乐器，但其音质、音准、音色，绝不逊色于鼓、锣、钹等民族打击乐器，亦不逊色于定音鼓、铝板琴、军鼓、架子鼓等西洋打击乐器。编钟的地位，在世界打击乐界可谓独树一帜。

古琴馆　古琴又称瑶琴、玉琴、七弦琴，是中国传统拨弦乐器，有 3000 年以上历史，古代有伏羲、神农、黄帝造琴等传说。关于琴的最早文

古琴馆陈列室

字记载，则见于《诗经》。在古代，古琴除用于郊庙祭祀、朝会、典礼等雅乐外，也兴盛于民间。古琴属于八音中的丝，音域宽广，音色深沉，余音悠远，深受人们喜爱，认知度相当广泛。

　　驻足古琴馆，拨动古琴琴弦，聆听远古琴声，可以感受到中华古琴文化的精深与博大。徜徉于展厅间，在陈列室回眸古琴发展的历史，了解古琴的制作工艺，感悟古人"琴之为器也，德在其中"的情怀；在书斋内观赏古代琴谱和古代文人雅士起居生活复原场景，宛如回到古时，眼前展现出文人修身养性"调素琴、阅金经"的清雅读书画面；在传习所参与现场古琴演奏互动，可以体悟古琴传承的音乐魅力，古琴的声音被世人称为"太古之音""天地之音"，有着非常独特的韵味。当你摒去浮躁，寂然凝思，静听琴乐，能真实地感受到古琴散发的宁静悠远的气息，让人肃然祥和。

【对话文物】

音乐博物馆收藏及展示的古代乐器仿品及实物，演绎着泱泱大国数千年礼乐兴盛的历史，一些特色仿品工艺精湛，具有较强的实用与艺术审美价值。

楚曾百钟仿品

此件藏品是依据随州擂鼓墩 1 号墓出土的 64 件曾侯乙编钟（另有楚王镈 1 件）和 2 号墓出土的 36 件青铜编钟重新设计、组合而成。编钟分三层三面悬挂，其中左、中两面仿自 1 号墓出土曾侯乙编钟，右面仿自 2 号墓出土编钟。

1978 年，随州曾侯乙编钟的出土震惊世界，有关学界纷纷围绕曾侯乙编钟展开相关理论研究。武汉音乐学院作为音乐艺术专业院校，成为编钟理论研究、音乐创作和艺术实践的主要阵地之一。1988 年，武汉音乐学院教授童钟良先生在"纪念曾侯乙编钟出土十周年国际学术研讨会"上，提出擂鼓墩 1 号墓、2 号墓出土编钟，在音乐性能方面具有"百钟互补"的现象。

楚曾百钟仿品

据此，武汉音乐学院教师根据当代音乐演奏实践需要，设计、铸制了"楚曾百钟"，并于1991年在编钟音乐厅落成之时，陈列并使用在音乐厅背景台上。

2013年，楚曾百钟作为重要展品，陈列于音乐博物馆的编钟馆，展现了武汉音乐学院教师在编钟研究方面取得的成果。同时，它也深受大家喜爱和关注，经常出现在各种纪录片、宣传片及新闻媒体的镜头里，为传播中华编钟艺术文化贡献力量。

木雕"俯身三道弯"

"俯身三道弯"根雕

此件藏品为木雕艺术品，作者苏祖谦，创作原型是83版《编钟乐舞》中"俯身三道弯"这一经典舞蹈动作。由该舞蹈动作的创编者、国家一级编导熊干锄先生于2018年捐赠。

2018年，曾侯乙编钟出土40周年。音乐博物馆以此为契机，立足于武汉音乐学院学科优势，举办《编钟乐舞艺术实践展》。其中，湖北省歌舞团的83版《编钟乐舞》影响广泛，享誉世界，是具有代表性的编钟音乐艺术实践创作精品。因此，武汉音乐学院对该版本《编钟乐舞》的部分主创者进行了采访，包括编导熊干锄，总策划蒋桂英，作曲龚国富、刘民则、万传华，了解一些不为人知的幕后创作故事。

熊干锄回忆，他刚接到《编钟乐舞》舞蹈创编这项任务时，既激动又茫然，激动的是能为国宝编钟量身定做乐舞，茫然的是春秋战国时期编钟如何演奏表演并没有详细的文字、图式流传下来。正当他发愁之时，时任湖北省博物馆副馆长的谭维四先生，寄给他一张"战国采桑宴乐射猎攻战纹铜壶"的器物展开图。看到这张图像之后，他顿时受到启发，与创作团队赵卫平、杨凤仙等人商讨后，着眼于"民以食为天"，最后决定选取"采桑""耕耘""渔猎"等农事方面的内容进行创作。而"俯身三道弯"，便是"采桑"中的舞蹈动作。

采访中，熊干锄还具体谈到了"采桑"编舞细节："一个舞蹈要有基本体态和动律。确定'采桑'后，我们就开始讨论基本动作。我的想法就是：这个舞蹈像一幅壁画，然后造型、切光，结束。根据铜壶上的'采桑'形象，考虑到楚地舞蹈'飘逸轻柔'的风格，我先尝试以腰部为中心，挺胸撅臀做了一个动作。赵卫平让我将幅度增大、拉长。调整后，她和杨凤仙觉得动作很优美，而且也很符合农事'面朝黄土背朝天'的特点。然后就是韵律，怎么动起来？很简单，就是走相反的动作。蒋桂英老师看了，特别满意，还将我们这个'三道弯'的造型，作为整个剧目的代表性舞蹈表现语汇。"

在采访现场，当年的熊干锄虽年过花甲，仍兴致勃勃地演示讲解舞蹈动作。据采访的老师说，熊干锄表演时，恰好窗外一缕阳光洒过来，刹那间让人感受到"这个舞蹈像一幅壁画，然后造型、切光，结束"，是那样的优美。

【共享空间】

《诗经·小雅·鹿鸣》云："我有嘉宾，鼓瑟鼓琴。"音乐博物馆古琴馆，是荆楚古瑟、古琴艺术（泛川派）传承基地，以教学暨雅集活动广交子弟师友，进行古琴文化的传承与传播。武汉音乐学院丁承运教授，师承泛川派古琴大师顾梅羹，以泛川派第四代嫡传弟子，成为国家级非物质文化遗产古琴艺术代表性传承人。他和湖北省非物质文化遗产古瑟艺术代表性传承人付丽娜、武昌区非物质文化遗产古琴艺术代表性传承人丁霓裳，形成了武汉音乐学院独有的人文资源。

以乐动人、以美育人。依托学校人文资源优势和馆藏特色，音乐博物馆策划、设立编钟礼乐、古琴艺术、非遗文化等多类别的音乐舞蹈类主题的工作坊，引起社会各界的广泛关注与好评。编钟礼乐工作坊，围绕编钟历史文化、音乐艺术、铸造工艺等内容，开发编钟知识线上问答、编钟绘画及模型涂鸦、墨拓菁华、版画拓印、编钟剪纸、考古发掘等系列活动，吸引了许多市民参与其中、乐在其中。

（撰稿：赵路花）

参观指南：

开放时间：8:30—17:30（法定节假日除外）

预约电话：027-88312176

网　　站：https://hbmmuseum.whcm.edu.cn

地　　址：武汉市武昌区临江大道 1 号武汉音乐学院滨江校区展演楼

交　　通：公交 578、571、541、566、514 等路到临江大道武汉音乐学院站下；地铁 4 号线到复兴路站下

扫一扫　关注微信公众号

楚地科教与饮食文化的弘扬者：
武汉商学院校史馆

武汉商学院校史馆，位于武汉经济开发区风景优美的后官湖畔，地处武汉商学院中轴线最北端，2017 年 5 月 16 日正式开放。展馆建筑面积约 2000平方米，分为序厅、主展厅、专题展廊三大板块，设有反映武汉商学院历史变迁的校史博物馆、湖北省第一家弘扬烹饪饮食文化的楚菜博物馆、武汉国

武汉商学院校史馆外景

际马术馆。以"一主两翼"功能布局，彰显应用型大学文化教育的探索之路，书写武商院人文化传承、青蓝相继的奋斗历程。

【漫步展厅】

汉味楚风，情韵清扬。武汉商学院作为培养服务区域经济社会发展的高等商科大学，校史馆举办的特色专题陈列，散发着浓郁的地域文化色彩，让近距离观赏的学生与社会观众，感触深刻，遐思回味。

楚菜博物馆　湖北武汉是鱼米之乡，饮食文化丰富，融南北各派之精华的楚菜（亦称湖北菜、鄂菜），更是历史悠久，风味独特。楚菜发展到如今已有 3800 多个菜品，名列中国十大菜系之一，在中国烹饪百花园中独树一帜。想要了解楚菜及湖北饮食文化，武汉商学院楚菜博物馆是必选场馆，因为它不仅是目前湖北省唯一一家弘扬楚菜烹饪饮食文化的博物馆，而且还收藏着百余件与楚菜饮食相关的精美藏品及菜模标本，并举办有专题陈列对外展出。

楚菜馆陈列

一部源远流长的楚菜变迁史，在这里徐徐展开。展览从时间和空间两个维度，展示了湖北楚菜的历史发展、风味流派、名菜名点、名店名师、饮食器具。同时，针对楚菜文化不同发展阶段的特色食材、烹饪器具、菜品小吃，穿插相关模型或老物件。在这里，武汉老字号"四季美"汤包老式三件套门牌、提盒、簸箕、"小桃园"煨汤的龙纹砂铫子，"蔡林记"掸面的掸子，沔阳三蒸之蒸笼、蒸镏、蒸甑等传统用具……配合江城饮食文化的老照片、影视及现场互动，将每个参观者带入美食烟火，沉浸舌尖上的楚菜风味，品悟江城餐饮老字号的文化韵味，流连忘返。

武汉国际马术馆　武汉是近代中国最有名的"赛马之都"，当时上海只有"上海""江湾"两家跑马场，而汉口却有"西商""华商""万国"三家跑马场，居全国之冠。近代武汉赛马每逢春秋两季进行，分别称为春赛与秋赛，每次赛马约 7 天，每逢开赛之日，成千上万的武汉市民，争赴马场，买马票、购彩票，万头攒动，人声鼎沸。进入 21 世纪，随着体育、旅游、文化融为一体，武汉再度成为中国现代赛马之都，和享誉海外的中国武汉国际赛马节的主办城市。

想了解武汉"赛马之都"的前世今生，武汉国际马术馆带你穿越时空，重现昔日武汉赛马盛况与荣光；跟随武汉赛马文化的发展历程前行，一睹武汉百年赛马之都的风采魅力。在弘扬武汉赛马文化的专题展览中，以"马"为主题，选取武汉马文化、武汉马术、中国赛马与世界赛马运动等视角，配合收藏的历史照片、图片，以及陈列从世界各地收集来的各式马术器具——骑师服、马球棍、驯马鞭、洗马梳等。在展厅中央，还复原有两匹马模型，摆设着民族赛马、速

马术馆展厅

度赛马等不同用途的马术装备。一匹价值数十万元的速度赛马电子模拟马从英国进口，在全国高校属一个，参观者可现场沉浸式感受速度赛马的骑乘，体验武汉赛马的特色魅力。

【对话文物】

春秋代序，日月淹留，历史的发展变迁，故事流传在光阴里，刻进了珍藏的物件中，筑起可供人们追忆、了解的历史回廊。武汉商学院校史馆藏品，类别多样，部分特色文物独具魅力，承载着悠远历史，诉说着动听故事，演绎着城市记忆。

龙纹砂铫子

龙纹砂铫子

这件龙纹砂铫子颇有来头，由武汉煨汤技艺传人、望旺煨汤屋喻少林捐赠。其父喻凤山，是武汉老字号"小陶园"第二代煨汤大王。

铫子，也作吊子，口大有盖，两旁有耳，一般用砂或金属制成。这件龙纹砂铫子是民国时期的原件，烧制于湖南名窑，原材料为陶土和钢砂，保障煨出的汤保温好、不变色、味道纯正。它的造型古朴端秀，装饰巧妙精美，龙首形双耳，舒展飘逸的龙身与铫子圆腹融为一体；盖子上盘旋着一条鳞片清晰的龙，张嘴仰望，栩栩如生。

龙纹砂铫子是楚菜食具的代表，富有重要的历史人文价值，不仅见证了武汉餐饮老字号的辉煌，也记录了传奇人物的过往。民国时期，它曾煨汤款待过湖北督军萧耀南。新中国成立后，社会主义建设如火如荼，毛泽东主席、周恩来总理高度关注武汉发展，先后莅临江城视察，其间也品尝过用龙纹砂铫子煨的汤，赞不绝口。

南极石

这一块神秘而美丽的南极石，来自冰雪覆盖的南极洲，由中国南极科学考察队从中国南极中山站采集而来。2010 年上旬，南极石随着中国"雪龙"号科考队从南极运抵上海，航行约 2.2 万公里，历时 28 天来到美丽的江城。同年 5 月，参加中国第 26 次南极科考的武汉商学院 2008 届毕业生潘鼎和 2009 届毕业生徐康、王琪，代表南极中山站将南极石赠送给母校。

南极石学名"片麻岩"，是中国南极中山站的标志性岩石，距今约 5 亿多年。南极石表面呈黄褐色，经过了数亿年的风吹雨打，布满了剥蚀后大小不一的孔洞，呈现明显水冲石的特点，也磨砺出了它独特的形态风韵。

自 1984 年中国政府组织首次南极考察至今，已走过近 40 个春秋。一代又一代的考察队员，奔赴遥远的冰雪大陆，在严酷的环境中，经受了各种意想不到的挑战。"别的国家能做，我们中国人也能做到！"这种精神在考察队代代相传，战胜了层出不穷的困难，取得了举世瞩目的科研成果，使中国在极地政治、外交、科学研究、资源的和平利用和环境保护等国际事务中，取得和维护了应有的地位和权益。

这块南极石虽历经沧桑巨变，依然坚硬嶙峋，石韵悠然。从它身上，见证着中国南极科学研究的历史，从中可以看到南极科考队员坚如磐石、默默付出的务实精神，

【共享空间】

　　楚风汉韵的特色展陈，吸引着学生和慕名而来的市民，也连通着对外文化交流的窗口，是 2021 年外交部湖北全球推介活动"外国网红解码幸福武汉"大型融媒体采访活动唯一高校站点。有朋自远方来，已接待包括英国皇室安妮公主、泰国皇室思蕊梵·娜瓦瑞公主、国际军事体育会理事主席赫尔维·皮奇里洛及社会各界近 5 万人次。

　　2022 年 3 月，武汉商学院校史馆被中国科协评选为第一批全国科普教育基地。以此为平台，校史馆联合文化传承人，创办各类文化课堂，将非遗文化、地方民俗等多样的优秀文化纳入课堂内容，为学生及公众带来多姿多彩的沉浸式的课堂体验。

（撰稿：范勇）

参观指南：

开放时间：8:30—16:30（周二、四、六开馆，法定节假日及寒暑假期间闭馆）

咨询电话：027-84791393

地　　址：武汉市经济技术开发区东风大道 816 号

交　　通：地铁 3 号线到沌阳大道站后，转车都有轨电车 T1 路到武汉商学院站下

扫一扫　关注微信公众号

第四篇

民间拾遗 精彩纷呈

2011 年，自武汉市提出建设"博物馆之城"以来，武汉的民营博物馆如雨后春笋般涌现出来，发展成果喜人。据不完全统计，截至 2021 年，武汉地区拥有各类博物馆 124 家，其中民营博物馆就有 54 家，占比达 43.5％，渐已成为武汉"博物馆之城"的重要组成部分。它们丰富了武汉地区的文物博物馆体系，一些场馆填补了国有馆部分门类空白，成为国有博物馆的有益补充。

纵览武汉地区的民营博物馆，不仅数量可观，质量亦有可观之处。这其中有中国目前收藏古董钢琴最多、质量最好的武汉琴台钢琴博物馆，依托中国历史文化名村建立的武汉大余湾社区博物馆，中国第一家汉剧博物馆、湖北省首家戏曲类博物馆汉剧博物馆，传承中医药文化的叶开泰中医药文化博物馆，弘扬武汉非遗文化的汉绣、高龙博物馆……

琴台有知音：
武汉琴台钢琴博物馆

在荷花摇曳的月湖之畔，武汉琴台大剧院和琴台音乐厅相拥而立，武汉琴台钢琴博物馆也跻身其间，共同与古琴台再续"知音"之缘。

琴台钢琴博物馆由旅美贺立军博士于 2014 年 8 月 10 日创立。展厅面积 2400 平方米，常年展出 130 余台世界著名品牌古董钢琴，是我国目前藏品最多、质量最高、唯一可以体验弹奏古董钢琴的钢琴专题博物馆。

贺立军博士原在美国从事矿业投资与咨询，从他为女儿买第一架古董钢琴开始，就被古董钢琴的檀木琴身、象牙白键、乌木黑键，浑厚优美的琴声而深深吸引。随着对古董钢琴的日渐痴迷，他在工作之余，几乎跑遍美国各州，收集各类古董钢琴 100 余架。2014 年，贺立军决定全家回国，同时创建一家钢琴博物馆，推广钢琴文化，传承与发展钢琴艺术。20 个集装箱将100 架钢琴打包，从大洋彼岸漂洋过海运回武汉，选择在琴台文化艺术中心开设钢琴博物馆。

【漫步展厅】

　　漫步琴台钢琴博物馆，忍不住总想多待一会儿，这不仅因为展厅回荡悦耳的钢琴声，更因为步入一部形象的钢琴发展史——这远比那些生涩难懂的文字有趣得多。

　　钢琴是西洋古典音乐中的一种键盘乐器，有"乐器之王"的美称，1709年由意大利人巴托罗密欧·克里斯多佛利发明。钢琴的前身是拨弦古钢琴，也叫作羽管键琴，它与钢琴的内部原理大致相同，都是在琴体内部装音板和许多拉紧并列的琴弦。不同的是，钢琴用弦槌击弦发音，拨弦古钢琴用羽管制的拨子拨弦发音。从拨弦古钢琴到现代钢琴，源远流长。

　　钢琴不仅是"乐器之王"，有着极强的艺术表现力，同时还代表不同时代手工及工业制作的高超技艺和工艺。而且，每架古董钢琴能留存于世，它

展厅一角

背后的故事值得探究与回味。

琴台钢琴博物馆开馆以来，以丰富的古董钢琴收藏，直观清晰地梳理钢琴的发展脉络，全面打造集收藏、展示、教育、交流于一体的钢琴文化平台。博物馆共有 6 个展厅，分别为钢琴与艺术、风琴、钢琴与历史、施坦威展厅、方形钢琴、钢琴与中国，按不同类型和风格，对钢琴文化和历史全景展示。在这里，可以欣赏到不同时期、不同地区、不同品牌的钢琴。由此，观众中有深谙此道的行家，也有气质高雅的老人，更有张着一双好奇眼睛四处打量的琴童，还有观看演出前抽暇"打卡"的时尚青年。

【对话文物】

琴台钢琴博物馆馆藏丰富，拥有古董钢琴 1000 余架，其中誉为"钢琴之王"的施坦威 100 余架，堪称"镇馆之宝"的就有九尺黄金施坦威钢琴、九尺黄花梨查克林钢琴、美国总统林肯故居方钢琴。

施坦威九尺黄金三角钢琴

施坦威九尺黄金大钢琴，是一种通体采用鎏金工艺的艺术钢琴，据施坦威官方记载，历史上只生产了 5 架。这里收藏的是其中最大一架九尺三角琴，1865 年制造而成，是美国铁路大亨范德·比尔特家族斥巨资为其小女儿定制的陪嫁礼物。琴身采用鎏金工艺，成为当时世界上最昂贵的钢琴。后来因家族变迁，这架钢琴捐给了一所教堂。

贺立军博士苦寻一年，几乎跑遍美国伊顿运河沿线，辗转好几个州，最终在一个老剧院的地下室找到这架钢琴。百年名琴运到武汉后，为让观众一睹风采并能重赏琴声，他特邀纽约施坦威总部的高级技师，引进最新的钢琴

施坦威九尺黄金三角钢琴

重建技术及专用设备，在中外技师的共同努力下，耗时 6 个多月将其外观采用金箔修复，同时不断修复调试内部结构，终于使百年名琴焕发生机。

罗伯特·奥本海默 M 型施坦威三角钢琴

这是一架琴身编号 227566 的施坦威 70 周年纪念款 M 型钢琴，曾属于著名美籍犹太裔物理学家、曼哈顿计划的领导者、美国原子弹之父罗伯特·奥本海默。他发明原子弹的本意是阻止战争，但没想到给世界带来了巨大和潜在的伤害。他想通过一种方式宣扬世界和平，于是找到著名设计师，将这架家传的施坦威三角钢琴，历时三年打造成象征世界和平的艺术品。

欧洲皇室的珠宝装饰，一向以镶嵌名贵宝石闻名，孔雀石列为皇室所用的珍贵材料。这架钢琴选用天然孔雀石组装琴身，色泽鲜艳、纯正、均匀，

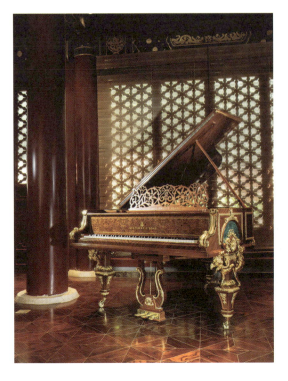

罗伯特·奥本海默 M 型施坦威三角钢琴

质地细腻、坚韧，浑厚得体。音板选用上等木材，颜色、纤维结构和年轮都十分完美。叶形铜件两侧，分布饰有女神头像造型的高浮雕。琴谱台用手工雕刻，华丽色彩之下蕴藏着深邃的内涵。施坦威制琴的严谨态度，不仅使其蕴含了独特的文化艺术价值；外观的罕有程度，也造就了施坦威钢琴成为上流社会财富的象征。

这架钢琴极具洛可可艺术风格，以世界稀有木材为基材。琴身通体装饰造型丰富的叶形铜件。各个琴腿分布饰有天使头像造型的立体浮雕，表情丰富，栩栩如生。真金与孔雀石的华丽色彩交相辉映，蕴藏着深邃的艺术魅力；精致的手工雕刻，则展示了施坦威的工匠精神。

亚瑟·鲁宾斯坦 O 型施坦威三角钢琴

这架珍贵的施坦威钢琴，曾为著名钢琴家亚瑟·鲁宾斯坦拥有，是他最心爱的钢琴之一。亚瑟·鲁宾斯坦是 20 世纪最著名的古典钢琴家之一，一位公认的气质优雅、技艺精湛的演奏家。他的演奏，富有成熟平衡的色彩和浓烈的温暖音调，抒情又具神韵。

此款是琴身编号 179445 的 24K 鎏金施坦威 O 型维多利亚风格钢琴，以英国女王维多利亚的名字命名，是特制的欧洲皇室宫廷级别超奢华风格的钢琴，展现出这个时期宫廷式装饰艺术的华丽气质。纯手工雕刻，线条优美流畅，工艺精湛。

钢琴主体为桃花心木质，纹理华丽细密，亮丽的色泽与 24K 金的黄色辉映融合，熠熠生辉。琴体表面镶嵌贝壳雕花，充满英国新古典艺术之美和独特的浪漫趣味。科林斯柱式凹槽雕刻精美，鎏金琴腿华丽浪

亚瑟·鲁宾斯坦 O 型施坦威三角钢琴

漫。小竖琴形状的钢琴踏板，饰有精美的花纹雕饰，惟妙惟肖。每一架定制的施坦威艺术钢琴，都将带着爱的印记，带着家族的传奇，成为许多家庭世代相传的珍品。

鲁宾斯坦晚年患有较严重的眼疾，他的一位好友是法国知名的室内设计师，也是他音乐的忠实粉丝，提出为他打造一架世界上最精致华贵的钢琴，以纪念他辉煌的音乐职业生涯。设计师花费近两年时间，为鲁宾斯坦设计并装饰了这架钢琴。鲁宾斯坦十分喜爱，后来，这架钢琴送给了他最喜爱的小女儿艾琳娜·鲁宾斯坦。

【共享空间】

　　琴台钢琴博物馆致力于世界顶级古董钢琴的收藏、保护、研究和交流，增设科普教育区和小型音乐厅，结合中小学生各类研学活动，积极发挥社会教育功能，先后被授予武汉市、湖北省科普教育基地。每年举办音乐会50余场，接待游客6万多人次，为市民文化休闲及情操陶冶提供了一座艺术殿堂。集文化创意产品、文化艺术教育、艺术沙龙等多样化运营的模式，探索出一条非国有博物馆的发展之路，2020年成为湖北省第一家评为国家三级博物馆的非国有博物馆。

　　在当今世界"文化融合"大背景下，以弘扬中国古典文化为核心，推出"一见钟·琴"主题系列音乐会，将湖北省博物馆"镇馆之宝"曾侯乙编钟和钢琴相结合，以西方创作技法中体现中国音乐文化内涵的理念为基础，寄托我国传统古典音乐之意境，展现"古乐奏新韵"的风貌。"一见钟·琴"主题系列音乐会，以贯通古今、融汇中西的方式，呈现古今最璀璨的音乐文化遗产，为观众奉献了一场歌、乐、舞相融的视听盛宴。

（撰稿：贺立军）

参观指南：

开放时间：9:00—17:00（周一闭馆，法定节假日不休息）

咨询电话：027–84799618

地　　址：汉阳区知音大道7号琴台大剧院八号门

交　　通：公交542路到知音大道琴台大剧院站，24、42、524、558、585等路到鹦鹉大道琴台公园公交站下；地铁6号线琴台站下

扫一扫　关注微信公众号

红色报刊的汇聚地：
武汉龙源红色报刊博物馆

武汉龙源红色报刊博物馆是经湖北省文旅厅备案、民政部门批准的民办博物馆，由武汉龙源集团有限公司投资 5000 万元，坐落于湖北省武汉市蔡甸区华中文谷知音盛棠，历经 3 年筹划建设，于 2021 年 6 月 30 日建成，免费向公众开放。这是全国第一家民营企业投资建设的大型红色报刊博物馆，

武汉龙源红色报刊博物馆外景

填补了武汉报刊类博物馆的空白，成为武汉红色文化新地标、报刊党史研究新阵地、爱国主义教育新基地、中小学生研学新课堂。

【漫步展厅】

走进武汉龙源红色报刊博物馆，序厅里毛泽东等一组历史人物雕像映入眼帘，革命先辈为中国人民革命事业不断探索、前仆后继的光辉形象使人肃然起敬。在他们身后展示的是五四运动以来最具代表性的红色报刊，如《新青年》《向导》《热血日报》《新华日报》《解放日报》《人民日报》等的巨型报刊模型。

博物馆展厅面积2600多平方米，设有基本陈列"没有共产党，就没有新中国——百年报刊展"。展览以中国共产党历史为脉络，以红色报刊为载体，以百年党史的分期为时间轴，展示自中国共产党成立以来极具历史文献价值的1000余件报刊，其中有不少的珍贵报刊原件。这些报刊虽然是静态的，

展览序厅

但也是有生命的，报刊原件能更真实地还原历史，记录并见证着我们党从小到大、从弱到强，从苦难走向辉煌、从胜利走向胜利的伟大历程。

展览分为中国共产党创立时期报刊、大革命时期报刊、土地革命战争时期报刊、抗日战争时期报刊、全国解放战争时期报刊、社会主义革命和建设时期报刊、改革开放和社会主义现代化建设新时期报刊、中国特色社会主义新时代报刊八个单元，运用声光电、多媒体、场景复原、体验互动等多种形式，全面展示中国共产党百年奋斗的光辉历程和辉煌成就，生动诠释"没有共产党就没有新中国"，大力弘扬中国共产党的伟大建党精神。进一步满足了广大党员干部及市民群众学习观摩红色文化的需求，为加强党史学习教育和爱国主义教育提供了一个新的红色场馆。

宽阔的展厅，犹如一条百年时光长廊，一张张报纸，一件件实物，追溯腥风血雨、战火纷飞的革命岁月，以时间为纵轴，从多维度、纵景深，全面展示了中国共产党历经百年发展壮大的历史脉络，再现了革命先烈的英雄事迹，感受了红色征途上的星火燎原，深刻揭示了历经百年凝聚而成的伟大建党精神。这些红色报刊让观众享受到了一次视觉上的盛宴、精神上的洗礼、思想上的升华。

【对话文物】

武汉龙源红色报刊博物馆极为珍贵的镇馆之宝，是 1916 年 9 月 1 日上海群益书社发行的《新青年》第 2 卷第 1 号原件。该期《新青年》刊登了陈独秀的《新青年》、李大钊的《青春》等文章。《新青年》于 1915 年 9 月 15 日，由陈独秀创办于上海，是中国近代史上最重要的刊物之一。高举民主与科学的大旗，开启了近现代中国思想启蒙的大幕，也开始了马克思主义

《新青年》第 2 卷第 1 号

在中国传播的历史进程。1920 年，它从一份进步文化月刊变成了共产党人掌握的党刊。

其他馆藏重要红色报刊大多是新中国成立前由中共中央或民间进步人士创办的报刊，历久弥新，特别珍贵。1915 年出版的《青年杂志》、1923 年出版的《中国青年》，1925 年出版的《热血日报》第 1 期原件，以及《湘江评论》《向导》《红旗日报》《红色中华》《新华日报》《解放日报》，以及登载"南京解放"消息的《进步日报》原件等。

其中，《向导》1922 年 9 月 13 日创办于上海，成为中共中央第一份正式的机关刊物，它以其鲜明的革命光芒，指引政治行动的方向，反映广大民众的要求和心声，被誉为"黑暗的中国社会的一盏明灯"。

《新华日报》1938 年 1 月 11 日创刊于汉口，是当时中共在全国公开发行的唯一一份党报。在中华民族危亡关头，它在国统区高举团结抗战的大旗，吹响鼓励前进的号角，被毛泽东同志赞誉为"如同八路军、新四军一样，是党领导下的一个方面军"。1939 年 3 月 6 日发行的《新华日报》原件，是该馆珍贵的馆藏红色报刊。

《进步日报》1949 年 2 月 27 日在天津创刊，是解放区新创办的第一份民营报纸，其报头系郭沫若所写。1949 年 4 月 25 日出版的《进步日报》刊登了"南京解放"的重要新闻，毛泽东同志看到此消息后大感欣慰，挥笔写下《七律·人民解放军占领南京》的宏伟诗篇。这期报纸原件也是该馆珍贵的馆藏。

在"社会主义革命和建设时期报刊"展区，一则《光明日报》刊登的新华社报道《长江大桥落成典礼隆重举行》生动地描绘了武汉长江大桥通车仪式当天，三百余辆汽车组成的车队缓缓开过大桥，接受万众欢呼的场景。

【共享空间】

武汉龙源红色报刊博物馆开馆后，湖北省党史学习教育办公室以典型案例向全省推介，受到省、市领导的充分肯定和社会各界的广泛好评，吸引党员干部和市民群众纷纷前来参观学习，开展"支部主题党日"活动。

该馆作为湖北省委党校、武汉大学、湖北大学等 10 余家单位实践教学基地，与省委党校、湖北收藏家协会等单位联合开发《从百年党报党刊中解读中国共产党百年党史》《报刊中的党史》《毛泽东与报刊》系列党课，共建"大思政课"实践教学基地，将馆藏资源转化为育人功能，为高校探索实践"行走的思政课"提供了契机和平台，引导大学生在红色报刊中寻觅先辈足迹，追溯精神之源，接受思想洗礼，提升政治素养。充分发挥红色报刊资政育人作用。主动与中小学校联系，共同打造爱国主义教育新课堂，让中小学生接受红色传统教育，树立正确的世界观、价值观、人生观，激发中小学生热爱中国共产党、热爱祖国的美好情怀。

（撰稿：刘新）

参观指南：

开放时间：9:00—16:00（周一闭馆，法定节假日不休息）

咨询电话：027–84709999

地址：蔡甸区五贤路 41 号

交通：公交 267、269 路到知音公园站下，C5、C6 路到彭家山村站下；地铁 4 号线到凤凰路站下

中华医药瑰宝的"活化石"：
叶开泰中医药文化博物馆

中医文化，源远流长，荆楚名医迭出，群贤毕聚。想要走近荆楚大地，对其中医中药发展脉络以一窥而见全貌，非叶开泰中医药文化博物馆莫属。

叶开泰，作为湖北地区老字号中医品牌，历史源远流长，烛照出明清以来的中国医药历史。其近四百年的中医药文化传承，在荆楚中医药文化发展

叶开泰中医药文化博物馆外景

中占有浓墨重彩的一笔，成为中国医药文化的代表。

2018年6月，汉阳鹦鹉大道上一片高雅、古朴的徽式建筑群拔地而起，这就是叶开泰中医药文化园。叶开泰中医药文化园是以中医药老字号"叶开泰"为底蕴建设而成的集叶开泰非遗文化、叶开泰非遗技艺、中医药传统文化、国家级省级中医诊疗、中医特色旅游等于一体的中医药综合体，既恢复了叶开泰"前店后厂"的经营模式，也留存了明清建筑风格、荆楚文化与城市记忆。

叶开泰中医药文化博物馆作为园区内重要的中药文化展示和教育的载体，面向市民开放，使大众能贴近中医中药，了解中华民族传统文化内涵的生命观、疾病观及其医疗实践内容，以增强文化自信、提高民众对中医药文化的认同感。博物馆整体为徽派建筑风格，青砖黛瓦马头墙，围合式院落格局，自然古朴，素净典雅。院门两侧挂有对联："壮哉叶开泰杏林栋梁济世活人四百载，伟矣中医药华夏瑰宝强国兴邦五千年。"博物馆院子大门的背后还有一块牌匾，写着"历久弥新"四个大字，是北京中医药大学国学院院长张其成大师所题。

目前，叶开泰中医药文化博物馆已发展成为弘扬祖国医药文化、繁荣中医药事业、普及医药知识和学术交流的重要阵地。

【漫步展厅】

叶开泰中医药文化博物馆占地面积约1200平方米，集古书、古方、古物于一体，融古色、古香、古韵于一身，集中展示中医药文化的博大精深。博物馆分为三层：第一层主要讲述中医药的制药工艺以及叶开泰的前世今生；第二层分为A、B两个展区，讲述中药本草、本草方、本草炮制以及中药剂型；第三层主要以三世医学为纲，分别讲述了中医学科中最早的三种医学流派，即经脉医学、汤液医学、导引医学。2019年底，园区整体升级改造，博物馆一层被重新划分为六个部分，包括序厅形象区、历史文化、产品文化、非遗技艺、国药精品以及宣教厅和接待室，秉承叶开泰"虔诚修合、损己无欺"的文化理念，对叶开泰悠久历史文化的传承、独特技艺和经典产品的推陈出新，进行全方位展示，对非遗技艺进行重点讲述，让参观者近距离感受叶开泰数百年的中医药文化传承与经久不衰的经营理念。

历史文化厅 展厅以反映叶开泰300多年的发展历史为纲，成为游客系统了解叶开泰历史文化的窗口。第一部分"源远流长，名誉九州"，主要展示叶开泰从1637年创立，至1993年健民药业成立的整个过程；第二部分"前店后厂，医药合一"，重点讲述了300多年来叶开泰一直坚持这一经营理念；第三部分"亦官亦商，官商各强"，讲述叶开泰在"红顶商人"现象突出的清晚期如何坚持既为良相，又为良医。"民业安平泰，官方清慎勤"，这是叶开泰第六代传人叶志诜的亲笔题词，也是叶开泰官商各强的真实写照。三部分层层递进，彼此融为一体，游客仿佛回到过去，看到叶开泰门第辉煌、世代簪缨的繁荣景象。

产品文化厅 主要从经营理念、制作技艺、产品集群、仁爱精神等四个部分，全面讲述了叶开泰特色产品的前世今生。第一部分重点讲述"虔诚修合，损己无欺"的经营理念，叶开泰自开号之日起就以绝不欺人欺世为办店方针，造社会信得过的产品。叶开泰的店堂里，高悬两块金匾，"修合虽无人见，存心自有天知"，时刻提醒叶开泰人谨遵恪守。第二部分重点讲述"世代相传，自成一体"的制作技艺，从配方、选材到制剂均精益求精，其拥有独特的制作技艺，自成一体，世代相传，成为中医药行业中的典范。第三部分重点讲述"经典名方，并蓄兼收"的产品集群，其小金丸、拔毒生肌散、参桂鹿茸丸等炮制技艺，对当今的中药制作具有重大的科学参考价值。第四部分重点讲述"寿世健民，崇德贵生"的仁爱精神，从创立之日起，叶开泰就积德行善，济世活人，敢于担当，成为叶氏世代相传的家风。

非遗技艺厅 传统医药是非物质文化遗产代表性项目十大类别之一，如果说中医药文化是我国传统文化的代表，那么中医药非物质文化遗产就是传统文化里的"遗珠"。在漫长的历史发展和积淀中，叶开泰将中医药文化与中华文明有机结合，形成了独具特色的文化体系，手工泛丸、九秘膏方、四制老酒传统技艺，相继被列入非物质文化遗产名录，成为中医药文化技艺集大成者。采用影像资料、器具展示、现场手作等多种手段，对叶开泰中医药非物质文化遗产进行全面、生动的介绍。

【对话文物】

走进叶开泰中医药文化博物馆，一个个陈列柜里摆放着古医书、中药器具等老物件，使人仿佛穿越历史长河的隧道，一幅灵动的带有浓郁中医药文化气息的百米画卷就这样在眼前铺展开来：古色古香的叶开泰老药铺里，医生正在把脉，手旁边是泛黄发皱的医学典籍和中医处方，药柜上摆着形态各异的药秤药罐，小伙计正在抓药，后院里工人们煎药正忙，药铺门前人来人往……这一件件刻印着岁月痕迹的馆藏，为我们留存了一段可回溯可怀念的中医药发展史。徜徉其中，怀着敬畏之心，与文物对话，听遥远的故事，仿佛穿越了时空，总让人流连忘返。

"本檀叶开泰"刻章

此枚"本檀叶开泰"刻章起于清代，檀香木质雕刻而成，长方形印，长

"本檀叶开泰"刻章

22.5 厘米，宽 7 厘米，厚 5.3 厘米，右上起读"檀本叶开泰"五字，是现上海市中医文献馆馆长贾杨和女儿贾茗萱捐赠给叶开泰中医药文化博物馆。

上等的檀香木在古代是珍贵木材，自宋代以来通过海外贸易从东南亚和南亚进口中国，清代时，檀香木名列天朝贡品的名单当中。上等檀香木皮实色黄，材质致密，香气醇厚，在清代宫廷尤受追捧。叶开泰有一块如此完整、面积偏大的檀香木印章，可见其在当时财力颇为丰厚，实力强大。

叶开泰药目广告单

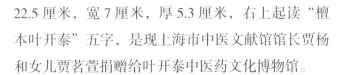

清朝时期，为扩大商品影响，开始出现各种广告，印刷广告就是其中一种。

叶开泰药目单这份广告纸就属于印刷广告，采用浅褐色纸张，上部分以寿星灵芝商标为主要装饰，两侧写有"汉镇陶家巷叶开泰号各种药目单"字样。药目单主要以产品药名、疗效等内容为主，刊载药目共计 208 种。广告单上盖有"国民政府注册""寿星灵芝商标为记"，以表示叶开泰合法合规的企业经营理念及版权意识。

叶开泰药目广告单

泛丸竹药匾

叶开泰至今仍保留了手工泛丸的技艺，非遗展厅陈列的泛丸竹药匾、药刷、丸剂抛光稠袋、药丸

泛丸竹药匾

等，清晰重现老一辈手工人的匠心和传承。

手工泛丸技艺，需要用刷子先蘸取准备好的冷开水，刷在竹药匾的一个角。在刷水的地方撒上一层药粉，转动竹药匾，同时用药刷把黏着水的药粉顺着一个方向刷下来后，整只竹药匾摇转，让细小的粒子滚起来。再喷水湿润、撒粉、吸附，反复多次，使丸模逐渐增大成为直径在 0.5 ~ 1.0 毫米的球形小颗粒，筛去过大或过小以及异形的丸模，选出均匀颗粒作为母子。再将母子放入竹药匾，加入水，继续翻滚摇晃，润湿丸模，然后不断将药粉与水润湿交替轮换，不断翻滚，层层加大，达到规定标准丸重，后用丸剂抛光稠袋进行干燥抛光。这样手工制作出来的泛制丸粒，体积小，表面致密光滑，便于吞服，不易吸潮，便于贮存。

2023 年 1 月 18 日，叶开泰作为武汉唯一受邀参展的中医药老字号，亮相中国国家博物馆"智慧之光——中医药文化展"。叶开泰药号大型章、青花瓷药瓶、泛丸竹药匾，古籍叶开泰药目等 18 套中医药文物、2 套特色药剂均在馆展出。展览期间，工作人员选用非遗技艺工具，向全国游客呈现了叶开泰独特的中医药炮制技艺——手工泛丸，让大众深深感受到中医药文化中承载的民族智慧成果和悠久历史文明。

【共享空间】

一直以来，叶开泰中医药文化博物馆利用自身场馆、中医团队、历史积累等优势，常年开展中医大课堂、小小中医师、养生进社区等丰富多彩的社会教育活动，搭建起博物馆与大众沟通的良好平台，开启了一场又一场文化盛宴，使得人们亲近博物馆的方式更为多元，让中医药走进寻常百姓生活。

叶开泰中医药文化博物馆充分利用叶开泰这面金字招牌，深入挖掘蕴含在其历史和文物中的传统文化、道德观念和家国情怀，从青少年教育角度出发，积极拓展博物馆教育活动，打造亲切、包容、值得信赖的中医药专业形象，传达对青少年的关怀，引导青少年增强中医文化自信。与晴川实验小学一直以来保持深度合作，开展课外中医药实践活动，把"非遗"搬进课堂，在博物馆开展中医耳穴课、经络课、艾灸课等，走进小学特色劳动课，让学生真正在劳动实践中，感受中医文化，体验非遗精神。

"小小中医师"是叶开泰博物馆于 2020 年开始打造的一项少儿中医启蒙文化教育项目。通过中医师教授、手工制作、非遗体验，借助中草药、香囊、经络铜人、耳穴模型、草本贴纸等趣味形式，让少年了解中医、感受中医、学习中医。通过探索中医药的奥秘，了解中医药故事，激发对传统文化的自豪感，种下民族自信的种子。至今，该项目已成为博物馆有特色、有个性的招牌活动，累计开展数百场，吸引上万人参与，在武汉地区少儿中医启蒙领域起到了引领和示范作用。

（撰稿：胡晨）

参观指南：

开放时间：8:30—17:30

咨询电话：027-84251637

地　　址：汉阳区鹦鹉大道 484 号

交　　通：公交 524、558、580、61、704 路到鹦鹉大道地铁建港站下；地铁 6 号线建港站下

扫一扫　关注微信公众号

金石砖瓦有传拓：武汉荆楚金石博物馆

2016 年 6 月 2 日，武汉荆楚金石博物馆在江汉区汉口文体中心 B 区揭幕，这是一所由江汉区文旅局和湖北省非物质文化遗产名录金石全形拓艺术代表性传承人张友海共同打造的复合型民办博物馆，主要展出碑刻、砖瓦实物及碑石摩崖拓本及湖北金石器物全形拓作品。2019 年在武汉军运会期间，该馆作为比赛冠亚军场馆接待室，被誉为"武汉市最美的接待室"，成为江汉区经济社会文化事业发展的软实力具体体现。

【漫步展厅】

武汉荆楚金石博物馆将见证武汉城市发展尤其旧城改造中散落民间的这些砖铭、碑碣等进行传拓、整理，并公开展示，为城市历史文化研究奉献可靠的实物证据和图像资料。场馆共分 3 个展厅，第 1 个展区为拓片厅，第 2 个展区荆楚厅主要展出湖北地区（含武汉市）的砖瓦石刻实物，第 3 个展区精品厅展出全国各地的金石砖瓦实物。

拓片厅 拓本 100 余件，分为全形拓、平面拓、彩拓、颖拓四类，其中

南朝竹林七贤与荣启期画像砖颖拓本（局部）

全形拓作品为张友海所作。张友海师从北京李洪啸先生，长期从事全形拓的制作和研究。并掌握碑石拓、全形拓、彩拓、颖拓等多种技艺，堪称全能拓艺大家。

荆楚厅　此厅是根据武汉老民居——里分的建筑形式，用原汁原味的老物件改造出来的，走入里分中典型的建筑元素石库门，仿佛穿越时空来到过去民家小巷中。厅中展陈具有武汉印记的本土铭文砖、碑石、瓦当及拓本400余品，蔚为大观，卓成体系，弥足珍贵，均来自张友海老师，是他十多年来从拆迁工地捡拾收集的成果。时空跨度从汉代相沿至明、清、民国、新中国初，空间地域上涵盖了湖北的主要古城（宜昌、襄阳、荆州、武汉）。既有城砖、墓砖，亦有祠堂、公所、会馆、书院及民宅用砖。它们以文字、图案、数字等元素，记录并再现以武汉为主的荆楚大地数千年的人文社会及城建史迹。

精品厅　陈列的是距今两千多年的战国和汉代砖瓦。有一副巨型瓦当来自战国时期的燕国宫殿，上面刻有饕餮纹。燕国是战国七雄之一，地域就在今天的北京、河北、天津这一带，据说当年荆轲刺秦就从这片瓦当下走过。完整的汉代瓦当呈直筒型，在瓦当前方圆形装饰部分一般刻有象征吉祥的文字和图案，厅中展示瓦当刻有"长生无极""与华相宜""长乐未央"等字样，是典型的汉代瓦当。另外还有一块汉代车马出行画像砖，马儿雕刻得生动传神，马蹄上扬，呈飞驰状，动感十足。画像砖用形象生动的艺术画面，客观具体地反映了当时的社会情况，具有很高的史料价值和艺术价值，因此被人称作为图画版的汉代"百科全书"。

【共享空间】

"人文武汉"大课堂　2016年8月，在"人文武汉"团队的提议下，荆楚金石博物馆开始了对"大课堂"讲座形式的探索。在江汉区文旅局的鼎力支持下，"人文武汉"大课堂在荆楚金石博物馆的中厅正式开讲，至今已举办了60多期。大课堂以讲述武汉城市人文历史、文史研究成果和文化现象等内容为主，利用群体资源优势传承武汉城市历史文化知识，达到宣传本土优秀文化的目的。多年来，从最初的小型人文聚会发展成为颇具影响力的大型公益类讲座，并将成果汇集出版《江城拾遗》一书。

"人文武汉"大课堂

传拓技艺实践研学 传拓技艺是用纸和墨及传拓工具将铸刻在器物上的文字或图案捶印下来的一种方法，传承至今，为中华文化遗产的有序传承做出了不可磨灭的贡献。不仅为我们保留了无数珍贵的文物、文献资料和书法艺术资料，而且至今还在文物、考古和古籍保护工作中发挥着不可替代的作用，在中华民族优秀文化传承方面发挥了重要作用，被誉为"古代的照相机"。

此外，自武汉荆楚金石博物馆成立以来，不断开展专题性的"暑期非遗文化之旅""小小讲解员培训班"，及"非遗文化体验课"等活动，举办传拓体验教学活动300多场。不仅让各年龄段的学生体验传拓之美，感受非遗魅力，也对武汉大学图书馆古籍修复部、湖北图书馆古籍修复部、美术专业机构的专职美术老师进行专业培训和指导。

蓦然回首，非遗之美、中华文化之璀璨早已深入人心，文字图案结合的艺术瑰宝时刻浸润着每位学习者的艺术情操。学习者不断在动手实践中加深自己的理解，加入自己的创新，中华非遗文化血脉终得以绵延不断、薪火相传。

（撰稿：张友海）

参观指南：

开放时间：9:00—16:00

地　　址：江汉区新华路 247 号汉口文体中心 B 座一楼

交　　通：公交 294、507、527、535、561 等路到北湖站下；地铁 7 号线到取水楼站下，2 号线到王家墩站下

扫一扫　关注微信公众号

不能忘却的纪念：湖北军民抗战博物馆

　　位于东湖之滨的九峰城市森林保护区内的石门峰纪念公园，由洪山区人民政府和深圳宜德投资集团投资兴建，是一座集人文纪念、旅游观光、爱国主义教育为一体的现代化纪念公园。公园有着得天独厚的历史文化资源和党史国史资源。建设有辛亥纪念园、武汉抗战纪念园及中国空军烈士墓等。而湖北军民抗战博物馆，就坐落于石门峰纪念公园内。

湖北军民抗战博物馆外景

湖北军民抗战博物馆用丰富的实物及史料向世人宣传湖北军民为抗战作出的巨大贡献，向民众进行"铭记历史、缅怀先烈、珍视和平、警示未来"的教育。它不仅为武汉"文化五城"建设的"博物馆之城"增添了一座具有特色的民办博物馆，而且是继众多爱国主义教育基地之后，湖北武汉地区又一处独具风格的，可供游人缅怀历史、凭吊先烈、汲取正能量的党史国史教育场馆。

【漫步展厅】

湖北军民抗战博物馆基本陈列展览包含"军民抗战纪念展"及"日军侵华罪行展"。展览用珍贵翔实的历史文物及史料，直观形象地展现湖北军民抗战特别是武汉会战的历史，提醒广大市民"铭记历史、缅怀先烈、珍视和平、警示未来"。

军民抗战纪念展通过"全民抗战""中流砥柱""武汉会战"等部分，生动展现了武汉会战历史和湖北军民在抗战中做出的卓越贡献，以及中国共产党领导全民抗战的中流砥柱作用。"日军侵华罪行展"通过展示《支那事变纪念帖》以及日军侵华期间的行军地图、毒气罩、各种旗帜、及日军在武汉发行的军票等文物，洞烛日军侵华罪行的源头，揭露日本军国主义的罪恶，也让我们铭记历史，不忘国耻！

除基本陈列展览外，湖北军民抗战博物馆经过多年的收藏与研究，还先后建成了系列常设专题展和临时特色展览。例如，"抗美援朝展"通过近千件抗美援朝时期的藏品，包括军事装备、中国人民志愿军功勋证章及湖北籍志愿军战士名单等，深刻解读抗美援朝精神，让后人从中感悟"天下兴亡，匹夫有责"的崇高爱国热情，"前赴后继，死而后已"的伟大英雄本色，"和衷共济，世界大同"的深厚国际情怀，让抗美援朝精神在历史的更迭中不断被赋予新的时代内涵。"家谱家训展"旨在弘扬优秀家风家训，激活蕴藏在馆藏家谱家训中优秀传统文化资源，为人们提供精神滋养，使广大群众尤其党员干部，通过学习族谱家训，在传承优良家风中树立责任意识和担当精神。"时代记忆展"从毛主席像章、书籍、报刊、奖品、奖状、徽章，到各种生活器具，不同年代百姓家庭的生活场景在这里展示，反映了日新月异的社会变革，宛如一幅展开的中国当代史画卷。它们不仅仅是一件件原始物件，更是一份份带有浓厚情感的回忆。

从武汉抗战到民族解放，从建国到改革开放，从历史写实到艺术写真，湖北军民抗战博物馆汇聚武汉百年历史和艺术文化，传承"汉味"故事。来到此馆，大家可以探寻生命的故事和城市的记忆。

【对话文物】

走进湖北军民抗战博物馆，可以看到在庄重的深色背景中，呈现着的一件件陈旧的抗战文物。带有弹孔的德式钢盔，见证了保卫武汉时期的惨烈；血迹斑斑的刺刀，显示了先辈们为保卫祖国而抛头颅、洒热血的壮烈；新四军第五师的荣誉奖章，记录了湖北地区抗日根据地的发展和壮大；抗战时期印有"团结抗战"的商标和用品，是中国军民团结一心抗击侵略者的最好证明；江汉关下的"刺刀"徽章、日本出版的《历史写真》等实物，如铁一般的罪证，诉说着日军侵华给中国人民带来的深重灾难，也讲述着当年中国军民在保卫大武汉的殊死战斗的流血牺牲……一件件历史文物，如同带我们穿越时空隧道，重新窥看历史的轮廓。同时，它们也在告诉后人：勿忘国耻，振兴中华！

新四军第五师荣誉章

新四军第五师荣誉奖章

新四军第五师荣誉奖章，铜质涂漆，直径 3.3 厘米，正面绘有一名手持步枪冲锋陷阵的新四军战士形象，背景为红色五角星，上方镌有"新四军第五师"名称，底边刻有"荣誉章"三字，背面铸有"坚决抗战、保卫祖国"铭文，这是新四军第五师于 1943 年颁发给立功将士的荣誉奖章。

抗大第 1 期毕业证章

抗大第 1 期毕业证章

抗大第 1 期毕业证章，铜质圆形，镶珐琅漆，黄底红色五角星，刻有"抗大"及"团结活泼、严肃、紧张"字样。抗大，全称中国人民抗日军事政治大学，是抗日战争时期中国共产党培养抗日军政干部的学校。前身为 1936 年在陕北保安创办的"中国人民抗日红军大学"，1937 年 1 月 21 日改称中国人民抗日军事政治大学，毛泽东兼教育委员会主席和政治委员。1938 年至 1945 年，抗大先后在各抗日根据地建立 12 所分校。抗战期间，抗大总校共招收 8 期学员，连同各分校共培训了 10 余万名军政干部，1945 年底，抗大迁往东北，改称东北军事政治大学。

1938 年武汉出版的抗战书籍

"到武汉去"的口号是 1937 年淞沪会战开始后由上海文化界提出来的，1938 年的武汉，几乎可以看见全国所有文化名人的身影。

《新华日报》和《群众》周刊在武汉的相继创刊发行，在文化界树起了团结进步的旗帜。在它们的影响下，武汉地区各类抗日报刊和书籍大量涌现。大批新闻工作者和进步人士辗转来武汉创办报刊、书籍，读书生活出版社、生活书店等 50 多家具有影响力的出版机构也陆续迁至武汉，在武汉出版了数以万计的抗战书刊，以此作为推动抗日救亡运动的舆论工具和战斗号角。

【共享空间】

湖北军民抗战博物馆自免费对外开放以来，先后接待了近千批参观团体，参观人数累计逾数百万人。举办了两百余场大型纪念活动，组织馆际交流参观 100 次以上，省内外专家学者研讨会 20 次，与数百家政府部门、企事业单位、社区、大专学校、部队达成共建意愿，得到了参访团体的高度认可。每年，都会有近百家单位前来开展形式多样的爱国主义教育活动，社会反响强烈。

湖北军民抗战博物馆每年会根据不同纪念日举办相关爱国主义教育活动，如"万烛公祭·纪念抗战英烈活动""致敬永远的丰碑——烈士纪念日活动""国家公祭日，百名学子向抗战英烈及遇难同胞献花致敬""弘扬五四精神，青年祭扫缅怀革命先烈"等。此外，还举办"清明祭英烈""赓续红色血脉，传承红色基因——'七一'建党节缅怀英烈""纪念抗战胜利77 周年"等大型纪念活动，"以名人为载体，以公园为基地"开展爱国主义教育的好经验、好做法得到社会的认可，被媒体誉为"伟大的民族凝聚力工程"。

在这里，人们可以在奠祭自己亲人的同时，感恩中华民族的历史伟人，感恩民族解放的革命先烈，感恩他们为中华文化和中国革命所作出的巨大贡献，从中受到感悟与激励，增强民族自豪感。

未来，湖北军民抗战博物馆将继续秉承社会责任和历史责任，传承和发扬湖北历史文化，打造全民共享，可读、可赏、可鉴、可览的胜地。

（撰稿：易晓明）

参观指南：

开放时间： 09:00—16:00（周一闭馆，法定节假日不休息）

咨询电话： 027-87635298

地　　址： 东湖高新区九峰街道石门峰路 9 号

交　　通： 公交 25、518 路到森林大道石门峰公园站下

扫一扫　关注微信公众号

油香飘百年：武汉杨楼子老榨坊博物馆

汉口之北，黄陂之南，盘龙城之侧，原来的杨楼子湾连同那座黄土岗已经消失了。但如今的叶店路口，一处地方化景观仍吸引着远近各处的人们前往，这就是杨楼子老榨坊博物馆。杨楼子老榨坊，作为武汉城市之根盘龙城3500年来留存的地面文化活化石，已经在阵阵榨油声和弥漫在空气中的油香味中成为网红聚集的打卡地。

【建馆回眸】

查阅杨氏清白堂谱，杨家先祖于明嘉靖三十七年（1558）即兴建杨楼子榨坊，那时漕运繁荣，从黄陂黄花涝的渡口运出的货物中常常混着浓郁的油香，而这多半是出自杨楼子榨油坊。经过数代人钻研，榨坊的榨油技艺愈加精湛，油品醇香清冽，生产的"寿康坊小麻油"更是一度为皇宫贡品。19世纪末期时，"春榨菜籽冬榨棉，夏榨花生和芝麻"，榨坊的麻油和其他油品行销甚远，多处开有分店。相当长一段时间内，黄陂盘龙城一带流传着一句俗话，"养女不嫁杨家楼，白天种地晚上榨油"，可见杨楼子湾榨油坊

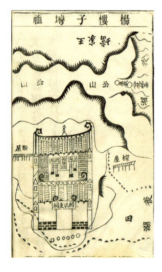

之辛苦，更说明了杨家榨坊在这一带名气之大。

改革开放后，榨坊回归杨家产业，杨氏后人杨德元将生产队废弃的榨油机赎回，又将老榨屋基的石碾拖回，开始碾麻饼粉碎复榨麻油。1982年，杨德元在和父亲商量后，筹集了一笔款项，分别在1986年和1992年先后买断了杨楼子湾和叶村店两处榨坊的经营权。在父亲的技术和声望的加持下，杨德元的榨坊年年盈利，经过二十多年的积累，他办起了武汉盘龙城杨楼子榨油有限公司。

进入新世纪，黄陂的城市化进程加快，原有农耕文明建构下的民间文化逐渐散失。昔日黄陂的榨坊何止上百，如蔡家榨、周家榨……几乎村村都有，而如今只有一个杨楼子榨坊。杨德元忧心忡忡，决心要将其留存下来，这是他作为家族传承人的责任。三年后，通过申报，杨楼子榨油技艺成功列入武汉市首批非物质文化遗产名录。2012年，杨德元创办了武汉市第一个农民私人博物馆——武汉杨楼子湾榨坊博物馆。名家的支持，媒体的关注，使榨坊有了较高的社会知名度。历经十三代传承，以杨氏榨坊为代表的"传统榨油技艺"，被列入湖北省非物质文化遗产保护名录，杨楼子麻油被评为"中华人民共和国地理标志商标"。

【对话文物】

武汉杨楼子老榨坊博物馆毗邻黄陂区盘龙城遗址，是由具有四百多年历史的杨楼子老榨坊发展而来。以老榨坊为主体的杨楼子老榨坊博物馆，分设

老木榨油机　　　　　　　　　　　　　打榨演示

展示区、生产区、休憩区。馆藏品以农耕文化为主题兼有石雕艺术品，收藏有明清木榨、油缸、石碾、石雕等文物三百余件，其核心藏品为两台完整的老木榨油机（清代和民国时期）和整体传统榨油工艺流程所需器具，陈列的各项文物展现了中国传统农耕文化特色。

　　杨楼子老榨坊博物馆不囿于静态陈列展示，活化利用老木榨，直观动态展现传统榨油生产技艺的全过程。文化传承与生产生活密切结合，活态展陈与观众互动相融，彰显了"湖北省非物质文化遗产生产性保护示范基地"特质。走进现在的杨楼子老榨坊，空气中飘荡着醇厚的芝麻香和柴火味。榨坊一角，柴禾老灶上，铁锅里的芝麻被炒得芳香四溢，一位师傅在旁边用黄金稻草将炒、蒸后的芝麻捆扎成草饼，随即套上鞋套用力踩踏使之结实，形似民间舞蹈。

　　杨楼子老榨坊生产的油，从晒籽、去杂、炒籽、粉碎、蒸粉、踩饼、上榨、插楔、撞榨、接油、入缸到转缸共有十多道工序，全部靠手工完成，"从我爸到我手上，我们改变的只是生产工具。譬如说把木料和石料改为铁质的，把土灶改为锅炉，用机械动力代替畜力，等等。"杨德元坚持不搞现代机械化生产和联营生产，他说："绝对不掺任何化学添加剂，货真价实的东西才有生命力。"除特产麻油外，自制的黄陂绿豆豆丝也颇受欢迎。如今，杨楼子榨坊不仅保留着古老的以物易物的方式，附近居民可以拿花生或者菜籽等原料来换油、榨油。

【共享空间】

国际古迹遗址理事会专家一行
考察杨楼子湾老榨坊博物馆

武汉杨楼子老榨坊博物馆建馆之初，聘请武汉大学人文社会科学资深教授冯天瑜先生等专家学者为博物馆顾问。杨楼子老榨坊博物馆与中国粮油协会油脂分会、武汉轻工大学合作，积极为建设中国油脂博物馆提供支持。2021年10月1日，中国油脂博物馆正式揭牌开馆，武汉杨楼子湾老榨坊作为重要的展出单元，吸引了来自全国各地的专家学者。在其中国古代油脂展厅，约100平方米的独立展区内，完整展示了杨楼子榨油技艺流程相关载体，包括木榨、石碾、石磨、风车、蒸罩等。与此同时，位于黄陂盘龙城的武汉杨楼子湾老榨坊本部作为中国油脂博物馆的体验展示区，古今贯通、展陈互动、交相辉映。

（撰稿：刘建林）

参观指南：

开放时间：8:00—19:00（常年免费开放，春节假期除外）

地　　址：黄陂区盘龙城开发区盘龙大道22号

交　　通：公交296、290、286、289、295路到盘龙大道叶店南站下；地铁2号线到盘龙城站下

民间瓷珍看"长庭"：武汉长庭陶瓷博物馆

　　由于城市化进程加速以及教育资源的重新分配，很多农村学校已经没有孩子上学了，但文化的传承不能断。要使农村地区独特的历史文化河流生生不息，唯有引进源头活水。余长庭就是这样一个引水人。2013 年，余长庭将武汉市江夏区金港新区余岭村一所闲置的学校改造成一座特色民办博物馆，展示和传播荆楚陶瓷文化，这就是武汉长庭陶瓷博物馆。

武汉长庭陶瓷博物馆外景

【漫步展厅】

武汉长庭陶瓷博物馆自开馆以来，重点展示本地区的特色陶瓷文化。该馆以收藏展示古陶瓷为主，常年基本陈列展厅有三大主题：江夏陶史五千年、唐宋盛世湖泗窑、中国明清陶——湖北马口窑。

"江夏陶史五千年"展厅 距今约五千年的新石器时代的聂家湾古窑遗址上的陶器、窑工制陶工具、筑窑保温材料等珍贵物件，陈列于此。1980年7月，武汉长庭陶瓷博物馆馆长余长庭在江边防汛时率先发现了这个窑址，2000年带领有关专家到现场后一致确认为距今约五千年属新石器时代的窑址。肉眼可见有以穴窑为主的古窑址群，此古窑址在聂家湾遗址附近，按惯例称为聂家湾窑。至今，在长约500米、宽约80米的江边一带发现了近10座古陶窑。聂家湾窑址的发现揭开了武昌区水果湖放鹰台遗址考古发掘的新石器时代陶器产自何处的谜团，同时填补了长江中游地区新石器时代无陶窑的历史。

"唐宋盛世湖泗窑"展厅 步入展厅，众多珍贵的湖泗窑器物映入眼帘。在江夏区，湖泗窑发现了有近二百座窑址，填补了武汉地区唐、宋无瓷窑的历史。湖泗窑的主要产品以碗、盏、盘、碟、壶、罐、瓶、粉盒、枕、炉、熏、烛台、油灯、坛、缸等百姓的生活器物为主，但在宋代，湖泗窑有着特殊的历史地位。由于宋蒙（元）战争的爆发，湖泗窑一改生产百姓的日用器物，转而生产战争所需物件。由一座生产百姓日用品的民窑变成了生产军用器物的官窑，如瓷灰瓶、炸弹的瓷外壳、陶瓷弹（球）等军用器物。可以说，湖泗窑为延缓南宋灭亡作出了一定贡献。

"中国明清陶——湖北马口窑"展厅 明清时期，我国陶瓷文明达到了巅峰，而湖北的马口窑是该时期最重要的陶产地之一。位于湖北省汉川市马口镇的马口窑遗址距离武汉市 45 公里，是长江流域中部地区影响最大、延续时间最久、从未间断、有实物、有准确年款的民窑。自明朝隆庆年间（1567—1572）创烧至 20 世纪 90 年代左右止，历经四百多年的传承，生产了大量民间生活陶器，既满足了当地百姓生活所需，又沿着汉水、长江运往全国各地，远销海外。由于留下的实物较多，马口窑是研究明清以来社会百姓生活方式较好的原始资料。

【对话文物】

武汉长庭陶瓷博物馆作为一家非国有民办博物馆，收藏有三千多件（套）陶瓷器，时间跨度从新石器时代至 20 世纪 90 年代。这些陶瓷器见证了长江中游武汉地区以及江夏区的民俗文化，以物证史，向我们讲述着江夏故事、武汉故事、中国故事。

“一别行千里”诗文瓷片

“一别行千里”诗文瓷片

这块瓷片是长沙窑执壶的一部分，它灰胎施青釉，上面用褐彩书写了一首五言诗，诗义是："一别行千里，来时未有期，月中三十日，无夜不相思。"长沙窑是中国彩瓷的发源地，被誉为"天下第一彩瓷窑"，代表了湖南乃至全国陶瓷艺术的最高水平。在烧制的器物上用不同颜色的釉料书写诗文作装饰，是长沙窑的首创。

而唐代长沙窑烧制的瓷器不仅大量销往全国各地，还远销海外，成为当时重要的外销瓷。因此，这块瓷片的发现，也再次证明了长沙窑的地位及其瓷器外销的繁盛局面。

红陶尖咀鸟

红陶尖咀鸟

这一件精美的陶制品是来自江夏聂家湾窑的红陶尖咀鸟。在中国古代文化中，鸟被赋予了智慧、力量和美的象征意义。这件红陶鸟小巧玲珑，周身通红，长长的尖咀和炯炯有神的眼睛展现了古人对鸟的崇拜和敬畏之情。整个鸟身呈卧状，看它聚精会神、稳如泰山的模样像是在孵小鸟，这神态让人不禁联想到母爱的伟大和无私。这件红陶尖咀鸟是五千年前的古物，却依然保存完好，是古代工匠高超审美能力和技艺的杰作。其简练传神的雕刻手法，验证了古代流行的雕刻工艺"汉八刀"历史悠久，甚至可追溯至新石器时代。这件红陶尖咀鸟，不仅是一件陶瓷器，更是一件珍贵的艺术品。

它的发现过程也令人异常惊奇。在2000年的秋冬季节，余长庭像往常一样，再次来到了1980年夏季的防汛所在地江夏区金口街金水闸江边。由于冬季江水水位下降，江边暴露了许多窑渣、陶片、石斧等物件。他站在江边，静静地凝视着长江流淌而过，感受微风拍打在脸上。江水倒映着他的身影，他的目光停留在江水中浸泡的古代陶片和窑渣。突然，在离岸三十厘米远、十几厘米深的浅水中，注意到一个静静躺在江水波浪中的鸟状物。他确认那是一个古代鸟的造型。于是小心翼翼地将其捧出水面，惊叹道："一个陶鸟！居然完好无损！"现在，这件珍贵的陶鸟已经成为该馆的"镇馆之宝"。它以顽强的生命力见证了江夏数千年的变迁，同时还是长江文化的重要见证。

后来经专家研究认为，这件聂家湾窑烧造的鸟具有更古老的工艺和更浓厚的历史气息，相比之下，新石器时代晚期发掘出来的长尾陶鸟显得不及其古拙。

宋青釉省油灯

宋青釉省油灯

收藏于该馆的宋青釉省油灯是宋代湖泗窑窑工的精品杰作。这件灯的形状独特，从上往下看，如同一个碟子，用手触摸它很厚，上下之间有个夹层，一个细小有孔的圆柱形管通往器身，砖红色胎底部不施釉，周身施青釉。

省油灯的名称源自陆游的《斋居记事》："注水于盏唇窍中，可省油之半。"这件省油灯是馆长余长庭在江夏区湖泗窑附近一农户家收购而来。这种灯的设计原理非常巧妙，使用前先从小孔往里注水，当夹层水注满后再往上面碟形盘里注油。油灯被点燃后因下面夹层里有水，油温上升得慢，由于油温低它就挥发得慢，这样油灯燃着的时间久，省油的目的就达到了。这件工艺品充分地体现了古代人民的智慧和创造力。

【共享空间】

　　文物是历史的见证，也是文化的载体。为了让更多人了解中华传统文化，武汉长庭陶瓷博物馆面向社会招募志愿者参与各项活动。这些志愿者来自不同单位和行业，但都有一个共同的爱好——中国的陶瓷文化。博物馆非常重视志愿者队伍的组建及培训，经常邀请专家对志愿者进行培训，提升志愿者的业务技能和服务能力。在近十年的时间里，武汉长庭陶瓷博物馆与省市博物馆及多所学校合作，成立了多个陶瓷教学实践基地，促进传统文化普及。同时，博物馆还积极开展外出巡展活动，走进杭州、景德镇、长沙、深圳等地，用文物讲湖北故事，让更多人了解荆楚文化。

（撰稿：余长庭）

参观指南：
开放时间： 8:30—16:30（节假日不休息）
地　　址： 江夏区余岭村余家湾特 1 号
交　　通： 公交 910 路到金龙大街虎山村站下

一间容纳所有瞬间的屋：
武汉谌安明蝴蝶博物馆

武汉谌安明蝴蝶博物馆，前身为谌安明昆虫馆，由民间昆虫收藏家谌安明先生 1980 年创办。博物馆于 2010 年筹建，2014 年落户在琴台公园文化艺术中心，2022 年入驻位于武汉市东西湖区吴家山北部的码头潭文化遗址

武汉谌安明蝴蝶博物馆

公园。作为湖北省首家昆虫博物馆，博物馆陈列着谌安明先生历时30多年从全国各地采集收藏的蝴蝶和昆虫标本数万件，以及风格独特的蝶翅画等艺术品，是集昆虫研究、生态展示、科普教育、文化传承、自然美育于一体的自然主题博物馆。

【漫步展厅】

展厅一角

在武汉谌安明蝴蝶博物馆，参观者可以近距离地观察呆萌的甲虫、绚丽的凤蝶、含剧毒的蜘蛛、隐身的飞蛾……探秘自然之奇妙，领悟生命之精彩。

主展区包括蝴蝶与昆虫展厅、生态昆虫展厅、生物多样性保护展区、梦想花园、森林剧场等。如走进鳞翅目蝴蝶展区，仿佛置身于一个奇异的蝴蝶世界，这里陈列着五彩斑斓、形态各异的蝴蝶标本。蝴蝶是鳞翅目昆虫中锤角亚目昆虫的统称，目前世界上已知的种类有两万余种。馆内展示的蝴蝶分为17个科，大部分都是珍稀品种。如蝴蝶界公认的世界上最漂亮的蝴蝶——闪烁着蓝紫色金属光芒的南美洲"光明女神"蝶，单翅直径超过10厘米、世界上翅膀最长的蝴蝶——长翅德凤蝶，世界上最小的蝴蝶——阿富汗小蓝灰蝶，中国最大的蝴蝶——金裳凤蝶，长得像猫头鹰的"猫头鹰"蝶，世界上最大的蛾类、翅尖处酷似蛇头的"蛇头"

中华虎凤蝶标本

蛾……千姿百态的蝴蝶令人眼花缭乱。

馆内展示的蝴蝶标本不仅漂亮，而且非常细致，连蝴蝶身上的绒毛、翅膀上细小的花纹都清晰可见。其中，被列入国家二级重点保护野生动物的中华虎凤蝶尤其令人惊叹。

中华虎凤蝶是我国独有的一种野生蝶，主要分布长江中下游地区，湖北是中华虎凤蝶的首发地，而且它们每年只在早春出现于特定的狭小区域，翅膀上的色彩和条纹酷似老虎皮纹，可以保护其在森林中不被天敌发现。由于其独特性和珍贵性，中华虎凤蝶被昆虫学家誉为国宝。

【共享空间】

武汉谌安明蝴蝶博物馆通过系统、系列的标本和活体展示，传达给观众关于昆虫与自然更丰富的知识。融合各种展示方式，系统增加了博物馆的互动体验感，并通过环境营造和艺术装置，尝试呈现出生物的自然之美。在这里，孩子们可以亲眼观察昆虫的生活习性，还有一些可供接触玩耍的活体昆虫，比如世界上最大的螳螂、长得像一片绿叶的叶脩虫，金龟子、锹甲、天牛、玉米蛇等。深入探索昆虫世界，感受蝶变魅力，萌虫互动，用有趣的方式带领孩子追求真理探求真知，揭开大自然的神秘面纱。

博物馆针对中小学生开发了充分结合和发挥学校与博物馆各自资源优势的研学课程和馆校结合课程体系，通过知识与实践的结合，打造昆虫、植物类特色课程，用科学的方法引导孩子走向自然、了解自然、保护自然。得益于互动体验式的创新科教手段，武汉谌安明蝴蝶博物馆成为一个展示多样生物、探求科学新知的自然科教资源高地。

每年的 7 月份，武汉的山林中都会有蝴蝶轻舞飞扬，成为仲夏夜一道柔美的风景线，并吸引大量的市民前来观赏。但这也给蝴蝶的生存环境带来了比较大的压力。武汉谌安明蝴蝶博物馆也将适时推出蝴蝶主题研学，让孩子们观察蝴蝶从幼虫到成虫的变化过程。

馆内工作者想要用寻觅、展示、保护、科普的方式，守护好武汉这座大城市中的一方小天地，同时告诉青少年，人类不是城市中唯一的住客，还有许多小生灵和我们共享同一片天地。希望用尽量多元的形式吸引公众的注意，建立对"人与世界关系"的思考，体会到保护自然的重要性。

（撰稿：谌毅）

参观指南：

开放时间：9:00—17:00（周一闭馆）

地　　址：东西湖区码头潭文化遗址公园 A4–5 栋

交　　通：轨道交通 1 号线、2 号线到码头潭公园站下，6 号线到五环体育中心站下

社区中的博物馆：
武汉高龙博物馆和武汉汉绣博物馆

武汉市汉阳区江欣苑社区，有一座高龙博古城国家非物质文化遗产武汉传承园，这里聚集了汉绣、高龙、刘泥巴剪纸、楚式漆器、木雕船模、黄梅挑花等 54 个国家及省市级名录的非物质文化遗产项目，还藏有两座展示武汉非遗文化的博物馆：武汉高龙博物馆和武汉汉绣博物馆。时逢节会和各类庆典活动，就可以欣赏到距今 1400 多年历史，有着深厚传统民族文化底蕴的中国龙文化中的奇珍异宝——高龙，以及楚韵瑰宝——汉绣。

武汉高龙博物馆

高龙是活跃在汉阳区江堤乡一带的民间舞蹈祭祀活动，舞高龙场面宏大、气势壮观。1400 多年来，生活在这里的村民、渔民，深深地爱它、敬它，年年舞它，乐此不疲。高龙，源于西汉"鱼龙曼延"，盛于唐"贞观之治"的汉阳高龙；2008 年，汉阳高龙入选国家级非物质文化遗产名录，承古启今，堪称绝无仅有，中华一绝。村民刚搬进小区的时候，为丰富大家精神文化生活，社区党委就借助汉阳高龙这个非遗项目，充分挖掘其文化内涵，提炼形

武汉高龙博物馆外景

成"高龙精神"等正向能量，广泛发动居民群众学绝活、演绝技，将群众拉下了牌桌，同时也为居民群众带来了较好的经济效益。近年来，武汉高龙表演艺术团先后赴北京、上海等城市，以及俄罗斯、日本、加拿大、巴基斯坦等国家交流演出，声名远播。

武汉高龙博物馆于2012年6月18日建成开馆，整个建筑集东方文化的典雅与现代化功能于一体。走进高龙博物馆，在巨型弧幕的包围下，光与影的结合，水与天的对接，栩栩如生的真人蜡像，光电互动的触摸游戏，将人们带入高龙千年传说之中。

展厅通过中国龙文化篇、高龙起源篇、高龙扎制技艺篇、高龙舞动技艺、高龙的祭祀文化、高龙荣誉篇、非物质文化遗产篇七个单元，展示和传播高龙的历史和文化。社区每年会做两条龙，第一条龙是每年过年的时候玩

武汉高龙博物馆展厅一角

赏，到了正月十五的晚上焚烧掉拜天，祈福居民在新的一年身体健康、百事百顺。第二条龙是高龙表演艺术团参加每年的台湾艺术行，进行表演用的。来到高龙博物馆，大家可以在一条缩小版的高龙旁边照相，沾一沾高龙的龙气。这条高龙龙头高约5.95米，重达95斤，象征着九五之尊，在这里，所有的高龙都是高龙传承人手工制作而成。龙头和龙身分为十三截，主要的技艺施展都是在龙头上进行。近百年前是有八大技艺，后来随时代进步，高龙扎制技艺也越发精湛，现在的技艺手法高达二十多种。

高龙博物馆藏品十分丰富，种类繁多，拥有扎制工具、表演服饰、文化书籍、砚台、印章、竹器、陶瓷、书画等诸多门类的珍贵藏品。上百余幅的纪实照片，记录下了汉阳高龙远赴北京、上海、台湾等地交流表演的辉煌历程，展现了1400多年历史上载誉无数的高龙精神精髓。整个展馆大气恢宏，历史文化同高新科技完美结合，向国内外游客生动展示最丰富的高龙文化。同时，武汉高龙博物馆积极开展富有特色的社会教育活动，吸纳社会志愿者，参与博物馆各项活动，强化博物馆社会教育服务功能。充分发挥"第二课堂"的优势，通过沉浸式公众体验活动，让更多群众认识非遗、爱上非遗。

武汉汉绣博物馆

武汉汉绣博物馆

武汉汉绣博物馆于 2013 年 5 月 17 日建成开放，是湖北省批准成立的第一家民办汉绣博物馆。长期以来，苏、湘、蜀绣耳熟能详，汉绣鲜为人知，自 2008 年汉绣被列为国家级非物质文化遗产名录以后，汉绣逐渐进入大众视野，令人耳目一新。

汉绣作为地域性绣种，是流行于以荆沙、武汉、洪湖为主，辐射到我省长江两岸和江汉平原广大地区的传统刺绣，它经历了缘起、兴盛、流变、复兴等不同的发展阶段。

汉绣始于汉代，兴于唐、盛于清，清朝中晚期在武汉发展到鼎盛阶段，"武汉汉绣"最初见于武昌，武昌白沙洲依城临江，向有"男会驾船，女会绣花"之说，次第传入汉口。清咸丰年间，汉口便设有织绣局。清光绪年间，汉口万寿宫江西会馆附近有 32 家绣货铺，铺面、作坊林立，形成汉口绣花一条街，"绣花街"因此得名。"武汉汉绣"采用传统手工工艺制作而成，主要以红、黄、绿、白、黑色绸缎为绣底，整幅绣品画面完全用丝线以实线的方式完成（即画面效果是以丝线的颜色表达而非以填色的方式表达），且双面针刺的运用使作品针脚短，排针紧密，在形成齐、平、顺刺风格的同时，作品可搓、揉、折、叠而不跑线，不起泡。绣品主要包括民俗产品、舞台文艺用品、宗教文化用品、民间灯会庙会产品等四大类，以"平金夹绣"为主要表现形式，针法富有浓郁的地方特色。多以浓郁的装饰性图案，创造热烈浓厚的气氛，其色彩浓艳、构思大胆、手法夸张、绣工精细，在审美和应用中都包含鲜明的文化取向，具有很高的艺术价值。

汉绣博物馆馆内分为汉剧戏服、宗教类绣品、民俗类绣品、生活类绣品和藏品展示区域。汉剧戏服和宗教类绣品是汉绣的主打产品，宗教类绣品以绣制佛像和宗教装饰性用品为主，这里的释迦牟尼佛、达摩渡江和滴水观音都是汉绣佛像绣品中的精品，民国时期的旧围桌也是该馆的珍贵藏品。该馆收纳、展出包括任本荣、张轩松、黄圣辉、姜成国等多名当代汉绣大师的汉绣精品近 180 件，馆藏的历代汉绣精品传递和散发出丰富的文化内涵，为提升城市居民文化素养提供了生动的载体。

汉绣博物馆充分发挥博物馆自身具备的文化优势，积极打造武汉汉绣交流与传播的重要窗口，在普及汉绣知识、传播汉绣文化方面发挥积极作用，增强汉绣文化的认同感和自豪感，同时聚集汉绣代表性传承人、汉绣艺人及汉绣爱好者，开展"汉绣导师带徒"活动，为汉绣文化的可持续发展提供传习场所。

（撰稿：程妍）

参观指南：

开放时间： 8:30—17:30（周末参观需提前预约）

咨询电话： 027-84222640

地　　址： 汉阳区江堤中路 11 号江欣苑社区

交　　通： 公交 42、532、547 路到江堤中路马路湾站下

民俗文化的大观园：
武汉市新洲区凤凰民俗博物馆

　　武汉市新洲区凤凰民俗博物馆，位于 318 国道的胡青湾路段北的卧狮地上，是武汉凤娃古寨古建群落的重要组成部分，由徽派明清时期的古民居遗址和农耕文化长廊构成，以常态化的清代民居复原陈列和明清代民俗文化展览为主。

武汉市新洲区凤凰民俗博物馆外景

【建馆回眸】

说起新洲凤凰民俗博物馆，有一个人不得不提，她就是当年被当地人称"拾荒女"的余红梅。

让时光穿越回余红梅20岁创业起步之时，那时她与丈夫刚结婚。余红梅说，结婚时，借了一万多元的外债还不起，婚后不到一年，有了孩子。为了生计，刚生下孩子不到3个月，余红梅便和丈夫一起拾荒维持生活。在余红梅眼里，拾荒也是门技术活。"一个小村落垃圾再生的周期大概为3个月左右。"为了不重复工作，余红梅专门制作了一张"拾荒地图"——什么时候去什么村落，哪个村落盛产哪些垃圾，在她的地图里都有详细的记录，凭着这项自己发明的特殊"宝藏图"，一年多时间里，余红梅的足迹踏遍了整个新洲，并且积累了人生的第一桶金。

通过多年的艰苦努力，2010年，余红梅终于又迎来了人生的一个新的起点——成立武汉市登辉家具有限公司，开始售卖仿古家具。另外，在余红梅眼里，"废品"是可以记录历史的宝贝。她囤积了上万件"废品"——木质洗脚盆、木质水桶、木制马桶、石头猪槽、陶制或瓷器夜壶以及各种叫不出名字的农具等等，一直有个想法，就是把收藏来的宝贝建个乡土"民俗博物馆"。2012年，出于对古建筑艺术及民俗文化的热爱，在当地政府的支持下，她创建了武汉凤凰寨民俗文化博览园。采取"修旧如旧"的工艺手法，将具有民俗文化特色的传统家具运用现代工艺进行整修后展示，集加工生产、观光休闲、古文化博览于一体，占地1300亩，规划了"一街四院五园"，建成为武汉市首家"民俗文化大观园"。

目前，这座以明清古建筑艺术为特色的文化产业博览园，包括徽派民居、四君子园、郭府、紫云轩、博雅轩、御医坊、酿酒坊、土窑、国学馆、民俗博物馆、农耕体验园等，成为集古建展示、民俗体验、古玩交流、休闲度假、国学养生、特色美食于一体的综合性文化旅游景区。凭借独有的古建资源、民俗体验特色，致力于打造"中国传统文化示范、体验及传承基地"，为弘扬中华民族传统文化、推介文化旅游和乡村特色旅游发展提供有力支撑。

回想这一路走来的历程，余红梅说："我只是想做自己喜欢做的事情，一个人一生一定要为社会、为家庭做些事情，让自己生活更充实，更有意义。"

【漫步展厅】

武汉市新洲区凤凰民俗博物馆是一栋两层楼全木制结构的古建筑，古朴风韵，体现皖南、赣北、鄂东地域建筑特色文化，饱含我国明清时期江南建筑风格。博物馆一楼按照鄂东民居"明五暗六"的整体布局设计建造，门庭上额木雕"鹿鹤（六合）同春""五福临门"吉兆，左外侧是石来运转园，右外侧是农耕文化长廊。倚着石门鼓和粗直的门柱，宽敞明亮的厅堂，其两层砖木列架，按徽派民居"三间六房"的整体布局设计，让人耳目一新。前厅中带天井，左右各设两间厢房，厅堂内陈设古木家具。二楼阁窗里透视出多幅反映明朝生活情境的横梁浮雕，彰显出主人富有文人墨客的雅气。厅堂的正面摆有八仙桌、太师椅和高大的神龛，神龛的上堂悬挂着族人送来的"萱茂荆庭"寿匾，主人（爹爹）姓田，婆婆张氏，"萱茂"专指母亲，"萱茂荆庭"指做寿之时母亲健康，整个姓田的族人前来祝贺六十大寿。进厅堂的右边是秀才房，主人的公子在这里通览古今书籍和赋和天下文章，其知天文、晓地理、品古评今、治国平天下的知识源于此。二楼为古代绣楼，还原古代深闺小姐平时生活起居的场景。

农耕文化长廊是民俗博物馆的重要组成部分，展现农耕时期几千年来的

展厅一角

平民百姓生产和生活历史现实，特别体现出鄂东劳动人民从自然界获取食物工作和劳动之余休闲的场景。把象征着当时生产力水平的劳动工具展现出来，让游客穿越回归到那刀耕火种的年代，感受先祖们求生存图发展的精神风貌，探究华夏祖辈智慧，为进一步传承民俗文化打下了坚实的基础。

武汉市新洲区凤凰民俗博物馆是依托凤娃古寨文化旅游景区对外展示古建民俗的窗口，是凤娃古寨景区的重要组成部分。凤娃古寨是一个以古建文化为基础，以传统民俗文化为灵魂，融合国学养生、休闲度假、旅游观光、中医文化的综合性文化旅游景区。博物馆与景区相结合，通过景区的游客带动博物馆的阅览量，通过博物馆对外展示吸引游客对古建文化的兴趣，从而也带动景区的游客量。二者相互结合，让更多的人了解和熟悉中国流传千年的古建民俗文化，弘扬中国传统文化。

（撰稿：旷芬）

参观指南：

开放时间：8:00—17:30（周一闭馆）

咨询电话：027-89278318

地　　址：新洲区凤凰镇凤凰寨村胡青湾

交　　通：公交 Z229 路到凤刘路凤娃古寨站下；轻轨 21 号线到金台站下

古韵西风：武汉槐川博物馆

　　"子在川上曰：逝者如斯夫！"圣哲和诗人的慨叹，引发无限遐想。历史如流水般远去，却留下沧桑的遗迹。民间收藏家潘向东先生倾其情志和财力，借由各种机缘和途径，加意搜求而善藏，积累日丰，遂设立馆舍，公诸于世，以飨同好与大众，以资研究与交流。此即武汉槐川博物馆成立之因由与宗旨。

　　武汉槐川博物馆位于湖北省武汉市洪山区珞瑜路409号美尔雅大厦布里斯班阳光酒店11楼，是一座历史与艺术并重，集收藏、展览、研究、考古、公共教育、文化交流于一体的综合性民办博物馆。

【漫步展厅】

　　武汉槐川博物馆地处大江大湖之滨，得山水抱持，风华润泽。展厅陈列面积700平方米，分设三馆，以"窑火、翰墨、西风"为题，别其大略。或定期陈列，或动态展示，或古今中外之专题研讨，或名宿新锐之精品推介，自此，三楚中原添一美育平台和交流窗口，以期人文鼎盛，川流不息。

"窑火"展厅 展示馆藏中国传统陶瓷器艺术品，藏品按年代排列，包括汉代、西晋、战国、南北朝、唐五代、元、明、清、民国各个时期的陶瓷藏品，总共 207 件。与观众分享中国陶瓷历史的知识，分享美妙的瓷艺和无穷的美感。

"翰墨"展厅 展示书画艺术品，以湖北艺术家作品为主，有已故画家张肇明、徐松安、赵云壑、唐大康、黄松涛、徐无闻、汤文选、邵声朗等老艺术家作品，也有现当代艺术家周韶华、钟孺乾、白统绪、刘文谌、黄惇、徐本一、罗彬、张善平、沈伟、周颢的作品，展出书画作品 51 件。

槐川博物馆经过精心布置书画作品按区域分布，层层递进，结合一些数字多媒体技术开展深度互动，让整个展厅散发人文氛围。

"西风"展厅 藏品由上海实业家刘鸿升先生之孙刘作霖先生转入。刘作霖先生年逾七旬，侨居澳大利亚。当刘先生听说槐川博物馆即将建立，多次与馆协商，将其多年收藏的西方皇家瓷器和法国贵族艺术摆钟精挑细选，悉数转入槐川博物馆。槐川博物馆历经辗转，将这批珍贵艺术品运回中国，存列于馆中，供广大爱好者参观交流。展馆陈列的法国艺术摆钟就有 23 件，法国是历史上生产机械艺术摆钟最多的国家，而艺术摆钟是集当时欧洲文学艺术、雕塑艺术、绘画艺术、建筑艺术以及音乐艺术为一体的珍贵艺术品。

【对话文物】

武汉槐川博物馆馆藏丰富，藏有青铜、陶瓷、玉器、石雕、书画及杂件二万余件，另有海外藏品甚夥。

汤文选（1925—2009），湖北孝感人。师从张肇铭、张振铎、王霞宙。从艺七十年，创作出一批风格独特，具有浓郁时代气息的精品力作，在当代中国画坛影响深远，被认为是继齐白石之后中国画领域最重要的代表性画家之一，也被艺术界誉为"20世纪最后的写意国画巨匠"。

雄风（汤文选作）

汤文选在中国画的各个领域都留下过传世经典，尤其写意画虎。汤文选以水墨画虎，志在去俗留清，去俗存雅。用笔大刀阔斧，无意刻画老虎的凶残威猛，而是着重表现作为自然生态中的一种生命本性，更多的是拟人化了的内在威严和同类之间、亲子之间的善意和爱心，作为自己的精神寄托，抒发自己情感，物我两忘。

杂技（钟孺乾作）

钟孺乾，1950年出生于湖北，著名画家、美术学教授。首创"迹象论"与"变象说"，在理论和实践上卓有建树。曾任湖北省美术院副院长、中南民族大学美术学院院长、教授、研究生导师，中国美术家协会会员，中国书画家协会会员，中国画学会理事。作品参加第六、七、八届全国美展，获第七届全国美展铜奖。参加第一、二届全国中国画展，获第二届全国中国画展铜奖。参加第二届北京国际美术双年展，以及当代绘画的诸多展事和学术活动。

【共享空间】

　　武汉槐川博物馆与中南民族大学等高校，根据实际所需，结合自身特点，建立起长期有效的联动工作机制，并利用各自优势，广泛拓展合作领域，深入挖掘共赢空间，共同探索资源优化配置新机制，构建发展新模式，以建立双方产、学、研三位一体的资源整合平台为目的，最终将智力资源研究转化为学术论文、展览、公教活动等进行呈现。一是参与组建民大美院专家讲师团、研究生讲师团、本科生讲师团，共同制定与协助民大美院公共教育课程。二是面向中南民族大学美术学院学生建立"青年策展人"项目和实习生计划。三是成立壹号助学基金，奖励品学兼优的民大学生。

（撰稿：徐凯歌）

参观指南：

开放时间：9:00—17:00（周末闭馆）

咨询电话：027-85482629

地　　址：洪山区珞瑜路 409 号美尔雅大厦布里斯班阳光酒店 11 楼

交　　通：公交 510、401、59、518、703 等路到珞喻路卓刀泉中学站下

扫一扫　关注微信公众号

江城记忆的"万花筒"：
武汉市秋枫记忆老物件博物馆

2019 年 5 月，一家颇具特色的民办博物馆——武汉市秋枫记忆老物件博物馆在武汉市武昌区中华路街道红巷艺术城正式对外开放，馆内面积 500 余平方米，展陈着 1861 年汉口开埠之后与武汉各行各业相关的老物件。开馆以来，该馆认真服务于每一位观众，先后被授予武汉市科普教育基地和武昌区红色教育基地称号。

【漫步展厅】

该馆注重以"物"说史，展览主题即为"以物说史　讲好武汉故事"，共分四个部分：第一部分：近代武汉、百业留痕，主要展出涉及武汉地区水电、纺织、矿业、铁路、金融、码头等行业的老物件、资料、图片。第二部分：红色历程、城市记忆，这部分以辛亥革命在武昌打响第一枪，抗日战争时期的武汉会战，解放战争时期的武汉和平解放为主线，通过大量的实物、文献资料讲述当年的红色故事。第三部分：地域文化、民族风情，主要展出茶文化、教育事业、婚嫁礼俗等。第四部分：百年记忆、历史写真，这一部分通过近两百件展品，全方位反映了武汉的历史发展进程。

另外，该馆利用馆藏文物积极开展原创展览工作。如"泉通四海：'一带一路'钱币展""大国工匠：近现代银器展"等，其中"大国工匠：近现代银器展"于 2020 年 9 月 28 日至 2021 年 1 月 5 日在武汉博物馆展出，受到各界广泛好评。

【对话文物】

武汉市秋枫记忆老物件博物馆藏品近千件，其中重要藏品有盛宣怀为汉阳钢铁厂向清政府写的请款报告、1931 年 6 月汉口特别市政府全体参议会同仁送给市长刘文岛离任的纪念品——纯银纯手工打造的花瓶、1910 年汉镇既济水电公司送给英国建筑业协会设计师穆尔（设计汉口水塔）回国的纪念品——纯银纯手工打造的大银碗。另有汉阳兵工厂徽章、汉冶萍钢铁公司股票、1904 年清政府在汉口发行的担茶人邮票及茶担子、清政府引进的第一批爱立信的电话等，都是不可多得的反映武汉历史文化的老物件。

民国"倡导民权"纯银花瓶

2011 年，在佳士得拍卖行，一只重量约 900 多克的纯银花瓶，引起众多买家的注意。该花瓶造型精美、工艺精湛，由纯银纯手工制作而成。花瓶的正面写有"倡导民权"四个大字，两边各有两排小字。左边写着"汉口市政府临时参议会同人敬赠二十年六月景慕"，右边写有"语云广鲁于天下则以治汉者治鄂德业尤无量也谨志斯语以伸"。花瓶背面正中是一幅郭子仪遇仙图，两侧各有一颗大麦穗。通过花瓶上文字推测，此文物跟民国时期一位治汉人物有关，他就是国民政府汉口市第一任市长刘文岛。

民国时期，汉口城市的现代化，在一群洋学生当权的现代市政府推动下，展开了崭新的一页。国民党建政后汉口乃至武汉的历次市政规划的制定，都是奉孙中山先生的《建国方略·实业计划》为圭臬。20 世纪 20 年代，一群留学外洋的市政学者回归国内，全国市政改革运动蔚然成风，现代城市政府开始建立。精通英、日、法、德、意五国语言的留洋博士刘文岛对武汉的贡献更是功不可没。

民国"倡导民权"纯银花瓶

刘文岛（1893—1967），字尘苏，湖北广济人。国民党陆军上将。保定军官学校和法国巴黎大学政治经济科毕业。参加中国同盟会，追随孙中山先生从事民主革命。1926 年、1929 年两度出任汉口市市长。1931 年，出任湖北民政厅厅长。

刘文岛在汉任职期间颇有建树。如将官办的"新市场"改为民办的"民众乐园"，允许市民进入娱乐；开辟了武汉最大的公园——中山公园；修筑了堤防、马路等。特别在纪念孙中山先生逝世五周年时，为了表达自己的敬仰，他亲自拟定筹建孙中山铜像方案，还特地从上海铸造回铜像，安放在汉口最繁华的市区，并在铜像下面修建了象征三民主义的马路，分别命名为"民生路""民权路""民族路"；另命名一条"三民路"，以示对孙中山先生丰功伟绩的永远纪念。1931 年，刘文岛改任湖北民政厅厅长，正逢大水，江城一片汪洋。他披星戴月，每天都短衣短裤、腰系草绳，甚至站在水中指挥抢险救灾。大水退后，他又亲临前线指挥市政的恢复性建设，获各界好评。

1931 年 6 月，刘文岛去职离汉。当时，为了表彰他对武汉的贡献，汉口市政府临时参议会同事用纯银纯手工打造了这只花瓶敬赠给他。

1931年9月，刘文岛先后出任驻德、奥公使。后又任驻意大使。1937年11月8日，意大利政府公然承认"伪满洲国"，刘文岛愤然回国参加抗战。回国后，刘文岛担任国民政府国防最高委员会委员。抗战期间，刘文岛因经常当面批评蒋介石的消极抗日政策，遭蒋怨恨。为此，他萌生退意，隐居重庆著书立说。此后，拒绝出任任何官职，也不与高层人士往来。1949年11月，刘文岛去了台湾。1967年6月11日在台北病故，终年74岁。

这只纯银花瓶，不仅见证了刘文岛在汉期间的政绩，还记录着武汉的现代化进程。

民国"昆和"款祥云龙纹碗

民国"昆和"款祥云龙纹碗

这只昆和款祥云龙纹碗由纯银纯手工制作而成，重800克，直径23厘米，高12.5厘米。表面有三条栩栩如生的游龙和祥云围绕。两条游龙中间有一银珠，银珠用英文填铸。银碗上的英文虽已磨损，但仍可看出，这是1910年汉口市送给穆尔的纪念品。

清末，汉口近代公用事业勃兴，始办城镇水电供应设施。清光绪三十二年（1906），浙江籍商人宋炜臣等人集资300万元，并得到湖广总督张之洞的支持，在汉口创办既济水电有限股份公司。该公司下设电气灯厂和自来水厂，均由英籍工程师穆尔设计。为调节主城区供水压力，既济水电公司继续聘请穆尔设计建造汉口水塔。

汉口水塔位于江汉区中山大道与前进五路交会处，是武汉市最早的高层建筑和地标性建筑。清光绪三十四年（1908）破土动工，宣统元年（1909）

竣工。水塔主体为正八边形，占地面积 350 平方米，建筑面积 2120 平方米，高 41.32 米，周长 78.67 米。主体共 6 层，西南有 7 层。水塔内装有容量达 1500 吨水的大水柜，用 3 根粗铸铁水管吸水和送水，不仅能满足所有租界区的用水需求，还有大于二分之一的供水量输往以汉正街为中心的华埠地区。水塔的供水人口约 10 万人，在当时的中国处于领先地位。

汉口水塔除供应市民用水外，还长期承担武汉消防供水和消防瞭望的双重任务。塔的西南角附有一座边长 4 米的正方形楼梯间，198 级楼梯盘旋而上，直通顶层瞭望台。瞭望台上悬挂有重达半吨的铜铸警钟，由 4 位工作人员 24 小时轮班值守。一旦发现火警，即悬挂红色旗帜或者点燃红色信号灯，同时鸣钟示警，并通过鸣钟的次数来告知火警区域，以利附近的居民前往救火。

1949 年以后，水塔配水设施转换成转压泵站。20 世纪 70 年代后期，汉口地区供水的发展已经非常现代化，不再需要当年水塔的供水体系。如今，变身为水塔博物馆的它，就像伫立在长江北岸的一座航标，引领着武汉迈向新时代的航程。

1910 年，穆尔离任。为了感谢他对武汉城市现代化的贡献，汉口市特别制作了这一银碗以作纪念。汉口水塔不仅仅是一座给市民供水的建筑，更是武汉民族工业发展的见证者。这只银碗亦是武汉城市现代化发展过程中一个历史性的见证体。

（撰稿：张建国）

参观指南：

开放时间：9:00—17:00（周末闭馆）

地　　址：武昌区中华路街道红巷艺术城 D 区三楼

交　　通：公交 539、542、804 路到临江大道大堤口站下

滋阳岛上的国粹园：汉剧博物馆

　　沿黄鹤楼南下，途经辛亥革命博物馆，在一方方碧色掩映之中，武昌城内唯一保有自然湖泊的紫阳公园滋阳岛上，中国第一家汉剧博物馆、湖北省首家戏曲类博物馆：汉剧博物馆临湖而望，试图在历史的长河中留下一瞥经典的回眸。

汉剧博物馆外景

汉剧博物馆由武昌紫阳公园滋阳岛上的地标建筑紫阳阁和紫阳大戏台组成，是由武汉昌炎文化发展有限公司为主体投资开办的一座非国有公益性质博物馆，馆名由武汉著名"话家"何祚欢先生题写。

【漫步展厅】

博物馆的陈列展览是博物馆发挥公共文化服务功能的重要媒介，汉剧博物馆以"宏宣江汉声：汉剧藏品展"为主题在紫阳阁内进行布展，通过文字、图片、实物及数字多媒体等展现形式，分别从汉剧沿革、汉剧艺术、汉剧名流、汉剧文化四个单元呈现了汉剧的形成和发展历程。

展览前两部分主要讲述汉剧沿革和汉剧艺术，汉剧形成于明朝万历四十三年（1615）之前，有"楚调""楚腔""楚曲""汉调"之称。"汉"谓其发祥于汉水，繁盛于汉口。19世纪中叶"徽汉合流"，汉剧成为以京剧为代表的"皮黄"剧种的直接源头，并在湖北形成了荆河、襄河、府河、汉河四大支派，俗称"四河路子"。1912年，扬铎先生改汉调为汉剧，民国年间汉剧坤伶兴起。新中国成立后，大部分民间的汉剧剧团改制为国家院团，汉剧呈现出崭新的发展局面。汉剧艺术包括音乐、表演、舞台美术、服饰、行头等方面。其音乐以西皮、二黄为主；表演集宋元杂剧、明代传奇之大成，且歌且舞，形式丰富，形象鲜明；汉剧剧目号称八百出，一部分为其特有；早期汉剧的砌末（道具和布景）已渐完善，称为传统戏曲舞台美术的起点；汉剧服饰及头面，早期主要学自昆曲，其后发展出了汉派特色。

在汉剧名流部分，重点展现了清朝嘉庆末年汉剧形成规范的十大行，以及汉剧三个代表人物。一是汉剧泰斗余洪元，二是汉剧三生大王吴天保，三是汉剧艺术大师陈伯华。汉剧在漫长的发展过程中，也形成了自己的汉剧文化，在汉剧流行地区，热爱汉剧的人们生活在汉剧里，他们与汉剧同悲同喜。在汉剧文化单元主要介绍了戏码头、汉剧公会、汉剧戏迷、汉剧班规和一些汉剧术语行话等。

【对话文物】

汉剧博物馆的 3000 余件（套）藏品，主要出自有"汉剧、汉绣文物收藏第一人"之称的刘立先生，他将自己 30 多年来收藏的全部汉剧藏品提供给了韩文亮先生，成为汉剧博物馆的永久藏品。藏品时间跨度自清末民初至新中国成立后的五六十年代，涵盖了戏服、头饰、砌末、乐器、剧本、影音拷贝、唱片等，既是见证汉剧历史发展的藏品，也是代表荆楚技艺的艺术珍品。

汉剧服装

汉剧服装一般有蟒、靠、褶子、帔、杂衣五大类，每件服装基本上由款式、色彩、纹样、刺绣、面料五部分组成。人物穿用的规律是"三不分，六有别"即：不分朝代、不分地域、不分时间，男女有别、老少有别、贫富有别、贵贱有别、文武有别、番汉有别。"靠"在中外服饰史上是极为罕见的，"改良靠"是武将通用的戏服，分为上下两部分，"上衣下裳制"也叫上甲、下甲，下部围裳，铠甲衣制，穿带熊领，紧袖口，上甲前如燕尾，靠腿分前后左右四块，腰带上及肩部有半立体虎头，不扎靠旗。"褶子"为广泛使用的便装，其特点是有许多的褶子设计，和尚领、右衽、袍长及足，左右胯下开衩，宽身阔袖带水袖。"凤帔"一般为皇娘专用，刺绣、纹样精美，对襟衣领，阔袖带水袖，左右胯下开衩，衣长过膝。

1938 年，第二次国共合作形成了抗日民族统一战线，汉剧艺人在国民

改良靠（民国）　　　　　褶子（民国）　　　　　凤帔（民国）

政府军事委员会政治部第三厅厅长郭沫若、第六处处长田汉的带领下，积极
响应时任政治部副主席周恩来同志的号召，成立了抗战宣传总队，傅心一任
总队长，吴天保任总务主任，下辖十个大队，共计 900 余人在湖北、湖南、
四川、重庆广泛开展艰苦的抗战宣传活动，以上三件藏品相传为抗战宣传总
队一大队的演出服装。

汉剧影片《宇宙锋》拷贝

汉剧影片《宇宙锋》拷贝

　　1953 年 11 月，武汉市汉剧团代表国
家赴朝鲜向抗美援朝前线志愿军官兵进行
慰问演出，历时三个月演出汉剧《宇宙锋》，
主演陈伯华荣获一等功。1954 年 2 月回
国后，东北电影制片厂将陈伯华主演的汉
剧《宇宙锋》拍摄成舞台艺术片，这也是
汉剧所拍摄的第一部电影片。

【共享空间】

汉剧有"京剧之母""武汉之声"之说，汉剧博物馆丰富的藏品见证了汉剧艺术的发展历程，承载着彰显传承湖北传统戏曲文化的责任。让藏品活起来，让藏品说话，开展丰富多彩有特色的社会教育活动，也就成为博物馆运营的重要内容。汉剧博物馆的社会教育活动，结合自身馆的特点，从汉剧研究，汉剧研学、汉剧研习、惠民演出四个方面着手开展。

汉剧研究，主要组织湖北省内专业演员、导演、编剧、评论家、戏剧研究者，对汉剧的历史、艺术、文化进行研究，两年多时间里共组织开展了12次研讨会，参与人数百余人次。汉剧研学，主要针对大中小学生，组织开展戏曲研学活动，活动根据大中小学生的不同需求和接受能力，设置戏曲知识讲座、沉浸式戏曲体验及汉剧经典剧目观赏，极大的提高了同学们对中国传统戏曲的认知和对中国文化的自信。汉剧研习，主要针对戏迷票友和对戏曲艺术有一定追求的人群而组织开展的戏曲表演艺术研究和学习活动。博物馆开馆以来，紫阳大戏台成为武汉戏迷票友的家园，先后引进了武昌区文联戏剧家协会、武昌区戏曲文化协会，创办了戏曲研习基地。有十余支业余戏曲团队、大学生剧社约200人长年在博物馆开展戏曲表演艺术的研究和学习，持之以恒地传承着中国传统非遗戏曲文化。惠民演出，主要针对武汉市民和游客开展了非遗戏曲、曲艺项目的演出和戏曲电影的放映，在不断普及我国戏曲艺术的同时，有效提升市民文化生活的获得感。2023年初，成立了武汉市汉剧博物馆非遗表演艺术团，3月4日起推出了"周末有戏"社会教育活动品牌，到目前为止每个周末坚持至少有一场演出和一场电影放映。

戏曲作为传统文化中遗存最丰富的内容之一。全民普及、寓教于乐，将衍生的汉剧收藏、研究、培训、体验、欣赏和文创产品开发等活动大放异彩，让中华传统艺术的延续和继承充满了无限可能。汉剧艺术历久弥新，在历史的回望中，汉剧的脉搏与心跳早已留存在每个驻足于此的游人心中。

（撰稿：李纯）

参观指南：

开放时间：9:30—17:00（周一、二闭馆，法定节假日不休息）

网　　站：https://whchangyan.com

地　　址：武昌区张之洞路 222 号紫阳公园滋阳岛

交　　通：公交 797、571、578、539、706 路到张之洞路复兴路站下；地铁 4 号线到首义路站下

扫一扫　关注微信公众号

耕读文化的见证者：武汉大余湾社区博物馆

　　大余湾坐落在荆楚名岳木兰山下的木兰川中，川内峰峦叠嶂、林木繁茂、流水潺潺，是镶嵌在木兰旅游风景区的一颗绿色明珠。明洪武二年（1369），余姓大户——余秀三从江西北部婺源、德兴迁居到了今天的大余湾，他以"勤俭能创千秋业，耕读尚开富贵花"为家训写了一副对联，大余湾人就世代相传以此为旨修身持家，由此创建了六百余年聚族而居，百载如一，耕读传家，贤哲相踵、秀士成群的道德之村，也就成就了一个"翰墨流芳百世衣冠，诗书继美千秋文章"的中国历史文化名村，开启了大余湾"龙传龙人人和人上

大余湾

下五千年，石砌石屋屋挨屋绵延六百载"的发展史。

武汉大余湾社区博物馆依托大余湾古村落建立，现保存有清代雕花床、四豆同荣寿匾、雍正朱批圣旨盒以及明清生产工具等可移动文物 300 余件，明清古建筑 75 栋、古巷道 20 条、古花园 4 座、护村河 1 条以及排水设施等不可移动文物，还有传承至今的节令乡风民俗等，完整全面记载了大余湾650 多年的历史，是黄陂区宝贵的历史文化遗存之一。

【漫步展厅】

大余湾社区博物馆整体布局奇特，75 栋明清古建筑及历史建筑遍布，绝大多数古民居的外墙上遗留着清代手绘彩色壁画上千幅，为华中古民居建筑群所罕见。大余湾先民将该村建筑特色概括为："前面墙围水，后面山围墙。大院套小院，小院通各房。全村百来户，串通二十巷。家家皆相通，户户隔门房。青石板块路，滴水线石墙。顶有飞琉瓦，檐伸鸟兽状。室内多雕刻，门前画檐廊。"

大余湾古民居

智慧泉　相传明朝弘治年间，大余湾一个名叫小五的后生勇救被毒蛇咬伤的清水龙王女儿。龙王女儿为感恩，欣然在清水河旁掘出此泉。泉水观之晶莹透明，饮之清冽甘美。更令人拍案惊奇的是，小五的儿孙们饮过此泉水后，个个中举，人人做官。村民们由此方知这眼泉非同寻常，争相到此提水饮用，并把这口泉取名为"智慧泉"。

有余亭　有余亭位于大余湾中心广场的中央，始建于明代，毁于太平天国年间，20 世纪 90 年代中期重建。之所以叫"有余亭"，主要是取"年年有余"之意；另外，对于大余湾人而言，"有余亭"这个"余"字是族姓，又多了一层含义。亭上挂有一副对联：高门望族有余庆；明月清风无尽藏。亭子中，摆放着一口体积庞大的石碾盘，并传说吕洞宾云游至此的故事。近年来，《烽火木兰山》《国门英雄》《好想和你在一起》等电影和电视剧均曾到此取景。

真诚药局　真诚药局建于清乾隆年间，其外墙壁画精美绝伦，室内木雕栩栩如生。药局主人毕生研制出众多奇方，并精通药理，时常为病家把脉开方，帮助本村和周边乡邻解决了很多疑难杂症，是享誉一方的"神医"。

余氏宗族博物馆　大余湾余氏在历史上是兴旺之族，自创姓开始，达官贵人数不胜数，历代历史学家、文人都有赞颂。余氏宗族博物馆以图文画面为主，分为四个展厅介绍了大余湾族源、古代纪略、近代风云和村风民俗，展现了大余湾深厚的文化底蕴和灿烂的余氏人文，是大余湾旅游景区的主要景点之一。余氏宗族博物馆建筑面积大约 150 余平方米，馆内通过对古村落的起源概括、古民居建筑特色、清晰的风水格局、传承的民俗文化、未来的规划蓝图，全方位地向游客展示了大余湾悠久的历史文化底蕴。

百子堂　百子堂建于清乾隆年间，原百子堂占地面积达 1 万平方米，为前宅后园结构，共有房屋 100 余间，多已损毁。目前向游客开放的仅仅是其

大余湾"余永全宅"

中幸存的一幢住宅，室内木雕精美，楹联雅致。百子堂的历代主人尊孔读书，家族中有多人科举及第。

刘二婆故居　刘二婆故居始建于晚清，建筑面积达260平方米，室内木雕精美，陈设古色古香，系大余湾传统民居的代表。刘二婆出生于清光绪初年，是民国年间黄陂唯一的女镖师。她力大无比，武艺精湛，留下不少传奇佳话。

德记花园　德记花园占地面积1300多平方米，始建于清乾隆年间。其第三任主人余泰兴靠经营榨坊发家，成为村里最富有并长期热心于家乡公益事业的一个家族。之后两百多年间，该家族中出了众多名人，如我国著名铁路专家余家琎和上海医科大学著名教授余传霖等。后花园占地面积约300平方米，花园中的一株桂花树高达十余米，已有200多年树龄，依然枝繁叶茂、花香扑鼻，堪称一绝。

莫离树　莫离树极富传奇色彩，左为雌树，右为雄树，体形娇小的子树

大余湾古村落博物馆展厅一角

依傍在雌树身旁。雄树与雌树两树根干相连，树冠交错，俨然一对谈情说爱、亲密无间的情侣，永不相离。相传岳飞的后裔岳恒与邻村罗员外家的二小姐西凤相爱，西凤因父亲的反对而出家为尼，后为保全自己的贞洁纵身跳下山崖……岳恒在她跳崖的地方盖了一间小屋，每天守望，终身未娶。岳恒离开人世后与西凤的遗骨合葬在村口，他俩的墓前生出了这对莫离树。

耒耜园　为从前大余湾村民使用的加工厂，这里的石磨、石碾、水缸、都是村民用来进行米、面、食用油等食品加工的工具。

古山寨遗址　"西看银河落，东望木兰川，北听松涛歌，南观千里烟。"这首诗就是写的大余湾古山寨。古山寨修建于清咸丰年间，相传是为躲避战乱和外御之敌而建。整个古寨占地面积约80亩，修建之初有石头房子百余间。寨墙平均高度3.5米，最高处达5米，宽1.6米，内、外壁均为石块砌成，中间填碎石土，墙基大多坐落在悬崖峭壁之上。

【共享空间】

在大余湾村传统的农业经济社会里，人们信奉"耕可致富，读可荣身"的生活理念，农耕文化氛围浓厚。大余湾经常开展现场藏书阅读、民间传统文艺演出、民俗展示、读书演讲比赛等多种活动，使读书学习蔚然成风，极大丰富了村民们的业余文化生活，形成了全村村民踊跃参加活动的良好氛围。如今，这里的男女老幼，无论从工从农、从军从商，大都会背诵一些唐诗宋词，至于"唧唧复唧唧，木兰当户织"的《木兰辞》则更为普及。

大余湾社区博物馆于 2019 年新推出的家风馆，通过修复原建于清同治年间的一处古旧民居而成，馆内风格是借鉴旧时私塾风貌，笔墨纸砚，书卷竹简齐备，墙壁上悬挂着大余湾历史起源以及名人传记的画像，勉励读书人志向高洁、品德坚韧。常有一些家风家教的课程体验在这里举办，也希望更多的人能参与进来，共同领略中华传统文化之美。

（撰稿：阮腾）

参观指南：

开放时间：08:00—17:00

咨询电话：027-61560018

地　　址：黄陂区木兰乡双泉村大余湾 60 号

交　　通：在市民之家或汉口火车站乘坐 292 路公交到达黄陂客运中心后，转乘 P51、P806 路公交到大余湾站下

扫一扫　关注微信公众号

附录　武汉地区部分博物馆一览表及分布图

序号	馆　名	等级	地　址
1	湖北省博物馆	国家一级	武昌区东湖路 160 号
2	湖北考古博物馆		黄陂区木兰乡演武路 5 号
3	湖北明清古建筑博物馆	国家二级	黄陂区木兰乡演武路 1 号
4	武汉博物馆	国家一级	江汉区青年路 373 号
5	武汉革命博物馆	国家一级	武昌区红巷 13 号
6	武汉市中山舰博物馆	国家一级	江夏区金口街中山舰路特 1 号
7	辛亥革命博物院	国家一级	武昌区武珞路 1 号（北区），武昌区彭刘杨路 258 号（南区）
8	盘龙城遗址博物院		黄陂区盘龙城经济技术开发区盘龙大道特 1 号
9	江汉关博物馆（武汉国民政府旧址纪念馆、詹天佑故居博物馆）	国家二级	江汉区沿江大道 129 号（江汉关博物馆），江汉区汉口中山大道 708 号（武汉国民政府旧址纪念馆），江岸区洞庭街 65 号（詹天佑故居博物馆）
10	八七会议会址纪念馆	国家三级	江岸区鄱阳街 139 号
11	武汉大禹文化博物馆	国家二级	汉阳区洗马长街 86 号
12	八路军武汉办事处旧址纪念馆	国家三级	江岸区长春街 57 号
13	武汉中共中央机关旧址纪念馆		江岸区胜利街 163 号

序号	馆　名	等级	地　　址
14	长江文明馆 （武汉自然博物馆）	国家一级	东西湖区金南二路 8 号武汉园博园内
15	武汉市新洲区博物馆	国家三级	新洲区邾城街博物大道 107 号
16	武汉市江夏区博物馆		江夏区纸坊兴新街 269 号
17	武钢博物馆		青山区冶金大道 30 号
18	汉口中华全国总工会 旧址纪念馆		江岸区友益街 16 号
19	湖北地质博物馆	国家三级	江汉区利济北路 250 附 4 号
20	湖北省电力博物馆		江岸区合作路 22 号
21	武汉二七纪念馆	国家三级	江岸区解放大道 2499 号
22	武汉中华奇石馆		汉阳区翠微路 87 号
23	桥梁博物馆		汉阳区四新大道 6 号
24	湖北警察史博物馆		硚口区南泥湾大道 99 号湖北警官 学院北校区内
25	建筑博物馆 （中国建筑科技馆）		东湖高新区晨晖街 3 号
26	硚口民族工业博物馆		硚口区丰硕路 28 号武汉新工厂 高新技术产业园 16 栋
27	武汉大学万林艺术博物馆		武汉市武昌区八一路 299 号 武汉大学文理学部科技路

序号	馆　　名	等级	地　　址
28	华中师范大学博物馆		洪山区珞喻路 152 号
29	华中农业大学博物馆		洪山区狮子山街特 1 号
30	中南财经政法大学中国货币金融历史博物馆		东湖高新区南湖大道 182 号
31	中国地质大学逸夫博物馆	国家二级	洪山区鲁磨路 388 号
32	中南民族大学民族学博物馆	国家三级	洪山区民族大道 182 号
33	湖北大学博物馆		武昌区友谊大道 368 号
34	武汉音乐学院湖北音乐博物馆		武昌区临江大道 1 号
35	武汉商学院校史馆		武汉经济技术开发区东风大道 816 号
36	武汉琴台钢琴博物馆	国家三级	汉阳区知音大道 7 号
37	武汉龙源红色报刊博物馆		蔡甸区五贤路 41 号
38	叶开泰中医药文化博物馆		汉阳区鹦鹉大道 484 号
39	武汉荆楚金石博物馆		江汉区新华路 247 号
40	湖北军民抗战博物馆		东湖高新区石门峰路 9 号
41	武汉杨楼子老榨坊博物馆		黄陂区盘龙城开发区盘龙大道 22 号

序号	馆　名	等级	地　址
42	武汉长庭陶瓷博物馆		江夏区余岭村余家湾特 1 号
43	武汉谌安明蝴蝶博物馆		东西湖区码头潭文化遗址公园
44	武汉高龙博物馆和武汉汉绣博物馆		汉阳区江堤中路 11 号
45	武汉市新洲区凤凰民俗博物馆		新洲区凤凰镇凤凰寨村胡青湾
46	武汉槐川博物馆		洪山区珞瑜路 409 号
47	武汉市秋枫记忆老物件博物馆		武昌区中华路街道红巷艺术城
48	汉剧博物馆		武昌区张之洞路 222 号
49	大余湾社区博物馆		黄陂区木兰乡双泉村大余湾 60 号

后　记

　　时下，"博物馆热"已经成为一种普遍存在的文化现象，"到博物馆去"正成为人民群众的一种趋于"日常"的生活方式，博物馆发展活力被不断释放，博物馆文化亦辐射到社会的各个领域。随着经济社会的发展，人们对高品质精神文化产品的需求日益旺盛，对中华优秀传统文化的追寻与认同不断强化，历史自觉和文化自信日趋深厚，对博物馆这一保护和传承文明的殿堂自然心向往之。尤其是寒暑假、节假日，预约热门博物馆门票，其难度堪比"春运"抢票。博物馆正引领新的文化趋势，成为游客眼中的景区、网红的打卡胜地、学校课堂之外新的课堂，以及魅力四射的各种教育基地。

　　武汉拥有悠悠三千五百年的建城史，是国家历史文化名城和国家中心城市，武汉博物馆事业经历了从无到有、茁壮成长、飞速发展的过程，取得了令人瞩目的成就。武汉自 2011 年率先布局"博物馆之城"建设，十余年来已建成拥有一百二十多家博物馆的"百馆之城"，国有、行业、高校、民营博物馆百花齐放，政治、军事、历史、经济、自然科学、医药卫生等各个领域星光璀璨，博物馆基础设施更加完善，收藏资源日益丰富，在文物保护、藏品研究、陈列展览、开放服务、社会教育等方面发挥了重要作用，成为新时代公共文化服务体系当中最具活力和影响力的有机组成部分。就博物馆群体数量、博物馆类别比例等方面而言，武汉的"博物馆之城"建设发展已走在全国副省级城市的前列。对于"博物馆热"这一在人民大众中蓬勃发展的文化需求，武汉"身"在其中，感受尤烈。而如何珍视、呵护这份热情，使

之更长久地"热"下去，已成为各级政府、文博场馆面对的一个新的课题。

　　基于此，武汉市政协将《品读武汉的博物馆》确定为今年的品读系列主题。受市政协文化文史和学习委员会、市文旅局委托，武汉博物馆牵头，组建编写专班，武汉出版社负责相关出版事宜。本书在前期文博场馆的选择上，广泛征求文博专家、高校学者、政协委员的意见，遴选武汉地区各类文博场馆 49 家，包括 16 家国有馆、10 家行业馆、9 家高校馆和 14 家民办馆，基本上代表了武汉地区各类博物馆的实际面貌。内容上，分别从漫步展厅、对话文物、共享空间等三个方面入手，对各馆进行品读，为方便观众预约参观，每篇文末还附上各馆地址、交通路线、咨询电话、微信公众号等相关信息。希望通过我们的品读，引领广大市民走进武汉的博物馆，在品读中追寻和感受中华传统文化。

　　本书所涉，各馆内容初稿由所遴选的 49 家文博场馆组织本馆专业人员撰写。武汉博物馆编研部的彭建、李笙清、王文宾负责本书的组稿、编辑工作，对各馆文稿进行修改、补充和完善。全书特邀罗建华（郑雅飞协助）进行最后润色，王瑞华负责对全书文稿进行最后修订。湖北省社科院原副院长刘玉堂、武汉革命博物馆原馆长赵晓琳分别对本书的二、三级标题进行了修订。本书在形成过程中，还得到严昌洪、姚伟钧、涂文学、刘庆平、向元芬等多位专家的精心指导，在此一并表示由衷的感谢！

　　由于本书系各方合作撰写，虽经统一润色，仍难免存在文风、体例不够统一的问题，加之时间仓促，书中若有疏漏之处，敬请方家批评指正。

编　者

2023 年 8 月